Stress bewältigen, Herausforderungen meistern

Matthijs Steeneveld

Stress bewältigen, Herausforderungen meistern

So stärken Sie Optimismus,
Hoffnung, Resilienz
und Selbstvertrauen

Aus dem Niederländischen übersetzt
von Waltraud Heitzer-Gores

Matthijs Steeneveld, geb. 1985, ist Organisationspsychologe und als Trainer, Coach und Berater mit dem Schwerpunkt Positive Psychologie tätig. Er lebt und arbeitet in der Nähe von Leiden (Niederlande).

Titel der Originalausgabe:
Matthijs Steeneveld: Optimisme – Hoop – Veerkracht – Zelfvertrouwen
First published by Boom uitgevers Amsterdam in the Netherlands.

Bibliografische Information der Deutschen Nationalbibliothek
Die Deutsche Nationalbibliothek verzeichnet diese Publikation in der Deutschen Nationalbibliografie; detaillierte bibliografische Daten sind im Internet über http://dnb.dnb.de abrufbar.

Hogrefe Verlag GmbH & Co. KG
Merkelstraße 3
37085 Göttingen
Deutschland
Tel. +49 551 999 50 0
Fax +49 551 999 50 111
info@hogrefe.de
www.hogrefe.de

Umschlagabbildung: © iStock.com by Getty Images / RomoloTavani
Satz: Michael Kleine, Hogrefe Verlag GmbH & Co. KG, Göttingen
Druck: mediaprint solutions GmbH, Paderborn
Printed in Germany
Auf säurefreiem Papier gedruckt

1. Auflage 2024

(E-Book-ISBN [PDF] 978-3-8409-3229-8; E-Book-ISBN [EPUB] 978-3-8444-3229-9)
ISBN 978-3-8017-3229-5
https://doi.org/10.1026/03229-000

Inhaltsverzeichnis

Einführung

Dieses Buch kann Ihnen dabei helfen, sich weiterzuentwickeln, um besser mit herausfordernden Situationen umgehen zu können. Es handelt sich also im Prinzip um ein Selbsthilfebuch. Genauso wie es bei einem Fitnessprogramm oder einem Ernährungsratgeber – ebenfalls Möglichkeiten, um die Selbsthilfe zu unterstützen – darauf ankommt mitzumachen, geht es in diesem Buch vor allem darum, selbst aktiv mitzuarbeiten. Dazu gibt es verschiedene Möglichkeiten: Sie können z. B. jede Woche ein anderes Kapitel durcharbeiten; Sie können aber auch zunächst das Kapitel 1 lesen und sich danach gezielt die Themen heraussuchen, die Sie besonders interessieren.

Der in diesem Buch vorgestellte Selbsthilfeansatz stützt sich auf eine solide Basis: Die zugrunde liegende Theorie und die vorgestellten Übungen sind wissenschaftlich fundiert und praxiserprobt. Das hier beschriebene Vorgehen ist zudem *lösungsorientiert*, d.h. es geht nicht darum, „schlechte“ Eigenschaften zu unterdrücken, sondern darum, positive, nützliche Eigenschaften, die bereits (ein wenig) bei Ihnen vorhanden sind, weiterzuentwickeln. Jeder Mensch hat Stärken und erlebt Situationen, in denen ihm das gelingt, was er sich vorgenommen hat. Und darauf baut dieses Buch auf.

Die positiven Eigenschaften, um die es hier gehen soll, stellen zusammengenommen Ihr *psychologisches Kapital* dar. Dieses besteht aus Optimismus, Hoffnung, Resilienz (psychische Widerstandsfähigkeit) und Selbstvertrauen. Manche Menschen besitzen viel psychologisches Kapital, andere weniger, aber alle können die genannten vier Eigenschaften durch aktives Training ausbauen und entwickeln. Ihr psychologisches Kapital hilft Ihnen dabei, Stress, Rückschläge und Herausforderungen besser bewältigen zu können, und trägt dadurch dazu bei, dass Sie sich besser fühlen und leistungsfähiger sind.

Psychologisches Kapital ist ein wichtiger Bestandteil meiner Arbeit als Trainer, Coach und Therapeut. In meine Arbeit lasse ich wissenschaftliche Erkenntnisse und meine Praxiserfahrung einfließen, um andere Menschen darin zu unterstützen, sich selbst weiterzuentwickeln. Ich glaube nicht, dass ich andere Menschen „retten“ kann; ich hoffe aber, Ihnen die richtigen Ideen an die Hand geben zu können, damit Sie selbst aktiv an Ihrer Weiterentwicklung arbeiten können. Letzten Endes liegt es an uns selbst, was, wie ich finde, ein hoffnungsvoller Gedanke ist: Wir bestimmen selbst über unser Leben. Ich kann Ihnen nicht sagen, was genau Sie tun sollen. Ich will Ihnen aber gern zur Seite stehen, wenn Sie sich auf den Weg machen und herausfinden wollen, was für Sie gut funktioniert.

An wen richtet sich dieses Buch?

> Stress, Stress, Stress. Meine Abteilung muss sparen, ich will Karriere machen, muss mich um die Kinder kümmern, ein aktives Sozialleben ist mir aber auch wichtig. Woher soll ich nur die Zeit nehmen, um das alles unter einen Hut zu bekommen? Hiiilfeee! Stress! Ich schaffe das alles nicht!

Kommt Ihnen das bekannt vor? Manchmal fühlt man sich, als müsste man zwanzig Probleme auf einmal bewältigen. Kaum ist jedoch ein Problem vom Tisch, tauchen zehn neue auf. Und darin steckt tatsächlich ein Kern von Wahrheit: Menschen haben einen „eingebauten" Fokus auf das, was nicht funktioniert.

Wenn wir ein Problem wahrnehmen, erfolgt meist eine der folgenden beiden Reaktionen: Wir gehen das Problem an oder wir versuchen, es zu ignorieren. *Fight or flight* – Kampf oder Flucht. Im jeweiligen Moment erscheinen diese Optionen durchaus logisch. Angenommen, Ihre Führungskraft ist nicht gut auf Sie zu sprechen. Sie könnten „kämpfen", indem Sie in die Defensive gehen und abwehrend reagieren oder indem Sie besonders hart arbeiten, um ein möglichst perfektes Ergebnis abzuliefern. Oder Sie „fliehen" aus der Situation, lassen den Ärger über sich ergehen und ziehen sich zurück, z. B. indem Sie in Gedanken zurück zu Ihrem Strandurlaub vom letzten Sommer gehen oder indem Sie Ihre E-Mails nicht mehr öffnen. Beide Reaktionen können kurzfristig effektiv sein. Langfristig sind diese Strategien aber nicht hilfreich. Was, wenn Sie nächsten Monat wieder in eine ähnliche Situation kommen? Wie sollen Sie sich dann verhalten?

Anders gefragt: Wie können Sie *ganz allgemein* besser mit Problemen, Stress und Herausforderungen umgehen? Die gute Nachricht lautet: Sie können es mithilfe Ihres „psychologischen Kapitals“. Sie können sich selbst darin üben, Probleme zu lösen, mit Stress zurechtzukommen und Herausforderungen zu bestehen. Darum geht es in diesem Buch. Dieses Üben erfordert allerdings Einsatzbereitschaft. Ich könnte Ihnen verschiedene Theorien über Stress und Belastbarkeit sowie die besten Strategien für den Umgang mit herausfordernden Projekten vorstellen, und wenn Sie sich das alles durchläsen, würden Sie sich mit diesen Themen bestens auskennen. Nur hätten Sie damit Ihre Fähigkeiten, besser mit Stress umgehen zu können, noch nicht weiterentwickelt. Würde ich Ihnen die gesamte Theorie über den Vorgang des Schwimmens erklären und Sie dann ins tiefe Wasser schubsen, könnten Sie nicht plötzlich schwimmen. Daher möchte ich Ihnen ans Herz legen, dieses Buch nicht nur zu *lesen*, sondern auch aktiv *mitzumachen*. Machen Sie die Übungen. Reden Sie mit anderen Menschen aus Ihrem Freundes- und Kollegenkreis, mit Ihrer Partnerin oder Ihrem Partner und Familienangehörigen über dieses Buch. Experimentieren Sie. Ein besserer Umgang mit Stress wird Ihnen vermutlich nicht auf Anhieb gelingen, aber glauben Sie mir: Übung macht den Meister. Wenn Sie dieses Buch optimal nutzen wollen, empfehle ich Ihnen, sich ergänzend zu den Übungen Notizen zu machen. Schreiben hilft, die Gedanken zu sortieren, und hat den Vorteil, dass Sie alles nach einer gewissen Zeit noch einmal nachlesen können. Es geht dabei nicht um die „richtigen“ Antworten. Das Schreiben dient hier vor allem dazu, die eigenen Gedanken anzuregen. Benutzen Sie ein schönes Schreibheft oder Notizbuch und halten Sie dieses möglichst immer griffbereit.

Dieses Buch richtet sich an alle Menschen, die sich weiterentwickeln möchten, weil sie sich gedanklich ständig mit den Dingen beschäftigen, die sie noch erledigen müssen, weil sie viel Stress erleben oder weil es ihnen schwerfällt, mit Rückschlägen umzugehen. Was Sie von diesem Buch nicht erwarten können, sind allgemeine Tipps für ein besseres Zeitmanagement, wie Sie Ihren E-Mail-Posteingang leer halten können oder wie Sie Nein sagen können. Das Ziel dieses Buches ist es, Sie dabei zu unterstützen, konstruktive, resiliente und effektive Verhaltensweisen zu entwickeln, die es Ihnen ermöglichen, Probleme leichter anzupacken oder sie loszulassen.

Aufbau dieses Buches

Kapitel 1 gibt einen Einblick in die Idee hinter dem Buch. Diese besteht darin, dass Sie auf Grundlage der Positiven Psychologie an Ihren positiven Eigenschaften ansetzen und diese weiterentwickeln: Indem Sie Ihr sogenanntes psychologisches Kapital stärken, nehmen Sie selbst wieder das Ruder in die Hand. Wenn Sie die vorgestellten Übungen ernst nehmen und regelmäßig üben, ermöglichen Sie sich persönliches Wachstum und Weiterentwicklung. Dabei hilft Ihnen dieses Buch, Schritt für Schritt.

Die Kapitel 2 bis 5 stellen jeweils eine positive Eigenschaft in den Mittelpunkt. Zu Beginn jedes Kapitels können Sie einschätzen, wie es um Ihren Optimismus, Ihre Hoffnung, Ihre Resilienz und Ihr Selbstvertrauen steht. Anschließend werde ich darlegen, was die jeweilige Eigenschaft genau ausmacht und bedeutet. Weiterhin finden Sie mehrere Übungen, mit denen Sie die jeweilige Eigenschaft bei sich gezielt weiterentwickeln können. Jedes dieser Kapitel endet mit dem Abschnitt „Der goldene Mittelweg“. Es gibt nämlich auch ein Zuviel einer jeden positiven Eigenschaft und wir sehen uns an, wie sich das vermeiden lässt.

Kapitel 6 geht über die vier genannten Eigenschaften hinaus. Psychologisches Kapital ist nämlich kein Wundermittel. Vielleicht haben Sie etwas mehr Optimismus, etwas mehr Hoffnung, Resilienz und Selbstvertrauen entwickelt und merken, dass dies etwas bewirkt, haben aber trotzdem noch viel Stress. Daher wird es in Kapitel 6 um weitere Strategien gehen, die Sie anwenden können, um vom Stress nicht überwältigt zu werden.

Ein großer Teil meiner Erfahrung mit psychologischem Kapital stammt aus meiner Zusammenarbeit als Trainer mit verschiedenen Unternehmen. Kapitel 7 beschäftigt sich deshalb mit der Möglichkeit, Ihr psychologisches Kapital im Rahmen Ihrer Arbeit einzubringen. Positive Eigenschaften und persönliche Stärken lassen sich nämlich auch gut im gegenseitigen Austausch sowie im Team weiterentwickeln und einsetzen. Für jede der vier Eigenschaften finden Sie hier eine praktische Übung, die gut in einer (Team-)Besprechung durchgeführt werden kann.

Kapitel 8, das letzte Kapitel dieses Buches, dreht sich um die Frage, wie Sie bereits erreichte Veränderungen aufrechterhalten können, um Ihr psychologisches Kapital möglichst auf Dauer einzusetzen.

Zwischen den einzelnen Kapiteln finden sich verschiedene thematische Einschübe („Intermezzo“). In diesen stelle ich jeweils einen ergänzenden Aspekt oder eine weiterführende Theorie vor, der bzw. die dazu beitragen kann, Ihr psychologisches Kapital weiter aufzubauen und noch wirkungsvoller einsetzen zu können. An mehreren Stellen in den Hauptkapiteln finden sich Verweise auf diese Einschübe, und Sie können diese natürlich auch zwischendurch lesen. Im Einzelnen geht es um ein wachstumsorientiertes Mindset (Growth Mindset), um positive Emotionen und um Achtsamkeit.

Darüber hinaus finden Sie am Ende des Buches Literaturempfehlungen und weiterführende Informationen zu den einzelnen Themengebieten.

Ich wünsche Ihnen viel Freude beim Lesen und hoffe, dass Sie beim Umsetzen der Übungen viel Neues ausprobieren werden!

1 Psychologisches Kapital – Die theoretischen Grundlagen

In diesem Buch erfahren Sie, wie Sie Ihr psychologisches Kapital stärken können. Wofür und weshalb sollte das gut sein? Zum Beispiel aus den folgenden Gründen: Vielleicht wünschen Sie sich, besser mit Stress umgehen zu können. Oder Sie würden Probleme gern effektiver lösen, sie nicht mehr vor sich herschieben oder sich in ihnen verlieren. Oder Sie möchten einen Weg finden, nach Rückschlägen schneller wieder auf die Beine zu kommen und weiterzumachen. Oder Sie wünschen sich, mit mehr Zuversicht an neue Projekte herangehen zu können. Ob es nun um die Arbeit, Ihr Privatleben oder eine Kombination aus beidem geht: Mit gestärktem psychologischen Kapital sind Sie besser gewappnet.

Was aber genau ist mit psychologischem Kapital gemeint? Es ist das Vorhandensein von vier positiven Eigenschaften. Da jede dieser Eigenschaften ausführlich in einem eigenen Kapitel behandelt wird, stelle ich sie hier zunächst nur kurz vor. *Optimismus* meint die positive Erwartung, dass sich etwas Gutes einstellen wird, weil man davon überzeugt ist, die Situation positiv beeinflussen zu können. Ein Beispiel: Sie sind optimistisch, dass auf Ihrer geplanten Geburtstagsfeier alles gut gehen wird, weil Sie wissen, dass Sie sich unterhaltsame Programmpunkte ausdenken und die benötigten Einkäufe erledigen können. *Hoffnung* umfasst die Motivation, ein Ziel zu erreichen, und die Zuversicht, dieses Ziel auch tatsächlich zu erreichen, weil man nicht nur Plan A, sondern auch einen Plan B und C hat. *Resilienz* ist die Fähigkeit, sich nach Rückschlägen wieder aufzurichten, die es manchmal sogar ermöglicht, aus dieser Erfahrung zu lernen und daran zu wachsen. *Selbstvertrauen* meint das Vertrauen und die Überzeugung, eine bestimmte Aufgabe gut erledigen zu können, und zwar, weil wir schon die Erfahrung gemacht haben, dass wir das hinbekommen, oder weil wir wissen, was wir tun müssen. Diese vier Eigenschaften sind in jedem Menschen zumindest ansatzweise bereits angelegt. Wir können sie allerdings noch weiterentwickeln. Die Übungen in diesem Buch können Ihnen dabei helfen – sie basieren auf wissenschaftlichen Studien und jahrelanger Praxiserfahrung.

Wie gehen Sie mit Rückschlägen, Problemen und Herausforderungen um?

Mit diesem kurzen Test[1] erhalten Sie einen ersten Eindruck davon, wie Sie normalerweise mit Herausforderungen und Problemen umgehen. Beantworten Sie die Fragen spontan, Sie müssen hier keinen guten Eindruck hinterlassen. Es geht ja darum, dass Sie sich weiterentwickeln. Geben Sie mithilfe der Zahlen von 1 bis 5 an, wie sehr Sie sich mit der jeweiligen Aussage identifizieren. 1 bedeutet, dass Sie sich ein klein wenig in der Aussage wiederfinden. 3 ist neutral. 5 bedeutet, dass Sie sich ganz und gar in der Aussage wiederfinden. Zählen Sie anschließend die Punkte zusammen.

Mein Umgang mit Herausforderungen					
1. Wenn ich mich anstrenge, beeinflusst das mein Arbeitsergebnis deutlich.	1	2	3	4	5
2. Wenn ich einen schönen Tag hatte, habe ich das sicher auch mir selbst zu verdanken.	1	2	3	4	5
3. Wenn ich mit einem großen Projekt beschäftigt bin, bin ich zuversichtlich, es zu einem guten Abschluss bringen zu können.	1	2	3	4	5
4. Ich bin voller Zuversicht, dass ich wichtige Ziele in meinem Leben auf die eine oder andere Art erreichen kann.	1	2	3	4	5

1 Es handelt sich hierbei nicht um einen wissenschaftlich fundierten Test. Dennoch kann er Ihnen möglicherweise neue Aspekte Ihrer Persönlichkeit näherbringen. Wenn Sie mehr über Ihr psychologisches Kapital erfahren möchten, können Sie den offiziellen (kostenpflichtigen, englischsprachigen) Test (*Psychological Capital Questionnaire – Report About Me: Self Form*) von Luthans et al. (2007) durchführen. Dieser Test wird von der Firma Mind Garden angeboten (https://www.mindgarden.com). Siehe hierzu auch „Weiterführende Literatur und Informationen“.

Mein Umgang mit Herausforderungen – Forts.					
5. Wenn bei meiner Arbeit ein Problem auftaucht, gelingt es mir meistens, das Beste daraus zu machen.	1	2	3	4	5
6. Wenn ich in meinem Privatleben eine Niederlage zu verkraften habe, komme ich auch wieder darüber hinweg.	1	2	3	4	5
7. Ich bin zuversichtlich, dass ich die Arbeit, die ich zu erledigen habe, auch schaffe.	1	2	3	4	5
8. Wenn etwas Neues von mir erwartet wird, bin ich mir sicher, dass ich das erlernen kann.	1	2	3	4	5

8 bis 16 Punkte: Sie haben eine eher niedrige Punktzahl erreicht. Möglicherweise ist Ihr psychologisches Kapital noch nicht so stark ausgeprägt; vielleicht haben Sie manchmal das Gefühl, die Dinge nicht so richtig hinzubekommen oder nichts an Ihrer Situation ändern zu können.

17 bis 32 Punkte: Ihr Ergebnis liegt im mittleren Bereich. Das kann bedeuten, dass Sie den Eindruck haben, Ihr Leben in ausreichendem Maße selbst beeinflussen zu können, oder dass Sie vielleicht sogar gern noch etwas mehr Einfluss auf Ihr Leben hätten.

33 bis 40 Punkte: Sie haben eine sehr hohe Punktzahl erreicht. Möglicherweise ist Ihr psychologisches Kapital bereits sehr stark ausgeprägt, vielleicht fühlen Sie sich in Ihrem Leben genau am richtigen Platz und/oder tragen viel Verantwortung. Etwas tun zu „müssen" kann aber auch stark unter Druck setzen. Wenn dies auf Sie zutrifft, finden Sie in Kapitel 6 Strategien zum Umgang mit Stress.

Sie haben nun einen ersten Eindruck davon, wie es um Ihr psychologisches Kapital steht. Sind Sie der Meinung, dass Sie gut mit Ihren persönlichen Umständen zurechtkommen? Gehen Sie konstruktiv und flexibel mit Problemen um?

Sie können die Fragen auch einzeln betrachten. Die Fragen 1 und 2 beziehen sich auf Optimismus, die Fragen 3 und 4 auf Hoffnung. In den Fragen 5 und 6 geht es um Resilienz und in den Fragen 7 und 8 um Selbstvertrauen. Haben Sie bei einem der Fragenpaare in beiden Fragen eine niedrige Punktzahl? Vielleicht möchten Sie in diesem Fall direkt das Kapitel über die jeweilige Eigenschaft lesen und die dazugehörigen Übungen ausprobieren?

Es gibt bei diesem „Test" kein perfektes Ergebnis und auch keine festgelegte Punktzahl, die anzeigen würde, wie gut Sie sind oder sein sollten. Das Ergebnis stellt lediglich eine Momentaufnahme dar und soll zur Reflexion anregen. Die Ressourcen, die Ihr psychologisches Kapital ausmachen und die bei Ihnen (wenn auch nur ein wenig) bereits vorhanden sind, können Sie stärken, und dabei helfen Ihnen die Übungen in diesem Buch. Wenn Sie das Buch und die Übungen durchgearbeitet haben, können Sie die obigen Fragen erneut beantworten und überprüfen, ob sich Ihre Antworten vom momentanen Ergebnis unterscheiden.

„Klassische" Psychologie: Was läuft falsch?

Der Begriff „psychologisches Kapital" ist nicht einfach so vom Himmel gefallen. Ihm liegen Dutzende Jahre der Forschung zugrunde. Im Laufe dieser Zeit hat sich auch ein neues Bild davon entwickelt, was es bedeutet, an menschlichen Problemen zu arbeiten.

Fokus auf das Problem

Zum Einstieg beginnen wir mit ein paar Fragen. Denken Sie an ein eher kleines Problem, mit dem Sie gerade konfrontiert sind und das Ihnen etwas Stress bereitet. Denken Sie anschließend über die folgenden Fragen nach. Sie können gern Ihr Notizbuch zur Hand nehmen.

1. Was genau geht da schief?
2. Wie kommt es, dass es derart schiefgeht?
3. Wie oft kommt das vor?
4. In welchen Situationen geht es schief?
5. Wer oder was verursacht das Problem?
6. Was machen Sie selbst falsch, wodurch das Problem entsteht bzw. immer wieder entsteht?

Seit die Psychologie eine wissenschaftliche Disziplin geworden ist, wird häufig die Frage „Was läuft falsch?“ in den Mittelpunkt gestellt. Das zeigen die oben aufgeführten Fragen sehr gut. Es sind hervorragende Fragen, wenn es darum geht, ein Problem näher zu betrachten und zu erkunden. Ab der Hälfte des 20. Jahrhunderts wurde die kognitive Verhaltenstherapie populär: eine wissenschaftlich fundierte Methode, um psychische Probleme, unter anderem Depressionen und Angststörungen, genauer zu untersuchen und problemorientiert zu behandeln. Die Idee dahinter ist genauso einfach wie (oft) effektiv: Gedanken beeinflussen Gefühle, und die Gefühle beeinflussen unser Verhalten und die entsprechenden Folgen. Indem man problematische Gedanken und Gefühle genauer unter die Lupe nimmt, kann man lernen, sie besser anzunehmen oder sie zu verändern. Das funktioniert bei vielen Menschen gut, hat aber zur Folge, dass man sich gerade mit den negativen Gedanken und Gefühlen verstärkt beschäftigt. Indem diesen Aspekten viel Aufmerksamkeit gewidmet wird, kann es sich so anfühlen, als wäre das Problem dadurch noch präsenter. Insbesondere wenn es sich um ein Problem handelt, das sich nicht so leicht lösen lässt, bedeutet dies, dass das Negative lange im Fokus steht.

Auch auf anderen Gebieten zeigt sich: Wir neigen dazu, Probleme zu analysieren. Wir glauben, dass, wenn wir ein Problem erst einmal gut verstanden haben, wir es dann auch lösen können. Leider funktioniert das nicht immer, denn manche Probleme sind einfach zu komplex. Zudem hat die ständige Beschäftigung mit dem Problem auch auf uns selbst einen negativen Einfluss.

Schauen Sie sich noch einmal die vorherige Übung mit den Fragen an. Was haben Sie daraus gelernt? Ist Ihnen etwas deutlich geworden? Haben Sie eine neue Erkenntnis gewonnen? Diese problemorientierten Fragen können durchaus zu neuen Einsichten führen, müssen es aber nicht. Oft wissen wir schon sehr gut Bescheid über das Problem, um das es geht. Denken Sie nun auch einmal darüber nach, wie Sie sich mit diesen Fragen gefühlt haben. Haben Sie Begeisterung gespürt? Sind Sie unsicher geworden? Haben Sie Lust bekommen, aktiv zu werden? Oder ist genau das Gegenteil eingetreten? Haben Sie sich motiviert oder entmutigt gefühlt? Wenn ein Problem deutlich und eine klare Lösung vorhanden ist, sorgen die problemorientierten Fragen eher für Motivation. Ein Beispiel: Ihr Fahrrad fährt sich nicht gut, Sie kommen kaum voran. Sie untersuchen das Problem und stellen fest, dass der Reifen ein Loch hat. Sie reparieren den Schlauch, pumpen ihn auf und können wieder losfahren. Wenn das Problem aber nicht so eindeutig oder wenn keine klare Lösung in Sicht ist, kann man sich schnell entmutigt fühlen, wie das folgende Beispiel zeigt.

> Bei der Arbeit gibt es viel Stress. Der Grund ist, dass wir eigentlich zu wenig Leute haben und kein Budget für Neueinstellungen vorhanden ist. Und auch wenn jemand eingestellt würde, würde es noch nicht viel bringen: Die Person müsste erst eingearbeitet werden. Auch unsere Meetings sind nicht besonders effizient, vielleicht könnten wir auch hier Zeit einsparen. Insgesamt müssten wir bessere Vereinbarungen treffen, dann wäre die Arbeit stärker verteilt. Tja, das versuchen wir zwar in unseren Meetings zu klären, aber es gelingt nicht. Auch wäre es gut, wenn unsere Chefin öfter vor Ort wäre. Dann könnte ich Probleme bei Projekten direkt mit ihr besprechen und das Besprochene gleich umsetzen. Jetzt warte ich auf ihre Reaktion und in der Zwischenzeit passiert nichts ...

Sie merken: Dies ist nicht unbedingt eine motivierende Ausgangslage. Der problemorientierte, analysierende Ansatz hat große Erfolge ermöglicht, hat, wie oben erwähnt, aber auch Nachteile. Im Laufe des 20. Jahrhunderts ist die wissenschaftliche Psychologie etwas aus dem Gleichgewicht geraten, denn es ging hauptsächlich nur noch darum, sich auf Probleme und Fehler zu konzentrieren. Um die Jahrtausendwende kam allerdings Veränderung in diese Sichtweise: Es war die Geburtsstunde der Positiven Psychologie.

Positive Psychologie: Was läuft gut?

Fokus auf das Positive

Auch hier beginnen wir wieder mit ein paar Fragen; dieses Mal mit positiven. Gehen Sie gedanklich zu demselben Problem wie in der vorherigen Übung und denken Sie anschließend über die folgenden Fragen nach. Sie können Ihre Überlegungen hierzu gern wieder in Ihr Notizbuch schreiben. Vergleichen Sie anschließend die beiden Herangehensweisen miteinander.

1. Worauf hoffen Sie?
2. Wie wäre es, wenn das Problem gar nicht/weniger vorhanden wäre?

3. Welchen Unterschied würde das machen?
4. Welche Schritte, die in die richtige Richtung gehen, haben Sie und/oder andere schon gemacht?
5. Was wäre für Sie ein Zeichen des Fortschritts?
6. Was könnte Ihr nächster kleiner Schritt hin zu einer angenehmeren oder besseren Situation sein?

Es mag logisch erscheinen, zunächst das zu betrachten, was nicht in Ordnung ist. Man kann die Betrachtungsweise aber auch umdrehen. Anstatt zu untersuchen, warum in der Klasse gemobbt wird, kann man auch versuchen herauszufinden, in welchen Situationen die Kinder gut miteinander umgehen, und die Kinder dazu befragen. Auch wenn dann möglicherweise das Gefühl entsteht, das Problem werde nicht ernst genommen, steckt die Lösung aber vielleicht bereits in den Antworten der Beteiligten. Wenn die Kinder selbst ihre Ansichten zu den Situationen, in denen es gut läuft, mitteilen, liefert das wertvolle Informationen zur Verbesserung der Gesamtsituation.

Auf dieselbe Weise können wir uns z. B. auch mit unserer Resilienz, also unserer psychischen Widerstandsfähigkeit, auseinandersetzen. Anstatt zu überlegen, woran es liegt, dass dieser Rückschlag uns so sehr zurückwirft, können wir uns auch fragen, wann es uns denn *gut* gelingt, Rückschläge wegzustecken. Die Positive Psychologie untersucht, wann und wie Menschen besonders leistungsfähig, glücklich und zufrieden sind. Was haben Sie wahrgenommen, als Sie sich mit den positiven, lösungsorientierten Fragen beschäftigt haben? Sind Sie auf neue Ideen gekommen? Hatten Sie Lust, diese umzusetzen? Und worin besteht der Unterschied zu den problemorientierten Fragen, die Sie vorher beantwortet haben?

Viele Menschen merken, dass sie bei problemorientierten Fragen wenig Motivation verspüren. Die lösungsorientierten Fragen dagegen regen uns an, zu handeln. Sie verleihen etwas mehr Selbstvertrauen und vermitteln eine Vorstellung von einem ersten Schritt. Und sie machen uns deutlich, was Anzeichen des Fortschritts sind. Das bringt uns weiter.

Die Positive Psychologie umfasst drei Komponenten: anerkennen, was nicht gut läuft, bestärken, was gut läuft, und definieren, wohin man gelangen möchte.

Anerkennen, was nicht gut läuft

Die Positive Psychologie ist kein modischer Überbegriff für die Kalenderweisheit „Hauptsache positiv denken, dann wird alles gut". Wir nehmen immer auch das wahr, was nicht gut funktioniert. Es gibt jedoch einen wichtigen Unterschied zur traditionellen Psychologie: Es wird nicht die meiste Energie darauf verwendet, das Problem zu untersuchen, zu verstehen und daran zu arbeiten, dass es verschwindet. Die genaue Erkundung eines Problems kann zwar lohnenswert sein, aber meist nur dann, wenn dieses eindeutig ist. Wenn das Problem aber komplex ist, ist dieses Vorgehen oft nicht hilfreich. In solchen Fällen gelingt es meist nicht, alle Details zu verstehen, eine eindeutige Ursache festzustellen und zu entscheiden, an welchem Punkt eine Veränderung ansetzen muss.

Anzuerkennen, was nicht gut läuft, meint, die negativen Seiten der Situation nicht zu ignorieren. Natürlich dürfen wir das Problem an sich betrachten, denn schließlich leiden wir darunter und das ist unangenehm. Das Problem ist nun einmal vorhanden. So können Sie z.B. die Tatsache akzeptieren, dass Sie Ihren Job verloren haben, und anerkennen, dass Ihnen das Angst macht, es Sie traurig stimmt und Unsicherheit bei Ihnen erzeugt. Natürlich wäre es wunderbar, sofort eine neue Stelle zu finden, aber zunächst dürfen Sie Angst haben, sich traurig und unsicher fühlen. Ein Problem anzuerkennen bedeutet also etwas anderes, als seine komplette Energie darauf zu richten. Das ist nämlich keine Garantie dafür, es erfolgreich zu lösen. Mehr darüber, wie Sie Ihre Aufmerksamkeit auf etwas richten können, finden Sie im Intermezzo „Achtsamkeit" (siehe S. 103ff.).

Bei der Positiven Psychologie geht es darum, die Aufmerksamkeit anschließend auf die folgenden beiden Aspekte zu richten.

Bestärken, was gut läuft

Wir richten unsere Aufmerksamkeit oft vor allem auf die Dinge, die nicht gut laufen. Alles, was gut funktioniert, übersehen wir meistens. Aus evolutionärer Sicht lässt sich das logisch erklären. Wenn unsere Vorfahren in der Savanne unterwegs waren und auf ein Problem stießen, z.B. auf einen Löwen, war es wichtig, dieses Problem zu registrieren. Reagierte ein Mensch dieser Zeit nicht direkt auf so eine Situation, bekam er keine Nachkommen mehr. Wenn einer dieser Vorfahren hingegen etwas Positives, z. B. einen Strauch mit reifen Beeren, übersah, hatte das keinen direkten Einfluss darauf, ob er Nachkommen bekam oder nicht. Auf diese Weise entwickelte sich beim Menschen ein voreingenommener Blick: Wir nehmen Negatives besser wahr als Positives. Auf dieses Thema wird im Intermezzo „Positive Emotionen“ noch ausführlicher eingegangen werden (siehe S. 77ff.). In der heutigen Zeit ist diese negative Perspektive allerdings eher problematisch: Wir leben in einer Gesellschaft, in der viel mehr Informationen im Vergleich zu früheren Zeiten verfügbar sind. Die Medien konfrontieren uns permanent mit Bedrohlichem und Problemen aus der ganzen Welt.

Die zweite Komponente der Positiven Psychologie stellt deshalb auch den Gegenspieler dieses negativen Blickwinkels dar: das bestärken, was bereits gut funktioniert. Diese Dinge nehmen wir nicht einfach so wahr, und gerade deshalb ist es so wichtig, den Blick gezielt darauf zu lenken. Wann sind wir (ein bisschen) glücklich? Was verleiht uns ein gutes Gefühl? Was sind unsere Stärken und positiven Eigenschaften? Wie helfen uns diese Eigenschaften bei der Überwindung von Hindernissen? Es sind gerade die positiven Eigenschaften, von denen Sie für die Verwirklichung Ihrer Ziele Gebrauch machen können. Sich weiterzuentwickeln auf der Grundlage dessen, was bereits gut ist, hat sich als viel effektiver herausgestellt als sich auf Basis dessen zu entwickeln, was nicht gut läuft (Roberts et al., 2005).

Definieren, wohin man gelangen möchte

Oft wissen wir sehr genau, was wir nicht wollen. Wir wollen weniger Stress, wir wollen uns kein Gemecker anhören, keine Schmerzen und keinen Ärger haben. Das nennen wir *Vermeidungsziele*. Ein Mensch mit einer Depression möchte keine Depression haben – das ist nachvollziehbar. Es ist allerdings sehr schwierig, einen momentanen inneren Zustand oder Gedanken zu unterdrücken. Ein Beispiel: Versuchen Sie einmal, eine Minute lang nicht an einen weißen Eisbären zu denken (Dostojewski, 1863).

Und? Ist es Ihnen gelungen? Wahrscheinlich nicht. Der russische Schriftsteller Fjodor Dostojewski hatte bereits 1863 erkannt: Das menschliche

Gehirn kann nichts mit dem Wörtchen „nicht“ anfangen. Wollen wir nicht an einen weißen Eisbären denken, müssen wir uns zunächst vergegenwärtigen, was ein weißer Eisbär überhaupt ist. Und schon ist es zu spät: Das weiße Ungetüm hat sich bereits in unseren Gedanken eingenistet. Mit anderen Vermeidungszielen verhält es sich ähnlich.

Viele Menschen ändern erst dann etwas, wenn ihnen eine Sache deutlich missfällt. Am Anfang steht also häufig ein Vermeidungsziel. Wenn man allerdings nicht weiß, was man stattdessen wirklich möchte, ist es schwierig, sich gedanklich von dem zu lösen, was man vermeiden möchte. Deshalb ist es sinnvoll, (auch) herauszufinden, was man tatsächlich will, und ein sogenanntes *Annäherungsziel* zu definieren: Was möchte ich anstelle von Stress? Wovon möchte ich gern mehr? Woran merke ich, dass ich bereits auf einem guten Weg bin?

Es ist völlig in Ordnung, auf diese Fragen zunächst keine genaue Antwort zu wissen. Aber bevor Sie viel Energie investieren, um vor den Dingen wegzulaufen, die Sie nicht mehr wollen, nehmen Sie sich lieber die Zeit, um herauszufinden, was Sie stattdessen wollen. Das kann durchaus anstrengend sein. Aber schon allein dadurch, dass Sie sich damit beschäftigen, entwickeln Sie sich bereits ein Stückchen weiter. Nehmen wir einmal an, Sie hätten gern weniger Stress. Was könnten dann erstrebenswerte Ziele sein? Hier einige Beispiele: Sie wollen fröhlicher sein (ich sollte vielleicht öfter einmal etwas Schönes unternehmen) und Sie wollen Ihre Freizeit genießen (ich möchte mir genug Zeit für meine Familie nehmen).

Nutzen Sie die Positive Psychologie!

Bei der Positiven Psychologie handelt es sich um einen Ansatz, der sich bei verschiedenen Problemen und Zielen anwenden lässt. Er wird sowohl in der Therapie als auch in der Organisationsentwicklung sowie im pädagogischen Bereich und in der Bildungsarbeit eingesetzt. Dieses Buch basiert auf der Positiven Psychologie. Zunächst wird es also darum gehen, festzustellen, welche Dinge Sie nicht (länger) hinnehmen wollen. Danach befassen wir uns damit, welches Ihre positiven Eigenschaften sind und wie sich diese ausbauen lassen. Schließlich werden wir herausfinden, wohin Sie sich aktiv bewegen möchten.

Mit diesen drei Grundzutaten werden wir arbeiten, um Ihr psychologisches Kapital, Ihre Ressourcen, zu stärken.

Psychologisches Kapital: Optimismus, Hoffnung, Resilienz und Selbstvertrauen

Viele der Konzepte und Theorien innerhalb der Positiven Psychologie beschäftigen sich mit dem Glück: Unzählige Bücher, Zeitschriften, Blogs und Übungen wurden zu diesem Thema und der Frage, wie wir persönliches Wohlbefinden erreichen können, veröffentlicht. Falls Sie gelegentlich Zeitschriften wie *Happinez* oder *Flow* lesen, kennen Sie vielleicht schon einige Strategien. Aber die Positive Psychologie hat viel mehr zu bieten als die Beschäftigung mit dem eigenen Wohlbefinden.

Unter der Leitung von Fred Luthans, US-amerikanischer Professor für Management, hat eine Gruppe von Forschenden die Theorie des psychologischen Kapitals entwickelt (zusammenfassend: Luthans, Youssef-Morgan & Avolio, 2015). Luthans und sein Team führten eine umfangreiche Recherchearbeit durch, bei der sie die bis dato verfügbare psychologische Fachliteratur sichteten. Ihr Ziel dabei war eine Zusammenstellung jener *positiven menschlichen Eigenschaften*, die sich *weiterentwickeln* lassen und *messbar* sind. Zudem sollten die Eigenschaften eine *positive Wirkung* haben. Welche Idee steckte dahinter? Warum legten die Forschenden diese Kriterien fest?

Positive Eigenschaften

Nach jahrzehntelanger Forschung auf dem Gebiet der Psychologie ist das Wissen über verschiedene positive menschliche Eigenschaften bereits vorhanden. Diese müssen also nicht erst herausgefunden oder erforscht werden. Die Annahme ist: Diese persönlichen Ressourcen ermöglichen es uns, Positives wie Wohlbefinden weiter zu festigen und zu stärken. Zudem wird davon ausgegangen, dass jeder Mensch diese Eigenschaften bzw. Ressourcen schon (zumindest ein wenig) von Natur aus in sich trägt.

Weiterentwicklung

Wenn Sie in der Profiliga Basketball spielen möchten, müssen Sie sehr viel trainieren, und es ist hilfreich, wenn Sie sehr groß sind. Ihre Körpergröße können Sie allerdings nicht durch Training verändern. Es ist gut, über unsere günstigen, aber unveränderlichen Eigenschaften Bescheid zu wissen, aber diese lassen uns keinen Handlungsspielraum für persönliche Entwicklung. Für die Theorie des psychologischen Kapitals sollten also nur solche positiven Eigenschaften berücksichtigt werden, die sich weiterentwickeln lassen. Das lässt sich mit der Kondition vergleichen: Manche Menschen bringen schon von sich aus (durch Veranlagung) eine bessere Grundkondition mit als andere, aber durch Training kann jeder seine Kondition verbessern.

Messbarkeit

Auch wenn es, im Unterschied etwa zur Körpergröße, nicht so einfach ist, Charaktereigenschaften in ihrer Ausprägung zu messen, unmöglich ist es nicht. Mit gut konstruierten Fragebögen lässt sich feststellen, inwiefern eine Person bestimmte Eigenschaften besitzt. Auf diese Weise kann man auch zeitliche Vergleiche vornehmen und feststellen, ob eine Person jetzt ein anderes Ergebnis erzielt als beispielsweise vor einem halben Jahr.

Positive Wirkung

Die wichtigste Frage ist natürlich: Was bringt das? Es gibt viele Studien, die sich mit den Auswirkungen des psychologischen Kapitals beschäftigen. Ein höheres psychologisches Kapital reduziert beispielsweise Stress und führt zu einer höheren Leistungsfähigkeit. Auf die positiven Auswirkungen wird in den Kapiteln 2 bis 5, in denen die einzelnen positiven Eigenschaften genauer vorgestellt werden, ausführlicher eingegangen werden. Dabei werden auch einige Nachteile eines „Zuviel" einer jeden Eigenschaft benannt, denn letztendlich geht es darum, eine gesunde Balance zu finden.

Die vier Säulen des psychologischen Kapitals

Die vier Eigenschaften, die die oben genannten Kriterien erfüllen, habe ich am Anfang dieses Kapitels bereits genannt. Es sind Optimismus, Hoffnung, Resilienz und Selbstvertrauen. Gemeinsam bilden sie Ihr psychologisches Kapital, auch kurz als PsyCap bezeichnet. Es sind also diese vier Eigenschaften, die Sie dabei unterstützen, besser mit Stress zurechtzukommen und leistungsfähiger zu werden. Außerdem können Sie diese Eigenschaften mit dem richtigen „Konditionstraining" gezielt stärken.

Optimismus meint, sich dessen bewusst zu sein, dass man selbst Einfluss auf die Dinge hat (Seligman, 1990/2006). Das gibt uns mehr Vertrauen, dass wir jederzeit eine (wenn auch nur bescheidene) positive Veränderung herbeiführen können. Sie können z.B. bei schönem Wetter nach draußen gehen und die Sonne genießen. Auf diese Weise tragen Sie zu einem für Sie schönen Tag bei.

Hoffnung ist die Fähigkeit, sich seine Ziele bewusst zu machen. Was möchten Sie erreichen? Es geht dabei auch um die eigenen Vorstellungen, wie man sein Ziel erreichen und mit Hindernissen umgehen kann (Snyder, 1994). Ein Beispiel: Sie möchten sich gerne auf einem bestimmten Gebiet beruflich weiterbilden. Sie haben auch schon einige Ideen, wie Sie dieses Ziel erreichen können: einen Intensivkurs belegen, ein Fachbuch lesen oder sich eine Mentorin bzw. einen Mentor suchen. Allerdings rechnen Sie auch mit einem Hindernis: Zeitmangel. Diese Hürde könnten Sie überwinden, indem Sie Urlaub nehmen oder Ihre Eltern bitten, in der Zeit die Kinder zu betreuen.

Resilienz meint die Fähigkeit, nach Rückschlägen wieder auf die Beine zu kommen oder sogar an Rückschlägen zu wachsen. Wir können aus Niederlagen lernen und bei einem nächsten Mal besser gewappnet sein oder eine drohende Niederlage vielleicht noch abwenden (Masten, 2014). Wenn Ihnen Ihr Arbeitsvertrag gekündigt wird, ist das ein herber Rückschlag. Sie fühlen sich möglicherweise völlig niedergeschlagen. Indem Sie jedoch mit Menschen in Ihrem Umfeld darüber sprechen, sich die Zeit nehmen, Ihren nächsten Schritt genau zu überlegen und – gerade auch in der Zeit, in der Sie keine Arbeit haben – trotzdem aktiv bleiben, können Sie diesen Rückschlag besser verarbeiten. Durch die Kündigung fangen Sie vielleicht an, darüber nachzudenken, was Sie beruflich wirklich wollen, oder Sie beginnen mit einer Weiterbildung oder schlagen beruflich ganz neue Wege ein. Auf diese Weise trägt dieses Erlebnis vielleicht zu persönlichem Wachstum bei.

Selbstvertrauen (auch Selbstwirksamkeit bzw. Selbstwirksamkeitserwartung, engl.: "self-efficacy"; Bandura, 1977) bedeutet, dass wir darauf vertrauen, eine bestimmte Aufgabe gut bewältigen zu können. Dieses Vertrauen gründet z. B. auf Erfahrung mit dieser Art von Aufgaben, auf einer guten Vorbereitung oder auf Unterstützung durch andere. Wenn Sie z. B. eine Präsentation über die Jahresplanung halten müssen, tun Sie das mit mehr Zuversicht, wenn Sie diese Aufgabe schon seit mehreren Jahren übernehmen. Wenn Sie das zum ersten Mal tun, ist es hilfreich, sich besonders gut vorzubereiten.

Wie können Sie Optimismus, Hoffnung, Resilienz und Selbstvertrauen stärken?

Der Aufbau Ihrer Ressourcen, die Ihr psychologisches Kapital ausmachen, geschieht nicht von selbst. Wie auch bei anderen Fähigkeiten, die wir erlernen können, sind hierfür Wissen, Selbsteinsicht und Übung erforderlich. Wie ich bereits anmerkte, ist es wie mit dem Schwimmen. Würde dieses Buch vom Schwimmen handeln, würden Sie nach der Lektüre alles darüber wissen, wie Schwimmen funktioniert. Würden Sie sich aber daraufhin ins tiefe Wasser stürzen, könnten Sie sich vermutlich nicht spontan durch effektives Brustschwimmen in Sicherheit bringen.

Bei der Lektüre dieses Buches erwerben Sie Wissen über Optimismus, Hoffnung, Resilienz und Selbstvertrauen. Wenn Sie beim Lesen reflektieren, wie es um Ihre eigenen Ressourcen steht, gewinnen Sie Selbsteinsicht. Indem Sie von diesen Einsichten ausgehen und üben, Ihre Ressourcen zu nutzen, stärken Sie diese und Ihr psychologisches Kapital. Aus Studien geht hervor, dass das möglich ist. Es ist nicht schlimm, wenn eine Übung oder eine neue Gewohnheit zunächst etwas Mühe bereitet. Geben Sie der Sache Zeit, versuchen Sie es und lernen Sie aus den Versuchen. Halten Sie sich vor Augen, dass Sie wachsen und lernen können; es hilft auch, daran zu glauben, dass Sie es können. Im Intermezzo „Growth Mindset" (siehe S. 51ff.) erfahren Sie hierzu mehr. Wie das Üben funktionierten kann, zeigt das folgende Beispiel.

Mathilde, eine Klientin von mir, stand bei ihrer Arbeit häufig unter Stress: Projekte liefen nicht gut und die Unterstützung vonseiten ihrer Führungskraft ließ zu wünschen übrig. Während des Coachings bemerkten wir, dass sie wenig Widerstandsfähigkeit zeigte, wenn etwas schiefläuft. Wenn sich abzeichnete, dass sie eine Deadline nicht schaffen könnte, war ihre Reaktion: verschweigen und weiterarbeiten. Manchmal schaffte sie die Deadline dann doch noch. Es kam aber immer häufiger vor, dass sie sie nicht schaffte. Ihre Kolleginnen und Kollegen waren dann irritiert, weil sie zu spät auf das Problem aufmerksam wurden und dann nicht mehr eingreifen konnten, um eine Lösung zu finden.

Im Coaching übten wir daher, anders zu reagieren, mehr Flexibilität an den Tag zu legen. Mithilfe einer kurzen Achtsamkeitsübung (siehe Intermezzo „Achtsamkeit" auf S. 103ff.) lernte Mathilde, schneller wahrzunehmen, wenn sie wieder in das Muster des Verschweigens zu verfallen droht. Das war kein Selbstläufer, aber mit der Zeit klappte es immer besser. Außerdem half es ihr, ihre Aufgaben und die Prioritäten für sich zu klären, indem sie die Übung „Auf Rückschläge reagieren" (S. 88ff.) machte. Beim ersten Mal führten wir die Übung während eines Coachingtermins gemeinsam durch. Mathilde erkannte, dass sie das Problem aufgrund verschiedener Anzeichen bereits hatte kommen sehen. Im Gespräch überlegte sie, was sie hätte tun können. Es gab z.B. zwei Kolleginnen, die sie hätte bitten können, ihr zu helfen. Sie hätte sich auch mit ihrer Führungskraft beraten können, welche Aufgabe Priorität erhalten soll. Mathilde wurde auch bewusst, dass es ihr oft schon gelungen war, Probleme selbst zu lösen. Ihre persönlichen Stärken halfen ihr dabei, z.B. ihr Durchsetzungsvermögen und ihre Sorgfalt. Dieses Gespräch bat bereits einiges an Erkenntnissen, war aber noch keine richtige Übung.

Mathilde nahm die Fragen aus der Übung (siehe S. 88ff.) deshalb mit zu ihrer Arbeit. Sobald sie ein Problem auf sich zukommen sah, nahm sie ihr „Kochbuch" zur Hand und versuchte ganz bewusst, anders mit dem Problem umzugehen. Um Hilfe zu bitten war beim ersten Mal noch aufregend; es funktionierte aber so gut, dass es für sie vor allem eine Erleichterung darstellte. Obwohl ihre Führungskraft ihr nicht entgegenkam und keine Prioritäten festlegte, konnte sie mit ihren Kolleginnen und Kollegen klären, welche Aufgaben dringend und wichtig waren und in welcher Reihenfolge sie erledigt werden sollten. Durch dieses Vorgehen veränderte sich ihre Haltung ganz von selbst: Anstatt Probleme zu verheimlichen und sich hilflos zu fühlen, wurde Mathilde wieder aktiv und schöpfte Vertrauen, dass sie schon das Beste aus der Situation machen würde.

Das Beispiel zeigt: Üben ist kein Selbstläufer. Wissen, Einsicht und Ausprobieren beeinflussen sich gegenseitig. Nicht alles funktioniert auf Anhieb, aber das ist auch nicht schlimm. Durch das Üben finden wir aber heraus, was tatsächlich für uns funktioniert, und wir lernen, wie wir uns verbessern können. Die Achtsamkeitsübung hat Mathilde in den ersten Wochen als ziemlich mühsam erlebt. Aber nach einem Monat kam der Moment, in dem sie auf einmal erkannte, dass sie gestresst war. Diese Erkenntnis brachte viel Raum mit sich, um Möglichkeiten zu erkennen, wie das Problem behoben werden könnte.

Ich hoffe, dass Sie auf ähnliche Weise von diesem Buch profitieren können. Lesen Sie es, schauen Sie, worin Sie sich selbst wiedererkennen können, und passen Sie, falls es nötig ist, die Übungen an Ihre eigene Situation an. Die Übungen sind zwar an sich noch kein Erfolgsgarant, aber sie bringen uns dazu, anders mit Situationen umzugehen, mit denen wir jetzt zu kämpfen haben. Versuchen Sie es, lernen Sie daraus und versuchen Sie es erneut. Und hoffentlich macht es Ihnen auch ein wenig Spaß!

Warum das psychologische Kapital stärken?

Aus welchem Grund sollten Sie Ihr psychologisches Kapital, Ihre persönlichen Ressourcen, stärken und ausbauen? An diese Frage können wir uns aus wissenschaftlicher Sicht nähern – der Effekt kann gemessen werden – oder anhand von Beispielen aus der Praxis. Beide Herangehensweisen liefern Argumente dafür, Ihr psychologisches Kapital zu stärken. Zuerst die wissenschaftlichen Argumente. Es wurden bisher (bis zur Fertigstellung dieses Buches) 1 600 Studien zum psychologischen Kapital veröffentlicht.[2] In einigen Studien wurden Unterschiede zwischen Menschen mit einem höheren und Menschen mit einem niedrigeren psycho-

---

2 Suche in der Datenbank PsycInfo mit folgenden Begriffen: "Psychological Capital" OR "psycap". Die Suche ergab 1 600 Treffer (16.05.2017). Vielen Dank an Inge Hulshof.

logischen Kapital untersucht. Auch die Effekte des Übens sind untersucht worden, einerseits zur Frage „Fördert dies das psychologische Kapital?", und andererseits zur Frage „Hat dieses höhere psychologische Kapital auch positive Effekte?". Eine eigene Studie belegt: Beides stimmt (Jacobs & Steeneveld, 2016)[3]. In wissenschaftlichen Übersichtsstudien, bei denen Dutzende von Studien analysiert wurden, wurden folgende positive Effekte beschrieben (einen Überblick bieten Luthans, Youssef-Morgan & Avolio, 2015): Menschen mit einem hohen psychologischen Kapital

- leiden weniger unter Stress und Angst,
- sind glücklicher,
- weisen ein höheres berufliches Leistungsniveau auf,
- sind zufriedener mit der Arbeit.

Wissenschaftliche Untersuchungen eignen sich sehr gut dafür, Studienergebnisse miteinander zu vergleichen, aber sie sagen dennoch nicht alles aus. In den letzten Jahren habe ich den Effekt des psychologischen Kapitals bei mir und anderen Menschen beobachtet. Ich glaube, dass wir auch auf diese Weise, also durch Beobachtung und Erfahrung, nützliche Einsichten erhalten. Insbesondere die folgenden Punkte sind mir aufgefallen:

1. Ein höheres psychologisches Kapital sorgt dafür, dass Menschen weniger Stress erleben und sich weniger hilflos fühlen und verhalten. Rückschläge kommen immer noch vor, aber während eines Trainings oder Coachings und im Anschluss daran gelingt es diesen Menschen besser, wieder an ihr Vorhaben anzuknüpfen. Sie vertrauen stärker darauf, dass sie selbst etwas tun können.
2. Mit einem höheren psychologischen Kapital werden Probleme als weniger schwer und bedeutsam empfunden. Ein Problem ist dann nicht mehr alles beherrschend, sondern eines von vielen Dingen, mit denen man sich eben auseinandersetzt. Stellen Sie sich vor, dass das Unternehmen, bei dem Sie arbeiten, sich mitten in einer Umstrukturierung befindet. Das kann leicht dazu führen, dass Sie anfangen zu grübeln, was mit Ihrer Stelle geschehen wird, und davon schließlich völlig absorbiert werden. Menschen, die über ein höheres psychologisches Kapital verfügen, können die Dinge etwas besser relativieren. Die Umstrukturierung bleibt auch für sie ein Problem, aber sie können sich

3 An dieser Studie habe ich gemeinsam mit Marieke Jacobs, Jules Reijnen und Herman Steensma gearbeitet.

auch noch auf ihr Wohlbefinden, ihr Privatleben, ihre Kolleginnen und Kollegen und andere Dinge, die noch erledigt werden müssen, konzentrieren.

3. Menschen, die über ein höheres psychologisches Kapital verfügen, lösen Probleme aktiver (oder lassen sie ganz los) und nehmen dadurch schneller den Faden wieder auf. Wenn ein Problem gelöst werden kann, bringt es viel, wenn man sich aktiv für die Lösung stark macht oder sich proaktiv Hilfe sucht. Wenn das Problem nicht zu lösen ist, ist es sinnvoll, diesen Umstand anzuerkennen und sich eine alternative Herangehensweise zu überlegen. Was meistens nicht funktioniert, ist, immer weiter zu grübeln, ohne etwas zu unternehmen.

Bei mir ist es so, dass ich immer noch schnell vor vielen Dingen zurückschrecke: So empfinde ich es als ziemlich große Herausforderung, dieses Buch zu schreiben. Telefonieren wird nie mein größtes Hobby werden, und kritisches Feedback zu erhalten ist zwar hilfreich, aber ich könnte jetzt nicht sagen, dass ich es schön finde ... Was ich aber bemerke, seitdem ich damit begonnen habe, an meinen Ressourcen zu arbeiten, ist: Ich komme viel besser mit diesen Herausforderungen zurecht. Manchmal geht es dabei nur darum, einen Handlungsplan aufzustellen (z. B. die einzelnen Kapitel des Buches festlegen und diese nacheinander schreiben, sich vorab die Fragen für ein Telefonat überlegen), manchmal darum, sich selbst den Spiegel vorzuhalten: Worüber rege ich mich so auf? Und wie kann ich damit umgehen? Was ist mir wichtig? Und wie kann ich das erreichen?

Das wünsche ich jedem Menschen: besonnen und zuversichtlich mit den persönlichen Herausforderungen, Rückschlägen, Ambitionen und Hindernissen umgehen zu können. Wünschen Sie sich das auch? Dann lesen Sie weiter.

2 Optimismus

Es war einmal eine Familie mit zwei Söhnen. Als die Mutter starb, waren alle am Boden zerstört. Der Vater begann zu trinken und verlor seinen Arbeitsplatz. Er war kaum noch in der Lage, für seine Kinder zu sorgen. Diese wurden von einem Familienmitglied zum nächsten gebracht. Nach einigen Jahren war die Situation unhaltbar und die Kinder kamen in staatliche Obhut. Wieder Jahre später fragte sich eine alte Freundin der Mutter, wie es den Kindern wohl gehe und sie suchte sie auf.

Dem älteren Sohn ging es nicht gut. Er war inzwischen völlig heruntergekommen. Stets war er auf der Suche nach einem neuen Job gewesen, den er meist schnell wieder verloren hatte, weil er betrunken am Arbeitsplatz erschienen war. Letztendlich war er auf der Straße gelandet. Die alte Bekannte wollte von ihm wissen, wie es dazu gekommen war.

„Was erwartest du, mit so einem Vater!"

Beim zweiten Sohn lagen die Dinge anders. Mit Ach und Krach hatte er den Abschluss auf einer weiterführenden Schule geschafft und sich danach noch weitergebildet. Nun war er Inhaber eines einigermaßen erfolgreichen Betriebs, er hatte geheiratet und Kinder bekommen. Die alte Bekannte fragte ihn, was ihn dazu bewogen hatte, dafür so hart zu arbeiten.

„Was erwartest du, mit so einem Vater!"

Sind Sie ein optimistischer Mensch?

Studien zeigen, dass manche Menschen eine Veranlagung zum Optimismus haben und andere zum Pessimismus. Glücklicherweise hat sich auch gezeigt, dass sich Optimismus stärken lässt. Die Übungen in diesem Kapitel können Ihnen helfen, sich Ihre Einflussmöglichkeiten auf ein Problem bewusster zu machen. Wie steht es um Ihren Optimismus? Denken Sie über die folgenden Punkte nach:

1. Rufen Sie sich ein positives Ereignis ins Gedächtnis. Es ist unerheblich, ob es sich um ein kleines oder großes Ereignis handelt, ob Sie es allein oder mit anderen erlebt haben. Stellen Sie sich das Ereignis lebhaft vor. Wo waren Sie? Was haben Sie gemacht? Welche Gedanken und Gefühle hatten Sie? Wer war sonst noch dabei?
2. Welche möglichen Ursachen und Umstände haben zu diesem Ereignis geführt?

3. Welche dieser Ursachen und Umstände konnten Sie selbst beeinflussen? Welche wurden anderweitig beeinflusst? Wie groß war der Einfluss der verschiedenen Ursachen und Umstände?

Sind Sie neugierig geworden, was das mit Optimismus zu tun hat? Notieren Sie Ihre Antworten und lesen Sie dann weiter.

Was ist Optimismus?

Was macht einen optimistischen Menschen aus? Meistens denken wir dabei an jemanden, der immer alles von der sonnigen Seite her betrachtet, positiv eingestellt, manchmal sogar naiv ist; an jemanden mit der Einstellung „Alles wird gut". Demgegenüber steht ein pessimistischer oder realistischer Mensch: jemand, der kritisch betrachtet, ob etwas überhaupt funktioniert. Eine solche Einstellung ist etwas weniger inspirierend und heiter, aber sehr viel sicherer! Auch im Wörterbuch wird Optimismus folgendermaßen definiert: „Lebensauffassung, die alles von der besten Seite betrachtet; heitere, zuversichtliche, lebensbejahende Grundhaltung" (Dudenredaktion, n. d.). Nach dieser Auffassung genießen optimistische Menschen das Leben, verlieren sich aber auch in Träumereien.

In der Psychologie wird eine etwas andere Definition verwendet, die auch in diesem Buch zugrunde gelegt werden soll. Die optimistische Erwartung eines positiven Ergebnisses fällt schließlich nicht vom Himmel; sie lässt sich auf etwas zurückführen. Zur Frage, warum Menschen optimistisch sind, hat Martin Seligman, der Begründer der Positiven Psychologie, viel Forschung betrieben. Ursprünglich hatte er eigentlich etwas ganz anderes untersucht, nämlich: erlernte Hilflosigkeit.

In der Zeit, in der Tierversuche noch weniger stark reguliert waren, führte Seligman Forschungsarbeiten mit Hunden durch. Er platzierte einen Hund (zur Veranschaulichung gehen wir hier von einer Hündin aus und nennen sie Aila) auf einer Metallplatte in einem Käfig. Die Platte setzte er unter Strom. Aila gefiel das natürlich nicht. Sie entdeckte jedoch, dass es einen Hebel in ihrem Käfig gab, mit dem sie die Elektrizität abstellen konnte. Nach ein paar Mal üben gelang ihr das sehr schnell.

Der andere Hund (nennen wir ihn Bobby) stand ebenfalls auf einer Metallplatte in seinem Käfig, und auch diese Platte stand unter Strom. Aber Bobby hatte keinen Hebel in seinem Käfig und somit keinerlei Einfluss auf den Strom. Aila konnte den Strom ausschalten, wenn sie den Hebel betätigte. Bobby konnte nichts tun außer warten.

Danach wurden Aila und Bobby in einen neuen Testraum gebracht. Wieder war eine Metallplatte auf dem Boden, aber dieses Mal gab es keinen Käfig, sondern eine niedrige Hecke, die die Platte von einer sicheren Zone trennte. Es gab auch keinen Hebel. Sobald der Strom eingeschaltet wurde, suchte Aila nach dem Hebel. Als sie ihn nicht finden konnte, suchte sie nach einer anderen Lösung: Sie sprang über die Hecke. Bobby dagegen hatte gelernt, dass er ja doch nichts tun konnte. Er wartete winselnd, bis der Strom abgeschaltet wurde, obwohl auch er mit einem kleinen Sprung über die Hecke auf der sicheren Seite gewesen wäre.

Aila hatte „erlernten Optimismus" demonstriert. Aufgrund des Gelernten wusste sie, dass sie an ihrer Situation etwas ändern konnte. Bobby zeigte „erlernte Hilflosigkeit". Er versuchte gar nicht erst, zu entkommen, weil er gelernt hatte, einfach nur abzuwarten. Dieses Experiment wurde mit vielen weiteren Hunden wiederholt und (in modifizierter Form) auch mit Menschen. Immer wieder hat sich gezeigt, dass Optimismus und Hilflosigkeit (bis zu einem gewissen Grad) erlernt werden können. Mehr Optimismus bewirkt, dass man versucht, an seiner Situation etwas zu ändern (Seligman, 1972).

Aus psychologischer Sicht ist mit Optimismus also etwas anderes gemeint als im Wörterbuch beschrieben. Optimismus ist nicht einfach der Glaube, dass etwas schon gut werden wird. Optimismus ist die Zuversicht, *Einfluss* auf die Situation nehmen zu können. Einfluss ausüben zu können, eröffnet uns die Möglichkeit, die Situation zu verbessern.

Stellen Sie sich vor, Sie hätten einen riesigen Berg Arbeit vor sich. Pessimistische Menschen könnten sich in dieser Situation als eine Art Opfer fühlen: Auch wenn die Arbeit keinen Spaß macht, muss sie getan werden, daran lässt sich nichts ändern. Optimistische Menschen sehen das Problem auch, aber sie sehen ein Problem, auf das sie Einfluss ausüben können. Sie können Prioritäten setzen, jemanden um Mithilfe bitten, möglichst schnell anfangen, um den Riesenberg abzuarbeiten oder mit ihrer Führungskraft sprechen, wie dies in Zukunft verhindert werden kann. Das alles sind Möglichkeiten, durch die sie (zumindest ein wenig) Einfluss ausüben und sozusagen den Strom an der Metallplatte ausschalten (oder zumindest die Wattzahl reduzieren) können. Das heißt nicht, dass nie wieder Probleme entstehen werden. Aber ihre persönliche Haltung verändert sich dadurch: Sie wissen, dass sie auf die Probleme Einfluss nehmen können. In der Psychologie bezeichnet man dies als optimistische Haltung. Diese sorgt dafür, dass wir weniger unter Stress und negativen Gefühlen leiden. Kurz zusammengefasst: *Optimismus ist der Glaube, eine Situation selbst dahingehend beeinflussen zu können, dass am Ende ein positives Ergebnis steht.*

Das zeigt auch die Geschichte am Anfang dieses Kapitels. Der eine Bruder sieht seinen Vater als Ursache all seiner Probleme. Die schlechte Jugend wirkt sich auf sein ganzes Leben aus und er selbst kann nichts daran ändern. Der andere Bruder sieht ebenfalls den Vater als Ursache seiner Probleme, er hat aber erkannt, dass er seine Situation selbst beeinflussen kann. Durch harte Arbeit und Beharrlichkeit ist es ihm gelungen, sich hochzuarbeiten. Er ist optimistisch und glaubt daran, dass es Sinn macht, sich zu engagieren.

Wie ist das bei Ihnen? Sehen Sie sich noch einmal die Fragen zu Beginn des Kapitels an. Wann haben Sie das Gefühl, Einfluss nehmen zu können? Und wann sind Sie der Meinung, dass alles durch externe Faktoren bestimmt ist? Machen Sie anschließend die folgende Übung.

Erkunden Sie Ihren Einflussbereich

Denken Sie an ein Projekt – oder an eine Aufgabe oder einen Auftrag –, das Sie in der nächsten Zeit durchführen müssen. Wählen Sie etwas, das *Sie* durchführen müssen. Wenn es sich um ein großes Projekt handelt, können Sie an einen Teilbereich denken. Wählen Sie ruhig etwas, das Sie manchmal zweifeln lässt, ob es wirklich gelingen wird – etwas, demgegenüber Sie sich manchmal etwas ohnmächtig fühlen. Bearbeiten Sie nun Schritt für Schritt die folgenden Punkte und schreiben Sie Ihre Antworten auf. Schließen Sie erst einen Punkt ab, bevor Sie sich den nächsten durchlesen.

1. Beschreiben Sie mit einem Satz das Ziel des Projekts.
2. Unterteilen Sie ein Blatt Papier in zwei Spalten. In die linke Spalte schreiben Sie auf, was *Sie machen* könnten, um das Projekt zum Scheitern zu bringen. Schreiben Sie so viele Handlungsmöglichkeiten auf, wie Ihnen einfallen.
3. Schreiben Sie anschließend in die rechte Spalte, was *Sie konkret tun könnten*, um das Projekt erfolgreich zu Ende zu bringen.
4. Gehen Sie die Einträge in beiden Spalten durch. Was fällt Ihnen auf?

Vielleicht erkennen Sie auf einmal eine Möglichkeit, an das Projekt heranzugehen. Vielleicht sehen Sie nun auch den Wald vor lauter Bäumen nicht mehr. Und vielleicht hat Ihnen das Aufschreiben gar keine neuen Erkenntnisse gebracht. Bei dieser Übung geht es nicht darum, eine Lösung zu finden, sondern um die folgende Erkenntnis: Jede Handlungsmöglichkeit, die Sie aufgeschrieben haben, zeigt Ihnen, dass Sie (ein wenig) Einfluss auf den Verlauf des Projekts haben.

Ob es etwas ist, das Sie tun oder unterlassen können, etwas, das das Projekt gefährdet oder zu einem Erfolg macht: Sie haben einen Einfluss darauf. Dies gibt Ihnen zwar keine Garantie, dass Ihre Handlungen zum gewünschten Ergebnis führen, bildet aber eine gute Ausgangslage.

Die Kraft des Optimismus

Jeder Mensch erlebt Rückschläge. Als ich dieses Kapitel schrieb, kippte plötzlich jemand neben mir meinen Tee um, direkt auf meinen Laptop. Leider konnte meine positive Einstellung meinen Laptop nicht schützen. Großer Schreck! Auf dem Laptop waren mein Manuskript, meine ganzen Dateien, die Urlaubsfotos! Warum hatte ich am Tag zuvor nicht noch ein Backup gemacht? Diese Gedanken schossen mir durch den Kopf. Glücklicherweise bin ich (meistens) ziemlich optimistisch, sodass sich mein Gedankenmuster schnell änderte. Statt angesichts der ertrinkenden digitalen Schatzkiste in Tränen auszubrechen, überlegte ich, dass ich doch noch einiges für das Überleben meines Laptops tun konnte. Garantieren, dass es funktionieren würde, konnte ich natürlich nicht, aber die Überlebenschancen konnte ich auf jeden Fall erhöhen.

Also: Laptop ausschalten, um einen Kurzschluss zu vermeiden; den Laptop umdrehen, damit die Flüssigkeit auslaufen kann, und Servietten unterlegen; für mehrere Stunden den Laptop nicht benutzen; beim nächsten Einschalten direkt einen USB-Stick bereithalten und die wichtigsten Dateien so schnell wie möglich darauf kopieren. Das waren sehr konkrete Schritte, die weiterhalfen. Außerdem relativierte ich die Sache: Ich sagte mir, dass es wirklich schlimm wäre, wenn der Laptop nicht mehr funktionieren würde, dies aber nicht das Ende der Welt wäre. Da mich das noch nicht so richtig beruhigte, überlegte ich noch weiter: Die Urlaubsfotos sind auch auf dem Laptop meiner Frau, von allen alten Dateien habe ich ja Backups, und viele Dokumente von der Arbeit habe ich außerdem in der Cloud oder den Mails abgespeichert. Letztlich war alles halb so schlimm – der Schreck ließ nach. Und der Laptop geht noch!

Ein höheres Maß an Optimismus sorgt dafür, dass wir schneller aktiv werden und handeln können. Wenn ich mir vorstelle, dass ich sowieso nichts mehr für den Laptop tun kann, warte ich nur besorgt ab, was geschieht. Vielleicht ärgere ich mich oder bin traurig, aber ich unternehme nichts. Indem ich darauf vertraute, dass ich sehr wohl etwas tun konnte, gelang es mir zu handeln. Ich versuchte, den Laptop zu retten und ein Backup der wichtigsten Dateien zu erstellen. Wenn das Gerät schließlich kaputt gewesen wäre, wäre ich natürlich enttäuscht gewesen. Aber auch dann könnte ich wieder aktiv werden: Ich könnte mir einen neuen besorgen oder mir von jemandem einen ausleihen, und ich würde versuchen, die alten Dateien wieder zusammenzubekommen. Optimismus fördert eine proaktive Haltung, das Vertrauen auf eine bessere Zukunft und das Gefühl, dass das, was wir tun, einen Sinn ergibt.

Stärken Sie Ihren Optimismus

Diese Übung eignet sich gut, wenn Sie an einem Projekt arbeiten, das Ihnen Schwierigkeiten bereitet, vor dem Sie viel Respekt haben oder bei dem Sie das Gefühl haben, keine Einflussmöglichkeiten zu haben. Die Beschäftigung mit den folgenden Fragen kann Sie dabei unterstützen, Ihren Optimismus zu stärken. Es geht jedoch nicht darum, dass Sie die vollständige *Kontrolle* bekommen. Ziel der Übung ist es, sich den eigenen (wenn auch nur bescheidenen) Einfluss bewusst zu machen. Schreiben Sie Ihre Antworten auf oder besprechen Sie sie mit einer anderen Person – das verstärkt den Effekt dieser Übung.

1. Mit welchem Projekt sind Sie gerade beschäftigt oder welches Projekt werden Sie in Kürze beginnen? Schreiben Sie die Ziele dieses Projekts auf. Vielleicht gibt es neben den „offiziellen" Zielen für Sie auch noch persönliche Ziele, die Sie verfolgen.
   Beispiel: Für unsere Firma muss eine Social-Media-Kampagne erdacht und umgesetzt werden. Ich möchte dabei auch gerne lernen, wie man am besten auf negative Reaktionen in den sozialen Medien reagieren kann.
2. Denken Sie an frühere Begebenheiten, bei denen ähnliche Projekte gut gelaufen sind. Versuchen Sie, sich an ein oder zwei Beispiele zu erinnern. Falls Sie noch nie ein Projekt aus diesem Bereich durchgeführt haben, können Sie auch ein Beispiel nehmen, bei dem Sie ein für Sie neues Projekt zu einem guten Abschluss gebracht haben.
3. Vergegenwärtigen Sie sich eine solche positive Erfahrung. Wie war das für Sie, dass das Projekt erfolgreich abgeschlossen werden konnte? Wie war es, daran zu arbeiten? Was haben Sie damals gemacht, das zum Gelingen des Projekts beitrug? Und was darüber hinaus? Versuchen Sie, konkret zu benennen, was Sie genau gemacht haben.
4. Was haben Sie bezüglich Ihres aktuellen Projekts bereits unternommen? Hat sich das positiv ausgewirkt? Inwiefern? Oder war die Wirkung eher negativ? Dann haben Sie also schon einmal Einfluss! Was haben Sie durch diese Erfahrung gelernt? Wie können Sie die Dinge verbessern?
5. Was ist der erste kleine Schritt, den Sie unternehmen können, um dem Erfolg wieder ein Stückchen näher zu kommen? Was können Sie jetzt tun, um einen positiven Unterschied zu erwirken?

Was verursacht die Ereignisse in unserem Leben?

Wie Sie vielleicht im Zusammenhang mit den vorhergehenden Übungen gemerkt haben, ist „Einfluss" etwas, das immer auch teilweise subjektiv ist. Es gibt somit keine „richtige" Antwort auf die Frage, ob Sie Einfluss auf etwas haben oder nicht. Wenn Sie das schöne Wetter genießen, könnte man sagen, das sei durch externe Faktoren verursacht: Die Sonne scheint, es ist strahlend blauer Himmel und die Temperatur beträgt etwa 25 °C. Aber von schönem Wetter allein haben Sie noch nichts gewonnen. Sie haben sich vielleicht in ein Straßencafé gesetzt oder sind spazieren gegangen. Sie haben das schöne Wetter zwar nicht herbeigeführt, aber Sie haben es (aktiv) genossen. Auch wenn Ihnen jemand ein Geschenk macht, haben Sie darauf Einfluss. Sie nehmen es entgegen, Sie sind offen dafür und haben im Vorfeld vielleicht etwas gemacht, was den Anlass für das Geschenk darstellte. Sie können bei allem Ihrem Einfluss nachspüren. Ich möchte Ihnen damit nicht die Vorstellung vermitteln, es wäre gut, zu glauben, alles komme nur durch Sie zustande. Ich möchte vor allem deutlich machen, dass Sie sich Ihren eigenen Beitrag an den positiven Geschehnissen in Ihrem Leben gerne eingestehen dürfen.

Das Gefühl, eine Situation selbst beeinflussen zu können, ist allerdings noch etwas komplexer. Denken Sie wieder an das positive Ereignis aus der Übung zu Beginn dieses Kapitels. Den Dingen nachzugehen, die zu diesem Ereignis geführt haben, wird in der Psychologie als *Attribution* bezeichnet. Das heißt, Sie schreiben das Ereignis bestimmten Ursachen zu. Bisher ging es um internale Attribution – Sie als Person haben Einfluss – und externale Attribution – die Ursache liegt außerhalb Ihres Einflussbereichs. Beide bilden die erste Dimension der Attribution bzw. Ursachenzuschreibung. Oder anders gesagt: *Wer*, glauben Sie, hat das Ereignis *verursacht*?

Die zweite Dimension der Attribution ist die Frequenz. Im Fall des schönen Wetters macht es natürlich einen Unterschied, ob man in Miami lebt oder in nördlicheren Breitengraden. Im ersten Fall ist das schöne Wetter fast ein Dauerzustand (stabil), denn in Miami ist es fast immer sonnig. Im zweiten Fall ist es eher ein Zufallstreffer (variabel), denn ein schöner Tag im nördlicheren Europa ist nicht alltäglich. Oder anders gesagt: *Wie oft* passiert das?

Bei der dritten Dimension geht es um das Ereignis im weiteren Sinn. Nehmen wir noch einmal das Geschenk: Ist Ihre Familie sehr großzügig und freundlich zu Ihnen? Dann haben wir es mit einer spezifischen Gruppe zu tun. Sind Ihnen gegenüber alle Menschen dankbar gestimmt und wohlgesonnen? Dann ist es ein globales Phänomen. So kann etwa ein Schulkind, das eine gute Note bekommen hat, die Vorstellung haben, in allen Schulfächern (global) gut zu sein oder vor allem in diesem einen Fach (spezifisch). Anders gesagt: *In welchen Situationen* passiert das?

Wenn wir Optimismus besser begreifen wollen, ist die Attributionstheorie wichtig. Sie können der Auffassung sein, dass Sie Ihre Beförderung sich selbst zu verdanken haben (internaler Einfluss); wenn Sie aber der Meinung sind, die Wertschätzung Ihrer Führungskraft gelte nur heute (variabel) und nur in Bezug auf Ihre Arbeit (spezifisch), dann sind Sie immer noch sehr abhängig von der Laune Ihrer Führungskraft am jeweiligen Tag. Wenn Sie hingegen glauben, gute Arbeit geleistet zu haben (internaler Einfluss) und deshalb generell wertgeschätzt zu werden (stabil), und das nicht nur von Ihrer Führungskraft, sondern auch von den Menschen, mit denen Sie zusammenarbeiten, mit denen Sie befreundet sind, und von Ihren Familienangehörigen (global), dann können Sie wahrscheinlich besser darauf vertrauen, dass sich Ihr Einsatz auch lohnt.

Pessimistische Menschen führen Misserfolge oft auf sich selbst zurück (internal), sind der Meinung, dass das immer gilt (stabil) und sehen einen Misserfolg als etwas an, das sich auf unterschiedlichen Gebieten ereignet (global). Optimistische Menschen betrachten Rückschläge eher als etwas Externales (das war eine sehr schwierige Aufgabe), als etwas zeitlich Begrenztes (heute hat es nicht geklappt, morgen ist aber auch noch ein Tag) und als etwas Spezifisches (Mathe ist vielleicht nicht mein Ding, aber ich bin gut in Sport). In Tabelle 1 ist im Überblick zu sehen, wie eine stereotype optimistische bzw. pessimistische Person auf Rückschläge und auf Erfolge reagiert.

Tabelle 1: Häufige Reaktionen von pessimistischen und optimistischen Personen auf Rückschläge und Erfolge

Bei Rückschlägen		
	Pessimistisch	**Optimistisch**
Ursache	Internal: Es ist meine Schuld.	External: Das ist eine schwierige Aufgabe.
Frequenz	Stabil: Das gelingt mir einfach nie.	Variabel: Heute hat es nicht geklappt.
In welchen Situationen?	Global: Ich kann gar nichts.	Spezifisch: Diese Aufgabe liegt mir nicht.

Tabelle 1: Fortsetzung

Bei Erfolg		
	Pessimistisch	**Optimistisch**
Ursachen	External: Sie haben mich gut durchkommen lassen.	Internal: Ich habe es gut gemacht.
Frequenz	Variabel: Heute lief es einfach gut.	Stabil: Ich bin öfter erfolgreich.
In welchen Situationen?	Spezifisch: Ich hatte Glück, es war eine einfache Aufgabe.	Global: Auch andere Aufgaben kriege ich gut hin.

Welchen Attributionsstil haben Sie?

Achten Sie beim nächsten Rückschlag, den Sie erleben, darauf, wie Sie reagieren. Notieren Sie dazu Ihre Gedanken zu den folgenden Fragen:

1. Wer oder was ist die Ursache: Sehen Sie die Sache als etwas, das an Ihnen liegt (internal) oder das durch äußere Umstände verursacht wird (external)?
2. Wie oft geschieht das: Sehen Sie den Rückschlag als etwas, das immer so sein wird (stabil) oder als etwas, das dieses eine Mal so gelaufen ist, aber beim nächsten Mal schon wieder ganz anders laufen kann (variabel)?
3. In wie vielen Situationen geschieht das: Sehen Sie den Rückschlag als bezeichnend für Ihre Erfahrungen auf unterschiedlichen Gebieten (global) an oder geht es vor allem um diese spezifische Aufgabe, die eben jetzt nicht gelungen ist (spezifisch)?

Wenn Sie merken, dass Sie zur pessimistischen Erklärung neigen (internal, stabil und global bei Rückschlägen, Misserfolgen und Niederlagen), dann erarbeiten Sie sich auch einmal eine typisch optimistische Reaktion auf Rückschläge (siehe Tabelle 1). Diesen Reaktionsstil können Sie sich durch bewusstes Üben bis zu einem gewissen Grad aneignen. Sie müssen nicht sofort an die alternative Erklärungsweise glauben, nehmen Sie aber einmal bewusst eine andere Sichtweise ein.

Im Leben sind die Dinge natürlich nicht so schwarz-weiß. Stets in der Annahme zu leben, man könne alles immer ganz ausgezeichnet und jeder Erfolg beruhe auf der eigenen Leistung, bringt einen nicht weiter. Aber ein maßvoll positiver Glaube daran, dass der eigene Einsatz in den meisten Situationen auf unterschiedlichen Gebieten einen positiven Unterschied macht, ist nicht nur angenehm, sondern auch konstruktiv. Und Rückschläge lassen sich einfacher verkraften, wenn man erkennt, dass man sie nicht allein verursacht hat, statt in negative Gedanken wie „Ich kann einfach nichts" zu verfallen.

Was bewirkt Optimismus?

Jetzt denken Sie vielleicht: Ja, aber manchmal läuft es doch einfach überhaupt nicht gut? Manchmal hat man einfach keine oder nur geringe Einflussmöglichkeiten, besteht wenig Hoffnung auf Besserung oder gar nichts funktioniert. In solchen Fällen ist Optimismus nicht per se *realistisch*. Sollte man dann trotzdem optimistisch sein? Die Antwort lautet: Ja, meistens schon (aber lesen Sie bitte auch den Abschnitt „Der goldene Mittelweg" auf S. 46ff.). Das folgende Beispiel verdeutlicht dies.

> Bei einem Training, das ich für Fachkräfte für Informations- und Kommunikationstechnologien (ICT) gab, führte ich eine Übung zum Thema Optimismus durch. Die Teilnehmenden brachten jeweils ein Problem ein, mit dem sie derzeit bei ihrer Arbeit konfrontiert waren. Zunächst sollten sie untersuchen, wie das Problem entstanden ist. Wessen Schuld war es? Wodurch hat sich das Problem verschlimmert? Was hat das Problem aufrechterhalten? Worauf wirkte sich das Problem aus? Es handelte sich überwiegend um schwierige Themen, an denen die ICT-Fachkräfte nicht viel ändern konnten.
>
> Als nächstes suchten die Gruppenmitglieder mit demselben Problem gemeinsam nach Lösungen. Sie stellten sich gegenseitig Fragen, wie etwa: Was haben Sie bereits unternommen, was ein wenig geholfen hat? Wer könnte Ihnen bei diesem Problem weiterhelfen? Was können Sie unmittelbar tun, um der Lösung ein Stück näher zu kommen?
>
> Was zeigte sich? In der ersten Runde, in der berechtigte, realistische und kritische Fragen gestellt wurden, gelang es den ICT-Fach-

kräften zwar, die Probleme konkret zu benennen, sie vertrauten aber kaum darauf, an der Situation etwas ändern zu können. Sie zeigten wenig Neigung, am Problem zu arbeiten, glaubten kaum an eigene Einflussmöglichkeiten, spürten aber das Problem im Nacken. Der analysierende, problemorientierte Ansatz führte also zu mehr Pessimismus. Nach der zweiten, lösungsorientierten Runde hingegen sagten 19 der 20 Teilnehmenden, sie seien nun viel motivierter und könnten unmittelbar Anknüpfungspunkte für weitere Schritte erkennen.

Optimismus lässt uns über die Dinge nachdenken, die wir tatsächlich tun können, und motiviert uns, diese Dinge auch aktiv anzugehen. Selbst wenn ein Problem nicht sofort gelöst werden kann, kommen doch wertvolle Anregungen auf den Tisch. Indem wir uns Problemen auf optimistische Weise nähern, können wir sie direkt angehen oder mit anderen Menschen, die womöglich eine Lösung haben, durchsprechen.

Vielleicht haben Sie es bemerkt: Die problemorientierten und die lösungsorientierten Fragen, die die Teilnehmenden des Trainings beantwortet hatten, liefen auf dasselbe hinaus wie die Fragen in den Übungen in Kapitel 1. Welchen Effekt hatten die Fragen auf Sie?

Warum sollten Sie sich die Mühe machen, Ihren Optimismus zu stärken? „Optimistisch zu sein ist doch naiv, ich bin lieber realistisch", höre ich andere regelmäßig sagen. Forschende sind sich noch nicht darüber einig, ob Optimismus tatsächlich unrealistisch ist. Leichter Pessimismus könnte realistischer sein, aber vielleicht ist Pessimismus nichts anderes als eine sich selbst erfüllende Prophezeiung, eine self-fulfilling prophecy.

Um realistische Personen soll es hier aber nicht gehen. Stattdessen wollen wir uns die Auswirkungen des Optimismus näher ansehen. Das obenstehende Beispiel und vorliegende Studien zeigen: Optimismus ist eine wertvolle Ressource (Armor, Massey & Sackett, 2008)! Auch wenn Ihr optimistischer Glaube an Ihren positiven Einfluss auf eine Situation unrealistisch sein sollte, motiviert er Sie trotzdem, die Situation zu verändern. Die Zukunft lässt sich jedoch nicht vorhersagen, und wir können nie wissen, ob sich unsere Erwartungen tatsächlich erfüllen werden. Deshalb kann es hilfreicher sein, positive *Erwartungen* zu haben, die dazu führen, dass man sich aktiv einbringt, anstatt negative Erwartungen zu hegen, die uns demotivieren. Auch optimistische Führungspersönlichkeiten erweisen sich als effektiver und authentischer (Avolio & Luthans, 2006; Jensen & Luthans, 2006; Luthans, Norman & Hughes, 2006; Walumbwa et al., 2010).

Optimismus kann Menschen helfen, aktiver mit Herausforderungen und Problemen umzugehen (Solberg Nes & Segerstrom, 2006). Optimistische Menschen neigen weniger dazu, Probleme zu vermeiden und versuchen stattdessen eher, sie zu lösen oder zu beheben. Auch in den Fällen, in denen das Problem nicht behoben werden kann, können sie besser damit umgehen. Diesen positiven Effekt von Optimismus können Sie übrigens selbst anhand Ihres Immunsystems feststellen: Optimistische Menschen haben ein stärkeres Immunsystem (Segerstrom et al., 1998).

Die gute Nachricht: Optimismus kann gelernt werden

Optimismus ist also hilfreich. Er bezeichnet das Gefühl, Einfluss auf eine Situation zu haben. Dadurch gibt man sich Mühe und vergrößert damit die Aussicht auf ein positives Ergebnis. Optimistische Menschen haben ein grundsätzliches Bewusstsein dafür, dass sie selbst zu den schönen, wertvollen und erfolgreichen Momenten im Leben beitragen. Wenn ihnen einmal etwas nicht gelingt, sagen sie sich „Pech gehabt" und sehen die Chance, die Sache beim nächsten Mal besser zu machen. Wenn Ihr Optimismus hoch ausgeprägt ist, sind das gute Nachrichten für Sie und vielleicht erkennen Sie sich darin wieder. Aber was, wenn Sie kein besonders optimistischer Mensch sind?

Ein Grund, warum Optimismus in das Konzept des psychologischen Kapitals aufgenommen wurde, ist, dass er sich weiterentwickeln lässt. Für fast alle menschlichen Eigenschaften gilt, dass ein bestimmter Anteil davon angeboren ist. Aber für fast jede Eigenschaft gilt auch, dass wir sie fördern können. Wenn Sie sich dazu entschließen, Ihren Optimismus zu stärken, haben Sie recht gute Erfolgsaussichten. Sobald Sie sich Ihrer Entwicklungsmöglichkeiten bewusst werden, vergrößert sich die Chance, dass es tatsächlich funktioniert. Das ist ein Beispiel für ein Growth Mindset, von dem im Intermezzo im Anschluss an dieses Kapitel noch die Rede sein wird (siehe S. 51ff.).

Das hat auch einer meiner Klienten, den ich in einem Coaching begleitet hatte, erlebt. Es handelte sich um einen sehr gebildeten Mann, der im Gesundheitswesen tätig war. Er war sehr gut darin, alle Dinge kritisch zu betrachten. Das brachte zwar wertvolle Einsichten, hinterließ bei ihm aber häufig pessimistische Gefühle in Bezug auf seine Arbeit und sein Leben.

In der ersten Coachingstunde bat ich ihn, die Übung „Positives Tagebuch" (siehe unten) durchzuführen. Diese Übung stärkt das Bewusstsein dafür, was alles gut läuft und gut klappt. Bislang hatte mein Klient hauptsächlich Dinge wahrgenommen, die er zu beanstanden hatte. In der ersten Woche war er von der Übung nicht sonderlich begeistert. Es fiel ihm schwer, ausreichend positive Erfahrungen aufzuschreiben: Es war ihm nie „groß" und wichtig genug. Die Übung schien nicht zu funktionieren. Beim darauffolgenden Termin eine Woche später war die Liste schon etwas länger. Mein Klient erzählte, dass er verschiedene Dinge in seinem Leben nun durch eine andere Brille wahrnahm. Seine Kinder waren für ihn nicht mehr nur Rabauken, die Lärm machten, sondern er empfand ihre Anwesenheit auch als schön. Und die Arbeit im Krankenhaus empfand er nicht mehr nur als stressig, sondern auch als sinnvoll. Er erkannte, dass ihm schöne Dinge widerfuhren, wenn er offen dafür war, sie auch zu sehen. Im Laufe der folgenden Wochen wurde er sich immer mehr seines eigenen Beitrags zu diesen Ereignissen bewusst – er hatte mehr Optimismus entwickelt.

Positives Tagebuch

Wenn Sie einen positiveren Blick auf das Leben entwickeln möchten, sollten Sie diese Übung ausprobieren! Wissenschaftliche Studien (Seligman et al., 2005) und Praxiserfahrung haben gezeigt, dass die Übung bei vielen Menschen sehr effektiv ist. Eine Teilnehmerin eines Trainings sagte mir einmal, dass sie durch diese Übung den ganzen Tag auf einer fröhlichen „Jagd" nach schönen Momenten sei. Die vielen schönen Dinge, die ihr passierten, seien ihr damit viel bewusster, und sie könne das sehr genießen. Um eine positive Wirkung feststellen zu können, ist es empfehlenswert, die Übung mindestens zwei Wochen lang täglich durchzuführen.

Notieren Sie jeden Tag (vorzugsweise abends) *drei positive Ereignisse*, die Ihnen an diesem Tag widerfahren sind, in Ihr Tagebuch. Das kann jegliches Ereignis sein, das Ihnen ein Lächeln ins Gesicht zaubert, ein

Glücksgefühl vermittelt oder eine andere positive Emotion bei Ihnen auslöst. Sie dürfen dasselbe Ereignis auch über mehrere Tage hinweg oder wiederholt aufschreiben, falls Sie sich jedes Mal wieder darüber gefreut haben. Es geht dabei nicht darum, wie „gut“ die Erlebnisse sind, sondern dass Sie üben, die positiven Ereignisse bewusster wahrzunehmen.

Schreiben Sie zu jedem Ereignis auch auf, was Sie selbst dazu beigetragen haben, dass es für Sie ein positives Erlebnis war. In jedem Fall werden Sie für dieses Erlebnis offen gewesen sein; aber vielleicht sind Sie auch selbst aktiv geworden, sind nach draußen gegangen, um das schöne Wetter zu genießen, oder haben etwas Schönes für den gemütlichen Abend mit Freundinnen und Freunden gekocht. Auch hier gilt: Es geht nicht darum, ob Sie das „gut“ gemacht haben, sondern darum, dass Sie immer einen (kleinen) Beitrag zu diesen positiven Momenten beisteuern.

Denken Sie daran, dass es bei der Übung auch um das Üben geht und es passieren kann, dass sie nicht sofort gelingt. Vergleichen Sie es mit dem Joggen. Man kann nicht auf Anhieb eine große Strecke laufen. Und sogar, wenn man gut trainiert ist, hat man mal einen schlechten Tag. Sicher ist: Wenn Sie regelmäßig trainieren, werden Sie besser. Oder, aus einem positiven Blickwinkel betrachtet: Übung macht den Meister. Machen Sie die Übung aus diesem Grund täglich, mindestens zwei Wochen lang. Erwarten Sie aber nicht, dass auf einmal alles „gelingt“. Das Ziel ist nicht, auf einmal glücklich oder dankbar zu werden, es genügt, jeden Tag einfach nur die Übung zu machen. Bewerten Sie nach zwei Wochen, ob sich durch die Übung etwas verändert hat.

Der goldene Mittelweg

Mehr Optimismus zu entwickeln ist eine gute Sache, aber man sollte es nicht übertreiben. Wie bei allem ist auch hier die Balance wichtig. Schon Aristoteles hat von der goldenen Mitte gesprochen: Für ein glückliches, erfolgreiches Leben müssten wir unsere positiven Eigenschaften so weiterentwickeln, dass sie ein Niveau zwischen „zu wenig“ und „zu viel“ erreichen. Zu wenig Optimismus verursacht mehrere Probleme, die weiter oben bereits beschrieben wurden: Hilflosigkeit; sich in der eigenen

Haut nicht wohl fühlen; es vermeiden, Probleme anzugehen. Umgekehrt führt zu viel Optimismus wiederum zu anderen Problemen: immer das Gefühl zu haben, man hätte auf alles Einfluss, man könne alles ändern (und müsse das deshalb auch tun!) und dass es an einem selbst gelegen habe, wenn etwas nicht gelungen ist. Wie können wir diesen Mittelweg finden?

Gesunder Optimismus

Zu viel Optimismus kann zur Folge haben, dass man sich selbst als alleinverantwortlich für Geschehnisse betrachtet. Bekommt man den Job nicht? Dann ist man eben selbst daran schuld, man hat sich nicht gut genug präsentiert. Jemanden um Hilfe bitten? Aber nein, das kann man doch alles alleine schaffen! Das führt schnell zu übertriebenen Erwartungen an sich selbst, die letztendlich nicht eingelöst werden können. Zu viel Optimismus kann außerdem dazu führen, dass man sich wirklich überall einbringt. Man hat ja schließlich Einfluss und kann es „besser" machen – also muss man es auch machen! Hier lauert das Risiko von Überforderung und Burnout.

Um sich auf dem gesunden goldenen Mittelweg zu bewegen, ist es zunächst wichtig, sich einzugestehen, dass man über das Ziel hinausschießt. Gesunder Optimismus bedeutet nicht, dass alles immer gut ausgehen muss. Es bedeutet auch nicht, dass wir alles, jede und jeden retten müssen. Es gibt immer Faktoren, auf die wir keinen Einfluss haben, und wir müssen unsere Einflussmöglichkeiten auch nicht immer nutzen. Wenn Sie spüren, dass Sie bei einer Problemlösung unter hohem Druck stehen, machen Sie sich bewusst, dass die Lösung nicht ausschließlich in Ihren Händen liegt. Wir sind immer auch von anderen Menschen, externen Faktoren oder vom Zufall abhängig.

Gesunder Optimismus bedeutet, zu wissen, dass wir zumindest die Möglichkeit haben, bei einem Problem zu handeln. Zusätzlich können wir uns überlegen, ob das den Aufwand wert ist. Es ist im Grunde genommen nichts anderes als eine Kosten-Nutzen-Analyse. Wenn z. B. der Geschirrspüler kaputt ist, kann man darüber nachdenken, ihn selbst zu reparieren. Wenn man praktisch veranlagt ist und sich im Internet entsprechende Anleitungen über die Reparatur eines solchen Geräts heraussucht, könnte das gelingen. Aber wir müssen uns natürlich auch bewusst machen, dass es sehr viel Aufwand bedeuten würde, es selbst zu probieren: Was wissen wir schon über Geschirrspüler? Diese Überlegung sagt nichts darüber aus, ob wir die Reparatur an sich schaffen könnten oder nicht; sie bedeutet lediglich, dass uns der Aufwand für diesen Ertrag zu hoch wäre. Wir könnten stattdessen auch eine Technikerin oder einen Techniker kommen lassen, einen neuen Geschirrspüler anschaffen oder unsere Partnerin oder unseren Partner bitten, das Problem zu lösen. In allen diesen drei Fällen nutzen wir unseren Einfluss, um eine Lösung herbeizuführen.

(Ein wenig) Einfluss zu haben, bedeutet noch nicht, dass wir ihn auch geltend machen müssen. In manchen Fällen ist es besser, loszulassen: zu beschließen, dass wir – obwohl wir etwas bewirken könnten – die Sache ruhen lassen, weil sie uns nicht genug interessiert oder weil andere Dinge Priorität haben. Gesunder Optimismus ist somit in erster Linie flexibler Optimismus. Im Kapitel über Hoffnung erfahren Sie, wie Sie sich auf konstruktive Weise Ziele setzen und dadurch flexibel an die Dinge herangehen können.

Eine gesunde Dosis Optimismus

Wenn Sie sich mit einem Problem, einem Projekt oder einer anderen größeren Aufgabe herumschlagen, können Sie eine gesunde Dosis Optimismus gut gebrauchen. Damit lässt sich die Balance finden zwischen „hoffnungslos resignieren" und „sich überfordern und überarbeiten, weil man glaubt, alles schaffen zu müssen". Gehen Sie in Gedanken zu einem für Sie schwierigen Projekt und beantworten Sie dazu folgende Fragen:

1. Um welches Projekt handelt es sich? Beschreiben Sie in ein oder zwei Sätzen, welches „positive Ziel" mit dem Projekt verbunden ist. Anders formuliert: Was möchten Sie wirklich erreichen? Also nicht: weniger Beschwerden, sondern lieber: mehr zufriedene Kundinnen und Kunden.
2. Unterteilen Sie ein Blatt Papier in zwei Spalten. Tragen Sie in eine Spalte all das ein, was Sie bei diesem Projekt selbst tun und bewirken können. Das können große und kleine Handlungen sein, solche, die das Projekt voranbringen, und solche, die das Projekt scheitern lassen (siehe dazu auch die Übung „Erkunden Sie Ihren Einflussbereich" auf S. 35f.).

3. Tragen Sie in die zweite Spalte die externen Faktoren ein. Was kann alles außerhalb Ihres Einflussbereichs passieren, das dieses Projekt beeinflusst? Was für einen Einfluss können Ihre Kolleginnen, Kunden, Familienangehörigen, die Weltgeschehnisse haben? Die Aufzählung muss nicht allumfassend sein. Nehmen Sie sich etwas Zeit, um mehrere mögliche Faktoren aufzuschreiben.
4. Schreiben Sie hinter jeden der externen Faktoren, ob Sie selbst auf diesen (so gut wie) keinen, einen geringen oder einen beträchtlichen Einfluss ausüben können. Auf das Wetter haben Sie keinen Einfluss, aber Sie können z. B. einen Kollegen bitten, eine bestimmte Sache zu tun oder nicht zu tun.
5. Betrachten Sie nun alles zusammen. Machen Sie sich bewusst, dass es wirklich sinnvoll sein kann, etwas zu tun: Sehen Sie sich hierzu Ihre Einträge in der ersten Spalte noch einmal an. Machen Sie sich aber auch bewusst, dass Ihr Einsatz noch keinen Erfolg garantiert. Sie haben nun einmal nicht alles selbst in der Hand: Betrachten Sie dazu noch einmal Ihre Einträge in Spalte zwei.
6. Sehen Sie sich die potenziellen Kosten und Nutzen an. Wägen Sie ab, ob es sich lohnt, das Projekt durchzuziehen, und falls ja: Machen Sie was daraus. Egal, ob Sie das Projekt absagen oder sich für das Projekt entscheiden: Treffen Sie eine Entscheidung und handeln Sie dementsprechend.

Sie können zu Beginn der Übung oder wann immer Sie merken, dass Ihre Gedanken abschweifen, auch die „Bodyscan-Meditation“ durchführen (siehe S. 105 im Intermezzo „Achtsamkeit“).

Zusammenfassung

- Optimismus ist der Glaube, einen positiven Einfluss auf eine Situation zu haben.
- Sie können nicht immer alle Probleme lösen oder verhindern.
- Sie können ruhig stolz auf Ihren Beitrag sein und bei Rückschlägen selbst versuchen, die Situation zu verbessern.
- Sie stärken Ihren Optimismus, wenn Sie sich bewusst machen, welchen positiven Beitrag Sie selbst zu den Geschehnissen beisteuern. Die Übungen in diesem Kapitel helfen Ihnen dabei.

- Mehr Optimismus sorgt für eine proaktive Haltung und einen besseren Umgang mit Stress, Niederlagen oder Rückschlägen.
- Finden Sie eine gute Balance! Gesunder Optimismus heißt nicht, dass Sie alle Probleme lösen müssen (Grant & Schwartz, 2011).

Intermezzo: Growth Mindset

Wir Menschen scheinen in Bezug auf unsere Fähigkeiten entweder ein Growth Mindset (dt. etwa „Wachstumsdenken“) oder ein Fixed Mindset (dt. etwa „statisches Denken“) zu haben. Menschen mit einem Fixed Mindset glauben, dass bestimmte Fähigkeiten feststehen und sich nicht wirklich weiterentwickeln lassen. Entweder man kann es oder man kann es nicht. Man ist „von Haus aus“ ein Mathegenie oder ein sozialer Mensch oder eben nicht. Ein Growth Mindset bezeichnet hingegen die Überzeugung, dass sich Eigenschaften oder Fähigkeiten durch Übung verbessern lassen. Wenn ich trainiere, werde ich in meiner Sportart immer besser. Die Begriffe Growth Mindset und Fixed Mindset stammen von der US-amerikanischen Psychologieprofessorin Carol Dweck. Sie hat untersucht, wie Menschen mit diesen unterschiedlichen Mindsets auf verschiedene Herausforderungen reagieren. Die Einflüsse des Mindsets zeigen sich bereits in einem frühen Alter, wie die folgende Beschreibung einer typischen Untersuchung zeigt.

> Kinder im Alter von etwa vier Jahren bekommen ein Puzzle aus einer Kiste A. Das Puzzle ist einfach und die Kinder sind schnell damit fertig. Anschließend bekommen sie ein Puzzle aus einer Kiste B. Diese Puzzles sind für Kinder dieser Altersgruppe viel zu schwierig. Die Kinder mühen sich ab und versuchen es, aber es gelingt ihnen nicht. Danach werden sie gefragt, ob sie noch ein Puzzle machen wollen und aus welcher Kiste sie es haben wollen. Was zeigt sich jetzt? Kinder mit einem Fixed Mindset entscheiden sich vor allem für Kiste A, nach dem Motto: Das ist toll, diese Puzzles kriege ich zumindest hin. Kinder mit einem Growth Mindset entscheiden sich vor allem für Kiste B: Warum sollte ich Kiste A wählen? Das kann ich doch schon!

Kurz gesagt: Menschen mit einem Fixed Mindset sind weniger auf der Suche nach neuen Lernerfahrungen. Sie investieren in diese Richtung weniger Energie und persönlichen Aufwand. Menschen mit einem Growth Mindset sehen dagegen schnell neue Möglichkeiten, um etwas zu lernen. Wenn etwas misslingt, gewinnt man daraus nützliche Informationen, um es beim nächsten Mal besser zu machen. Diese Überzeugungen scheinen an der Basis der Nature-Nurture-Debatte zu stehen, die sich um die Frage dreht, ob unsere Eigenschaften angeboren oder anerzogen sind. Sind wir bereits vollständig vorprogrammiert, ist alles in unseren Genen und im Gehirn festgelegt? Oder können wir bis ins hohe Alter noch Neues lernen und ist Talent eine Frage der regelmäßigen Übung? Beides ist ein wenig wahr. Was aber wichtig ist, ist, sich bewusst zu machen: *Was wir glauben, bestimmt, wie viel Mühe wir uns beim Lernen geben, und damit auch, wie viel wir tatsächlich lernen.* In einer Studie an der Universität von Hongkong (vgl. Dweck, 2015) wollten die Studierenden mit einem Fixed Mindset nicht an einem kostenlosen Englischkurs teilnehmen, diejenigen mit einem Growth Mindset hingegen schon.

Für unsere eigene Entwicklung gilt dasselbe. Glauben Sie, dass Sie lernen könnten, besser mit Problemen, Stress und Herausforderungen umzugehen? Dann wird es Ihnen leichter fallen, einen „Misserfolg" anzunehmen und daraus zu lernen. Und das ist nützlich, denn dadurch können Sie Ihre persönlichen Grenzen besser ausloten. Sie können neue Fähigkeiten entwickeln – wie die, die in diesem Buch beschrieben werden. Deshalb ist es wichtig, auch Ihren eigenen Glauben an die Möglichkeit, zu wachsen, zu bekräftigen. Die folgende Übung kann Sie dabei unterstützen.

Das Growth Mindset stärken

Wählen Sie einen Bereich, in dem Sie sich ein stärkeres Bewusstsein für die Möglichkeit, zu lernen und sich weiterzuentwickeln, wünschen. Vielleicht möchten Sie gern Ihr Vertrauen darin, ein optimistischerer Mensch werden zu können, stärken. Führen Sie anschließend die folgenden Schritte durch:

1. *Vergegenwärtigen Sie sich, was Sie bisher gelernt haben.* Stellen Sie sich die Frage, wie Sie sich bisher auf dem Gebiet Ihrer Wahl entwickelt haben. Wie haben Sie sich motiviert? Was haben Sie genau gemacht, was zu einem Lernerfolg oder zu mehr Vertrauen in Ihr eigenes Können geführt hat? Oder bitten Sie eine andere Person, die Sie gut kennt, Ihren Erinnerungen auf die Sprünge zu helfen.
2. *Erlauben Sie sich, Fehler zu machen ...* Auf dem Gebiet, das Sie näher betrachten möchten, haben Sie bisher sicherlich auch Fehler gemacht. Fehler zu machen ist normal. Man sagt, dass ein Kind, bevor es laufen lernt, schon tausendmal hingefallen – und wieder aufgestanden – ist. Sie dürfen genervt sein, wenn Sie Fehler machen, aber

ein Fehler ist kein Beweis dafür, dass Sie eine Sache nie lernen werden. Zählen Sie die Fehler auf, die Sie gemacht haben. Geben Sie sich sozusagen die Erlaubnis, Fehler zu machen, indem Sie sich z.B. sagen: „Fehler machen gehört dazu."

3. ... *und aus den Fehlern zu lernen.* Anstatt sich über sich selbst zu ärgern, können Sie sich auch überlegen, was Sie aus Ihren Fehlern lernen können. Was haben Sie durch diese Herangehensweise gelernt? Was würden Sie beim nächsten Mal anders machen? Was war dabei schon ein Schritt in die richtige Richtung?

Erlauben Sie sich, zu lernen. Es mag so etwas wie Begabung oder Veranlagung geben, aber Übung macht den Meister. Ohne Üben, Ausprobieren, Hinfallen und Aufstehen hat noch niemand etwas gelernt.

3 Hoffnung

Die Prinzessin sitzt allein in ihrem Zimmer, im höchsten Turm des Schlosses. Von ihrem Fenster aus kann sie das gesamte Königreich überblicken. Das Land ist schwarz. Seit der Drache hierhergekommen ist, sind die Äcker verlassen und die Wälder niedergebrannt. Der Drache hält sie gefangen. Seufzend schaut sie über das Land und hofft ... Sie hofft auf einen Prinzen, der sie retten wird. Oder notfalls auf einen mächtigen Zauberer. Sie hofft und hofft, aber es passiert nichts.

Eines Tages kommt ein Vogel, der sich auf ihre Fensterbank setzt. Die Sonne scheint ins Innere des Zimmers und der Vogel fängt an zu singen. „Wann kommt denn endlich jemand, um mich zu retten?“, ruft die Prinzessin dem Vogel zu. Erschrocken fliegt der Vogel wieder davon. Und die Prinzessin bleibt hoffnungslos und allein zurück ...

Viele Prinzessinnen in alten Märchen verhalten sich so. Sie warten leidend, bis jemand kommt, der sie rettet. In modernen Märchen, wie den neueren Disneyfilmen, werden hingegen neue Erzählweisen präsentiert. Die Hauptfiguren in *Merida – Legende der Highlands*, *Die Eiskönigin – Völlig unverfroren* und *Zoomania* nehmen selbst das Zepter in die Hand. Dabei gelingt ihnen nicht immer alles und sie erleben auch Rückschläge. Aber die Heldinnen halten durch und ändern selbst etwas an ihrer Situation. Sie sind nicht passiv und abwartend und genau aus diesem Grund sind sie zuversichtlich.

Wie sieht es mit der Hoffnung in Ihrem Leben aus? Sitzen Sie in Ihrem Turmzimmer und warten darauf, dass Sie gerettet werden? Oder gehen Sie raus und versuchen, Ihr Leben selbst zu verbessern? Sie können in jedem Fall daran arbeiten, mehr Hoffnung und Zuversicht zu entwickeln. Und wenn die Hoffnung einmal entfacht ist, können Sie damit beginnen, Ihre Träume zu verwirklichen.

Wie hoffnungsvoll sind Sie?

Um mehr über Ihre Hoffnung herauszufinden, sehen wir uns zunächst ein Beispiel aus Ihrem Alltag an. Womit haben Sie sich diese Woche herumgeschlagen? Vielleicht mit einem beruflichen Projekt, das Ihnen Schwierigkeiten macht? Oder beschäftigt Sie die Frage, ob Sie genug

Zeit und Aufmerksamkeit für Ihre Kinder haben? Oder kommen Sie einfach nicht dazu, mehr Sport zu machen oder gesünder zu essen?

Beantworten Sie die folgenden Fragen:

1. Was ist dabei Ihr Ziel? Warum ist dieses Ziel lohnenswert?
2. Haben Sie eine Idee, was Sie tun können, um diese Angelegenheit zu einem guten Ende zu bringen? Wie würden Sie an die Sache herangehen?

Schreiben Sie Ihre Antworten auf. Wir werden weiter unten darauf zurückkommen. Zuerst möchte ich erklären, was Menschen Hoffnung macht.

Was ist Hoffnung?

Bei der vorherigen Übung ist Ihnen vielleicht aufgefallen, dass es nicht darum ging, ob Sie denken, dass das Vorhaben gelingen wird. Wenn wir von Hoffnung sprechen, meinen wir damit häufig eine Art Wunsch: Ich hoffe, dass ich das schaffen werde. Der Duden definiert Hoffnung folgendermaßen: „Vertrauen in die Zukunft; Zuversicht, Optimismus in Bezug auf das, was (jemandem) die Zukunft bringen wird“ (Dudenredaktion, n. d.). Auf etwas hoffen bedeutet hier unter anderem: Man möchte gerne, dass etwas Positives eintritt oder dass man etwas Gutes bekommt; es ist also ein Synonym für wünschen. Was nicht in der der Wörterbuchdefinition vorkommt, ist, *warum* auf etwas gehofft wird und *warum* eine positive Erwartungshaltung besteht. Hoffnung ist im alltäglichen Sprachgebrauch ziemlich passiv besetzt. Sie ist typisch für die „Jungfrau in Nöten“, die im Turm eingesperrte Prinzessin, die darauf wartet, vom Prinzen auf dem weißen Pferd gerettet zu werden. Von hier aus ist es nur noch ein kleiner Schritt zur Verzweiflung. Wenn man nämlich keinerlei Einflussmöglichkeit auf das Ergebnis hat, wie soll man dann zuversichtlich sein, wenn die Dinge schiefgehen? Das erinnert an das vorherige Kapitel. Auch beim Optimismus ist es wichtig, das Gefühl zu haben, selbst etwas bewirken zu können, um eine Verbesserung herbeizuführen.

In der Psychologie wird der Begriff „Hoffnung“ deshalb anders definiert. Dem US-amerikanischen Psychologen Rick Snyder (1994) zufolge benötigt man zwei Dinge, um Hoffnung zu haben. Zum einen ist das Willenskraft: Man braucht Motivation, um ein bestimmtes Ziel anzusteuern. Das Ziel muss einen Wert, eine Bedeutung für uns haben. Sollte das nicht der Fall sein, dann wird man auch nicht darauf hoffen, dass das Ziel erreicht wird. Wenn etwas für uns eine Bedeutung hat, sind wir motiviert, darauf hinzuarbeiten. Das führt zur zweiten Voraussetzung für Hoffnung: eine Vorstellung zu haben von möglichen Wegen, die uns zum Ziel führen. Wenn wir Ideen haben, *wie* wir unser Ziel erreichen können, haben wir automatisch mehr Vertrauen in das Unterfangen. Wir sind dann auch optimistischer, weil wir das Gefühl haben, die Dinge beeinflussen zu können. Kurz zusammengefasst: *Wir haben dann Hoffnung, wenn wir für ein Ziel motiviert sind und das Vertrauen haben, dass es eine Möglichkeit gibt, dieses Ziel auch zu erreichen.*

Sich nur etwas zu wünschen, reicht nicht aus. Möchte man tatsächlich zuversichtlicher und hoffnungsvoller werden, braucht man Willenskraft und Wege zum Ziel. Ein Beispiel: Sie hoffen darauf, eine Partnerin oder einen Partner zu finden. Wenn das für Sie ein wertvolles Ziel ist, hilft Ihnen das, zuversichtlicher zu sein: Sie sind motiviert, dieses Ziel zu erreichen. Wenn Sie sich jemanden für ein gemeinsames Leben wünschen, vielleicht auch mit dem Ziel, zusammenzuwohnen und Kinder zu bekommen, sind Sie motivierter als jemand, der gerade kein Bedürfnis nach einer Partnerschaft hat. Vielleicht ist es dann besser, sich zunächst auf andere Ziele zu konzentrieren wie Reisen oder die Verwirklichung eines anderen Traums. Sich nur eine Beziehung zu wünschen, reicht nicht aus. Möglicherweise macht die Wichtigkeit des Ziels die ganze Angelegenheit auch besonders spannend. Ihre Zuversicht, dass Sie Ihr Ziel erreichen werden, wächst mit den Ideen, *wie* Sie es erreichen können. Sie könnten z.B. Online-Dating ausprobieren, an einer organisierten Singlereise teilnehmen, sich verkuppeln lassen und so weiter. Wenn Ihre Pläne Ihnen die Zuversicht vermitteln, dass sie letztlich zum Erfolg führen werden, dann sind Sie als Person auch zuversichtlicher. Das sieht dann so wie in Abbildung 1 aus.

Sehen Sie sich noch einmal Ihre Antworten auf die Fragen („Wie hoffnungsvoll sind Sie?") zu Beginn dieses Kapitels an. Haben Sie eine Vorstellung davon, warum dieses Ziel wichtig für Sie ist? Und haben Sie zudem Ideen, wie Sie dieses Ziel erreichen können? Die Antwort läuft wahrscheinlich auf „ein bisschen" hinaus. Das ist gut. Wenn Sie auf eine der Fragen mit „ich weiß nicht" oder „nein" geantwortet haben, vermute ich, dass Sie nicht sehr zuversichtlich und wenig davon begeistert sind, einfach etwas auszuprobieren. Falls Sie mehr Sport machen möchten,

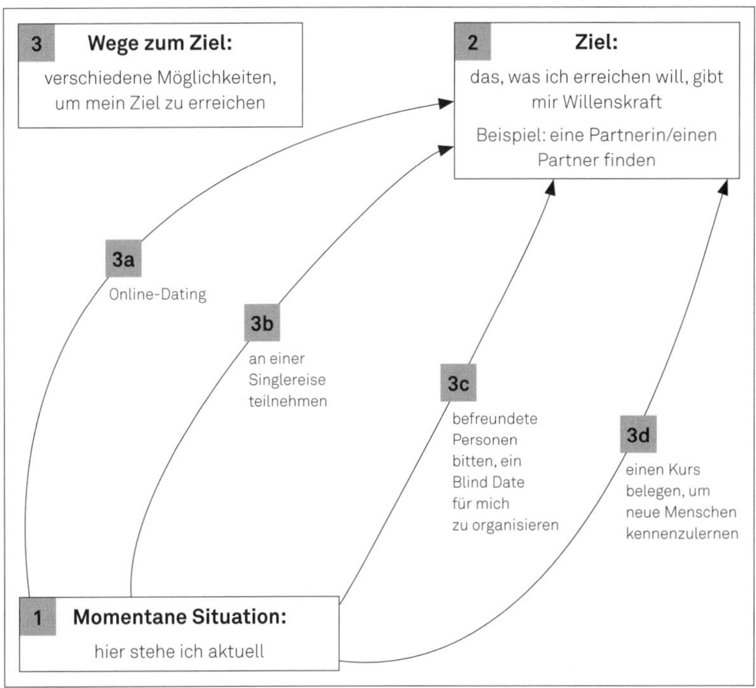

Abbildung 1: Komponenten, die die Hoffnung ausmachen, ein Ziel zu erreichen – Beispiel

aber keine Idee haben, wie Sie das durchhalten und woher Sie die Zeit dafür nehmen sollen, deutet das darauf hin, dass Sie nicht wirklich viel Hoffnung in Bezug auf diese Sache haben. Wenn Sie auf beide Fragen zu Beginn des Kapitels eine Antwort gefunden haben, ist es vermutlich in erster Linie eine Frage der Umsetzung. Sie wissen, was Sie wollen und wie Sie es anpacken müssen. Jetzt müssen Sie nur noch anfangen. Auch das kann schwerfallen, aber Sie sind in diesem Fall deutlich zuversichtlicher, als wenn Sie kein Ziel oder keinen Plan hätten.

Die gute Nachricht ist, dass Sie auch Ihre Hoffnung stärken können. Dafür ist zunächst die Motivation erforderlich, ein bestimmtes Ziel erreichen zu wollen. Die positive Energie der Hoffnung, die dabei hilft, einfach loszulegen, stellt sich nicht von alleine ein. Die Wohnung zu putzen, nur aus dem Grund, weil es notwendig ist, verleiht wenig positive Energie. Die

Wohnung sauberzumachen, weil Sie alte Freundinnen, die Sie gern wiedersehen möchten, zum Abendessen eingeladen haben, verleiht vermutlich schon mehr positive Energie, vor allem, wenn Sie das Gefühl haben, dass Ihnen alles gut gelingen wird.

Der erste Schritt besteht darin, sich darüber klar zu werden, warum ein bestimmtes Ziel für Sie wichtig ist und wie Sie mit (Teil-)Zielen, die sich nicht wichtig *anfühlen*, die aber erledigt werden *müssen*, umgehen können. Das stärkt die Willenskraft – die eine Komponente der Hoffnung. Im zweiten Schritt geht es darum, wie Sie die (Teil-)Ziele verwirklichen können. Hoffnung ist nichts Magisches, das wie aus dem Nichts auftaucht. Indem Sie sich auf die Suche nach Ihren Zielen und den Wegen zu ihnen begeben, bauen Sie langsam, aber sicher Hoffnung auf.

Hoffnung aufbauen (1): Was ist Ihnen wichtig?

Da die Übungen in diesem Kapitel zum Thema Hoffnung aufeinander aufbauen, sollte in Ihrem Notizbuch ausreichend Platz zum Schreiben vorhanden sein. So können Sie die Übungen jederzeit wieder aufnehmen.

1. Was ist Ihnen wichtig im Leben? Oder was betrachten Sie für die nächsten Jahre als wichtig? Lassen Sie sich bei dieser Frage Zeit und machen Sie in aller Ruhe ein Brainstorming dazu. Sprechen Sie auch mit anderen Menschen darüber, was diese für wichtig halten. Häufig genannte Kategorien sind z.B. Beziehungen (Familie, Freundschaften), Arbeit oder Ehrenamt, sich weiterentwickeln (Sport, Musik, Lernen), Neues entdecken (Reisen, neue Menschen kennenlernen) und aktiv sein. Sie müssen noch keine konkreten Vorstellungen entwickeln. Versuchen Sie zunächst nur für sich herauszufinden, welche Themen Ihnen wichtig sind. Um diese Themen wird es in der nächsten Übung, „Hoffnung aufbauen (2)“, gehen.
2. Sprechen Sie mit jemandem, der Sie gut kennt, über die Dinge, die Ihnen wichtig sind. Erkunden Sie gemeinsam, *was* Ihnen wichtig ist und *warum* das so ist. Wollen Sie Karriere machen, damit Sie ein sicheres Einkommen haben, das Ihnen ermöglicht, zu reisen? Ist Ihnen in diesem Zusammenhang die Arbeit wichtig oder das Reisen? Bedenken Sie: Bei diesen Fragen gibt es kein Richtig oder Falsch. Vielleicht ist es hilfreich, über Erlebnisse zu sprechen, bei denen Sie das Gefühl „Das ist mir wichtig“ wahrgenommen haben.

Auch folgende Fragen können hilfreich sein:
- Was möchten Sie in Ihrem Leben erreichen?
- Was verleiht Ihnen Energie, was gibt Ihnen Kraft?
- Welche Ihrer Stärken und Fähigkeiten geben Ihnen ein gutes Gefühl?

3. Erstellen Sie anhand der Ergebnisse aus den vorherigen Fragen eine Prioritätenliste Ihrer Lebensziele. Hätten wir unendlich viel Zeit, würden wir alle Ziele erreichen wollen. Da dies meist nicht möglich ist, ist es sinnvoll, ab und zu abzuwägen und sich für einige Ziele zu entscheiden. Was ist für Sie das Allerwichtigste im Leben? Was das Zweitwichtigste? Natürlich können Sie auch drei gleichberechtigte Themen an erste Stelle setzen. Schreiben Sie Ihre wichtigsten Lebensziele einzeln auf lose Blätter und legen Sie diese nebeneinander.
4. Erstellen Sie einen Überblick über Ihre Aktivitäten, denen Sie im Laufe einer Woche nachgehen. Womit verbringen Sie Ihre Zeit? Schreiben Sie jede Aktivität auf einen Klebezettel. Natürlich müssen Sie nicht jeden einzelnen Schritt benennen. Schreiben Sie etwa 20 bis 30 Aktivitäten auf. Denken Sie an Dinge wie mit Freunden essen gehen, Sport treiben, Meeting mit der Projektgruppe, mit den Kindern spielen, den Haushalt machen etc.
5. Überlegen Sie für jede Aktivität, ob sie direkt oder indirekt beiträgt zu dem, was Ihnen im Leben wichtig ist (das, was Sie in Schritt 3 aufgeschrieben haben) und kleben Sie diese Haftzettel auf das Blatt mit dem dazugehörigen Ziel. Sie werden merken, dass sich manche Aktivitäten sehr einfach mit Ihren Zielen verbinden lassen, andere dagegen weniger. Wenn Letzteres der Fall ist, eruieren Sie noch einmal genau, ob diese Aktivitäten für gewisse Ziele doch notwendig oder relevant sind. Kleben Sie die dazugehörigen Zettel etwas weiter unten auf das Blatt mit dem dazugehörigen Lebensziel. Machen Sie sich bewusst, dass es sich nicht einfach nur um Verpflichtungen handelt, sondern um Aktivitäten, die auch (ein wenig) zu Ihren Prioritäten beitragen.
6. Gibt es Verpflichtungen, die für nichts wichtig zu sein scheinen? Welche? Warum kommen Sie diesen Verpflichtungen trotzdem nach? Sind sie vielleicht auf irgendeine Weise doch von Bedeutung oder könnten Sie sie genauso gut beenden?
7. Gehen Sie noch einmal Ihre Lebensziele durch. Bestenfalls sind das die Ziele, in die Sie gerne Energie investieren, eben weil sie Ihnen wichtig sind. Hoffentlich kleben nun viele Zettel mit Aktivitäten

unter diesen Lebenszielen! Falls sich bei Ihnen jedoch das Gefühl einstellen sollte, zu wenig damit beschäftigt zu sein, was Ihnen wirklich wichtig ist, verlieren Sie nicht den Mut. Veränderung ist etwas, das nicht von einem Tag auf den anderen machbar ist. Aber Sie haben sich jetzt zumindest bewusster gemacht, was Sie wollen. In diesem Buch und insbesondere in diesem Kapitel werden wir uns ansehen, wie Sie das, was Ihnen wichtig ist, noch häufiger oder überhaupt tun können. Wenn Sie der Gedanke befällt, dass Sie womöglich nie in der Situation sein werden, das tun zu können, was Ihnen wirklich etwas bedeutet, dann sehen Sie sich das Intermezzo „Growth Mindset“ (Seite 51ff.) an.

Diese Übung zeigt, dass eigentlich alles auf irgendeine Art wichtig sein kann. Das ist praktisch! So können Sie selbst unterscheiden zwischen Dingen, die für Sie von primärer Bedeutung sind, und Dingen, die sekundär wichtig für Sie sind. Primär von Bedeutung sind Dinge, die *für sich selbst* genommen lohnenswert sind. Das sind Dinge, die Ihnen Spaß machen, die wertvoll oder interessant sind, weil *Sie* sie wertvoll oder interessant finden, und nicht, weil Sie damit etwas erreichen wollen. Dazu können gehören: etwas Schönes mit für Sie bedeutsamen Menschen unternehmen, Musik machen, sich guter Gesundheit erfreuen oder anderen Menschen helfen. Sekundär wichtige Dinge sind Aktivitäten, die Ihnen ermöglichen, Ersteres zu tun. Diese sind natürlich auch wichtig, weil sie Sie Ihrem Ziel näherbringen. Sport zu treiben gefällt Ihnen vielleicht nicht immer, hilft Ihnen aber, gesund und aktiv zu bleiben. Arbeiten bringt Geld und ermöglicht Ihnen, für sich selbst und Ihre Familie zu sorgen. Ob eine Aktivität primär oder sekundär wichtig ist, unterscheidet sich von Person zu Person. Spüren Sie nach, wie es sich für Sie anfühlt. Aktivitäten, die an sich nicht lohnenswert sind und auch keinen indirekten Beitrag zu primär wichtigen Aktivitäten liefern, können Sie infrage stellen. Wollen Sie hier weiter Zeit investieren? Müssen Sie Zeit investieren? Warum? Auf diese Weise können Sie den Nutzen all Ihrer Aktivitäten untersuchen.

Willenskraft und Zielsetzung

Durch die letzte Übung ist Ihnen vielleicht etwas bewusster geworden, was genau Ihnen im Leben wichtig ist. Auf diese Weise können Sie alle Ihre Aktivitäten dahingehend überprüfen, ob – und in welchem Maß – sie etwas zu Ihren Lebenszielen beitragen. Im besten Fall sind diese Aktivitäten an sich schon lohnenswert oder tragen etwas zu den Dingen bei, die Ihnen wirklich wichtig sind. Wenn beides nicht der Fall ist, sollten Sie sich fragen, warum Sie diesen Aktivitäten nachgehen.

Interessant ist, dass schon allein die Tatsache, dass wir „etwas wollen", uns die Energie gibt, entsprechende Schritte zu unternehmen. Das könnte man auch als „Willens-Kraft" bezeichnen – die Kraft, die wir besitzen, weil wir etwas wollen. Die Willenskraft nimmt sogar noch zu, wenn zum Wollen auch noch Optimismus kommt. In Kapitel 2 haben wir erfahren, dass ein optimistischer Mensch überzeugt davon ist, Einfluss auf die Situation zu haben. Wenn Sie der Meinung sind, selbst Einfluss auf Ihre Situation nehmen zu können und damit die Wahrscheinlichkeit vergrößern, Ihr Ziel zu verwirklichen, macht das natürlich hoffnungsvoller.

Was Ihnen darüber hinaus helfen kann, zuversichtlicher zu werden, ist die Art und Weise, wie Sie Ihr Ziel formulieren. Vergleichen Sie einmal die Ziele im folgenden Beispiel:

> Anja, Bea und Carolin haben ein in etwa vergleichbares Leben: Anfang Dreißig, ein guter Job, ein lebendiges Sozialleben, aber keine Beziehung. Alle drei haben ein Ziel für die Zukunft. Anja möchte im Alter nicht allein sein. Ihr Schreckensbild ist das einer alten „Katzenfrau", die von anderen schräg angesehen wird. Das möchte sie auf keinen Fall! Bea will gern jemanden zum Reden haben. Sie hat zwar Freundinnen, aber ein Partner wäre schön. Carolin möchte einen tollen Partner haben. Sie sucht jemanden, der sie unterstützt und herausfordert, jemand, der ihr sowohl kritische Fragen stellen als auch liebevolle Aufmerksamkeit entgegenbringen kann.

Wenn man sich diese Ziele näher ansieht, lassen sich ein paar Unterschiede erkennen. Anja hat ein Ziel, das in der Psychologie als Vermeidungsziel bezeichnet wird: Sie hat sich überlegt, was sie *nicht will*. An sich ist das gut zu wissen. Schwierig ist es jedoch, wenn man nicht genau sagen kann, was man *schon will*. Laut dem Ziel von Anja wäre jeder willkürliche Partner geeignet; alles wäre besser als die gefürchtete alte Katzenfrau. Bea und Carolin haben Annäherungsziele definiert: Ziele, die sie erreichen *wollen*. Sie *wollen* einen Partner. Was bei Bea auffällt, ist, dass sie ein wenig anspruchsvolles und wenig spezifisches Ziel verfolgt. Sie möchte an sich schon einen Partner, eventuell, weil sie dann jemanden hätte, mit dem sie hin und wieder reden kann. Aber eigentlich kann sie ja jetzt schon mit ihren Freundinnen reden. Das ist nicht sehr inspirierend. Dieses Ziel liegt im Grunde genommen innerhalb ihrer Komfortzone, es ist wenig Herausforderung für sie dabei. Carolin dagegen legt die Messlatte auf eine klar ausgerichtete Höhe. Sie möchte einen Partner, der sie unterstützt und fordert. Das könnte man als *Stretch Goal* bezeichnen. Es wird deutlich, wonach sie sucht, und das ist anspruchsvoll und inspirierend, liegt aber im Bereich des Möglichen. Beas Ziel hingegen regt kaum an, auf die Suche zu gehen.

Bei der nächsten Übung zur Stärkung Ihrer Hoffnung geht es darum, Ihre Ziele genau zu definieren.

Hoffnung aufbauen (2): Ziele setzen

Wenn wir unsere Zuversicht stärken wollen, brauchen wir also ein Ziel, das uns Energie verleiht und motiviert. Nehmen Sie noch einmal Ihre Antworten von der vorherigen Übung zur Hand und bearbeiten Sie dann die folgenden Schritte. Diese Übung können Sie für verschiedene Ziele wiederholen. Die Antworten mit einer anderen Person zu besprechen, liefert meistens noch zusätzliche Einsichten.

1. Was ist für Sie ein wichtiges und wertvolles Ziel für die kommende Zeit? Was möchten Sie nächste Woche oder nächsten Monat oder nächstes Jahr erreichen?
2. Formulieren Sie das Ziel als Annäherungsziel: Was möchten Sie wirklich erreichen? Wovon hätten Sie gern mehr? Meistens funktioniert es allerdings nicht, das Ziel einfach umgekehrt zu formulieren, wie das untenstehende Beispiel zeigen wird.
3. Achten Sie darauf, dass Ihr Ziel anspruchsvoll, aber nicht zu anspruchsvoll ist: Ist dieses Ziel in Wirklichkeit zu einfach oder erscheint es noch unendlich weit weg? Passen Sie es entsprechend an, entwerfen Sie es bei Bedarf etwas größer und anspruchsvoller oder teilen Sie es in kleinere Einzelschritte auf. Es darf ruhig herausfordernd sein!

4. Haben Sie Ihr Ziel klar genug vor Augen? Ziele werden oft nach dem SMART-Prinzip formuliert. Das bedeutet, sie sollten spezifisch, messbar, attraktiv, realistisch und termingebunden sein. Sie brauchen sich nicht ganz strikt an dieses Schema zu halten, es ist jedoch vorteilhaft zu wissen, wann das Ziel erreicht sein wird. Also: Werden Sie erkennen können, wann Sie am Ziel sind? Woran werden Sie es merken?
5. Überprüfen Sie Ihr Ziel abschließend: *Ist das Ziel, das Sie aufgeschrieben haben, inspirierend? Motiviert es Sie? Handelt es sich um etwas, auf das Sie hinarbeiten können?* Dann haben Sie wahrscheinlich ein schönes Ziel vor Augen!

Ein Beispiel: (1) Für Fatima ist es wichtig, weniger unter Stress zu stehen. (2) Damit sie daraus für sich ein positiv formuliertes Annäherungsziel machen kann, dreht sie die Sache um: Ich will Entspannung. Sie überlegt, dass das im Grunde genommen aber nicht wirklich ihr Ziel ist, denn sie mag ja alle ihre Aktivitäten. Besser passen könnten diese Ziele: „Ich möchte jede Woche genug Zeit für mich haben." Oder: „Ich möchte mich zu Hause auf mich und meine Familie konzentrieren können." (3) Das Ziel, sich zu Hause auf sich und ihre Familie konzentrieren zu können, empfindet Fatima als gute Herausforderung. Jeden Abend genug Zeit zu haben, um die Kinder entspannt ins Bett bringen zu können, wäre ein zu einfaches Ziel für sie gewesen; immer und ausschließlich für ihre Familie da zu sein, wenn sie zu Hause ist, dagegen übertrieben groß und kaum realisierbar. (4) Das Ziel ist jetzt noch etwas vage: Wann hat sie sich das letzte Mal genug Zeit für ihre Familie genommen? Ihr wird klar, dass es ihr darum geht, für ihre Familie da zu sein, aber auch darum, ausreichend Zeit für Treffen mit ihren Freundinnen oder Besuche bei ihren Eltern zu haben. Außerdem möchte sie noch genug Zeit haben, um ein leckeres und gesundes Essen zubereiten zu können. Sie entscheidet sich dafür, ihr Ziel vorerst so zu lassen, aber im Blick zu behalten, worum es ihr genau geht. (5) Fatima überprüft ihr Ziel abschließend und formuliert: „Ich möchte mich in meiner Freizeit auf mein eigenes Leben konzentrieren, auf Familie, Freundschaften und mich selbst." Das fühlt sich für sie inspirierend an! Das Ziel erscheint ihr insgesamt aber noch etwas groß. Darum wird es im nächsten Schritt gehen.

Wege zum Ziel

Wie gesagt: Ein inspirierendes, klares und anspruchsvolles Ziel hilft dabei, mehr Hoffnung zu gewinnen, aber das allein genügt noch nicht. Wenn Sie hoffen, im Lotto zu gewinnen, steckt dahinter nur selten ein Gefühl des Vertrauens („Ich werde das schaffen!"). So funktioniert es auch mit anderen Zielen. Vielleicht wollen Sie eine Beförderung erreichen, sich beruflich weiterbilden, mehr Sport treiben oder lernen, besser mit Stress zurechtzukommen. Das alles sind Herausforderungen, die motivieren können, aber noch nicht das Gefühl von „Ich kann das!" vermitteln! Dafür brauchen wir etwas anderes: eine Vorstellung, wie wir dahin kommen können. Das ist die zweite Komponente der Hoffnung: die Wege zum Ziel.

> Als ich mich selbstständig machte, hatte ich noch keine Idee, wie das laufen würde. Ich hatte ein Ziel, eine Vorstellung von dem, was ich wollte. Ich wollte ein guter Trainer werden. Einer, der Menschen hilft, besser mit anderen zusammenarbeiten zu können, mehr Freude an der Arbeit zu haben, zufriedener mit sich selbst zu sein und das Beste aus sich herauszuholen. Gleichzeitig stellte sich die Frage, ob ich mich damit überhaupt finanzieren konnte, und es gab noch mein Bedürfnis nach Sicherheit. Ein doppeltes Ziel sozusagen.
>
> Was mich in der Zeit hoffnungsvoll stimmte, war die Tatsache, dass ich bereits einige Wege beschritten hatte, die mich meinem Ziel näherbrachten. Einige dieser Wegstrecken ergänzten sich gut: Ich hatte an einem Tag in der Woche einen kleinen Job, und ich hielt jedes Jahr Lehrveranstaltungen an Hochschulen. Das waren also verlässliche und regelmäßig wiederkehrende Einnahmequellen. Andere Wege brachten mich meinem Ziel vermutlich noch näher. Zum Beispiel gab ich einige Schnupperkurse zum Thema Arbeitszufriedenheit in der Hoffnung, damit Kundinnen und Kunden zu gewinnen. Auf dieser Basis entwickelte ich einen Kurs für Studierende. Ich schrieb Blogs, um Bekanntheit zu generieren und mich gleichzeitig im Aufschreiben meiner Ideen zu üben. Dadurch, dass ich im Berufsverband aktiv war, lernte ich das Arbeitsfeld besser kennen, erlangte neues Wissen und neue Fähigkeiten und lernte die Menschen kennen, mit denen ich später zusammenarbeitete. Mit ehemaligen Studienkolleginnen und -kollegen organisierte ich ein Trainingswochenende mit dem Ziel, mich weiterzuentwickeln. Alle diese Wege haben dazu beige-

tragen, dass ich dort hingekommen bin, wo ich heute stehe. Da ich immer auch aus mehreren nützlichen Handlungsoptionen auswählen konnte, fand ich neben der Inspiration (ein für mich lohnenswertes Ziel) auch das Vertrauen, dass ich mein Ziel erreichen würde.

Was ist genau gemeint, wenn wir von den Wegen zum Ziel sprechen? Es handelt sich dabei um konkrete Handlungen, die wir ausführen können, um unser Ziel zu erreichen, – oder um zumindest die Aussichten darauf zu erhöhen. Das obenstehende Beispiel veranschaulicht, dass es verschiedene Wege gibt, die zu den Zielen „ein guter Trainer werden“ und „ein sicheres Einkommen haben“ führen.

Jede Wegstrecke steht für eine Ansammlung konkreter Handlungen, die Sie unternehmen können. Warum ist das motivierend? Erstens, weil es

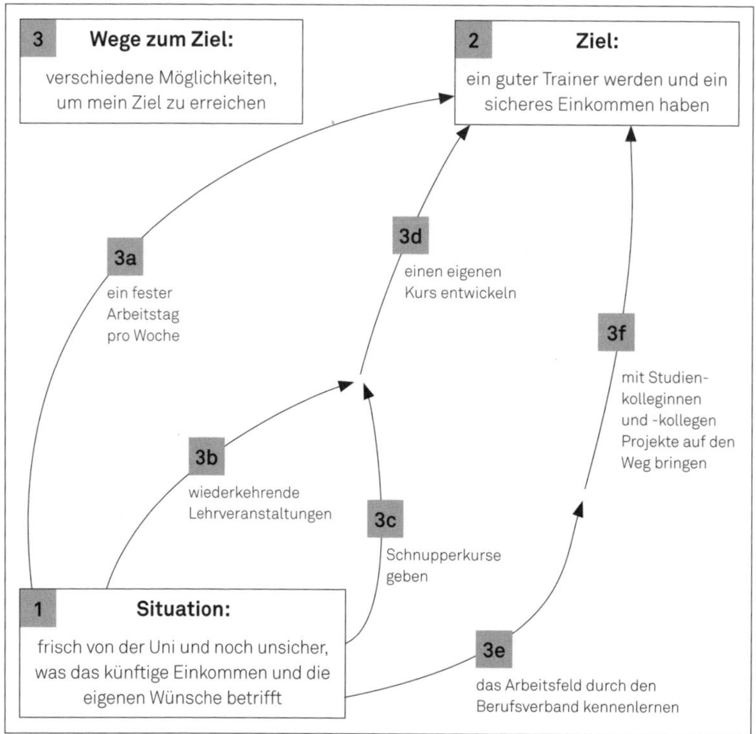

Abbildung 2: Beispiel für die verschiedenen Wege zu einem Ziel

uns aufzeigt, was wir tun können. Wir können direkt mit der Umsetzung einer Idee beginnen. Zweitens haben wir immer einen Plan B. Wenn unser erster Versuch nicht klappt, können wir auf einem anderen Weg unser Ziel immer noch erreichen. Genauso funktioniert es für Teilziele und Teilstrecken. Dadurch, dass ich einen Teil meines Ziels „Einkommenssicherheit" über den Weg „ein fester Arbeitstag pro Woche" absicherte, konnte ich mein Gesamtziel besser erreichen, und mein Vertrauen darin, dass ich es schaffen würde, wuchs. Drittens hat das Denken in verschiedene Richtungen den Vorteil, dass man lernt, Dinge einfach auszuprobieren. Das trägt zu einem Growth Mindset bei. Es ist nicht so schlimm, wenn ein Plan nicht funktioniert, wenn man noch eine Alternative auf Lager hat. Scheitern ist dann keine Katastrophe, sondern eine Lernstrecke. Wie Thomas Edison es einmal gesagt haben soll: „Ich habe nicht versagt. Ich habe nur zehntausend Möglichkeiten gefunden, wie es nicht funktioniert" (zit. nach Elkhorne, 1967, S. 52).

Hoffnung aufbauen (3): Wege bestimmen

Haben Sie schon Ideen, wie Sie Ihre Ziele realisieren können? Denken Sie daran: Sie brauchen keine Methode mit Erfolgsgarantie. Es geht darum, dass Ihr Plan gute Chancen hat, aufzugehen, und dass Sie, wenn es nicht funktionieren sollte, einen Plan B haben. Diese Übung macht noch mehr Spaß, wenn man sie gemeinsam mit anderen Menschen durchführt. Wenn man gemeinsam brainstormt, kommen oft überraschende und gute Ideen heraus. Außerdem erfahren andere dabei, woran Sie arbeiten wollen und was Sie benötigen.

1. Entscheiden Sie sich für ein Ziel aus der vorherigen Übung. Was möchten Sie unbedingt erreichen? Welches Ziel inspiriert und motiviert Sie so sehr, dass Sie am liebsten gleich damit anfangen würden?
2. Nehmen Sie ein Blatt Papier zur Hand. Schreiben Sie unten links „Heutige Situation" und oben rechts Ihr Ziel hin. Listen Sie auf dem Raum dazwischen nun alle möglichen Ideen auf, wie Sie dieses Ziel verwirklichen können. Überlegen Sie sich einen Plan A, B, C etc. Es müssen keine detailliert ausgearbeiteten Pläne sein – es geht nicht darum, dass Sie diese alle ausprobieren. Jede Idee ist es erst einmal wert, notiert zu werden.
3. Suchen Sie sich Personen, die Sie unterstützen können. Erklären Sie ihnen, was Ihr Ziel ist, und bitten Sie sie, sich gemeinsam mit

Ihnen verschiedene Möglichkeiten zu überlegen, wie Sie dieses erreichen können. Brainstormen Sie gemeinsam. Gehen Sie kreativ und mit viel Humor an die Sache heran. Schreiben Sie Ihre Assoziationen auf, die Sie zu den Ideen der anderen haben. Auch hier gilt: Alle Ideen sind willkommen. Eine Ideensammlung von Studierenden mit dem Ziel, den Bachelorabschluss zu schaffen, könnte z. B. folgendermaßen lauten: eine Lerngruppe ins Leben rufen; Prüfungssituationen üben; die Dozentin oder den Dozenten bestechen; jemanden anheuern, der die Prüfungen für einen absolviert ...

4. Gehen Sie alle Vorschläge einzeln für sich durch und erstellen Sie eine Shortlist mit den erfolgversprechendsten Plänen. Sie können dabei unterscheiden zwischen möglichen Wegstrecken und einzelnen Handlungen. Eine Wegstrecke umfasst eine oder mehrere Handlungen, die am Ende zum Ziel führen können (wenn alles klappt). Einzelne Handlungen bringen Sie einen Schritt weiter in die gewünschte Richtung. Diese reichen wahrscheinlich nicht aus, um das Ziel vollständig zu erreichen, sind aber wichtige einzelne Schritte.
5. Jeder Mensch, der schon einmal den Vorsatz hatte, mehr Sport zu treiben oder weniger Süßigkeiten zu essen, weiß: Das eigene Verhalten zu ändern ist schwierig. Sie können es sich glücklicherweise einfacher machen. Gehen Sie alle Punkte auf Ihrer Shortlist noch einmal durch.

   Welche dieser Dinge sollen regelmäßig gemacht werden? Das kann z. B. ein Konditionstraining sein oder für einen Kurs zu lernen. Denken Sie sich hierfür neue Gewohnheiten aus. Gewohnheiten erleichtern es, bestimmte Verhaltensweisen beizubehalten. Bestimmen Sie beispielsweise einen festen Ort oder einen festen Zeitpunkt zum Lernen und richten Sie Ihren Lernort mit allen benötigten Dingen ein. Planen Sie ein wöchentliches Treffen mit einer Freundin oder einem Freund und gehen Sie gemeinsam zum Sporttraining und verabreden Sie gleich noch, anschließend gemeinsam zu essen. Gewöhnen Sie sich an, Ihr Smartphone nicht mit ins Schlafzimmer zu nehmen. Legen Sie das Vorlesebuch jeden Morgen gleich auf das Kopfkissen Ihres Kindes.

   Welche Dinge finden nur einmalig statt? Vielleicht steht ein Gespräch mit Ihrer Führungskraft über Ihren Aufgabenbereich an oder Sie wollen endlich zu Hause die Wände neu streichen. Auch das können Sie sich erleichtern. Schreiben Sie *genau* auf, was Ihr erster Schritt sein soll, z. B. zum Baumarkt fahren und eine Wandfarbe aussuchen. Besprechen Sie mit jemandem, wann Sie das tun wollen. Schicken Sie Ihrer Führungskraft eine Mail, in der Sie darum bitten, am kommenden Montag über Ihre Arbeit zu sprechen, oder sagen Sie Ihren Schwiegereltern Bescheid, dass Sie nächstes Wochenende vorbeikommen werden.

Halten Sie Ihre Shortlist griffbereit. In der nächsten Übung wird es darum gehen, wie Sie auf dem Weg zum Ziel gut vorankommen.

Hindernisse

Nach dieser Übung haben Sie möglicherweise klarere Vorstellungen davon bekommen, wie Sie Ihr Ziel verwirklichen können, und damit hoffentlich auch mehr Hoffnung gewonnen. Nur ... vielleicht sehen Sie viele Probleme und Hindernisse auf Ihrem Weg. Jeder Plan hält unvermeidliche Hürden parat. Bei großen Projekten, wie etwa dem Kauf eines Hauses, sind die Herausforderungen sogar sehr groß: Sie werden konfrontiert mit Zweifeln (Was für ein Haus will ich?), finanziellen Einschränkungen (Was für einen Kredit kann ich aufnehmen?), zeitlichen Aspekten (Wann kann ich mir die angebotenen Häuser ansehen?) und weiteren Hürden (meine Partnerin oder mein Partner möchte kein Haus kaufen, sondern hat ganz andere Pläne). Natürlich ist es berechtigt, sich mit diesen Hindernissen zu beschäftigen, und oft handelt es sich ja um ganz reelle Sorgen und Probleme. Die Hindernisse, auf die wir stoßen, lösen oft ein ganz bestimmtes Gefühl in uns aus. Dieses Gefühl könnte man als eine *erste Reaktion* bezeichnen: Ein voller Terminkalender führt zu Stressempfinden, eine Meinungsverschiedenheit vielleicht zu Traurigkeit oder Gereiztheit, eine Kündigung zu Verärgerung, Niedergeschlagenheit oder Zukunftsangst.

Wir können uns wegen der vorhandenen Hindernisse auch selbst so stark unter Druck setzen, dass *daraus* eine Hürde wird. Wie soll ich es schaffen, ein passendes Haus zu finden, wenn ich mich nicht einmal entscheiden kann, in welcher Gegend ich wohnen will? Gelingt es mir denn nicht, mich klar zu positionieren? Diese *zweite Reaktion* bezieht sich auf die erste Reaktion, also auf das unmittelbar ausgelöste Gefühl. Solche „Selbstgespräche“ führen aber selten zu mehr Hoffnung. Wenn Sie merken, dass die zweite Reaktion für Sie zu einem Hindernis wird, sehen Sie sich das Intermezzo zum Thema „Achtsamkeit“ (siehe Seite 103ff.) genauer an. Möglicherweise erkennen Sie dadurch, dass Sie nicht nur enttäuscht, verärgert, besorgt, gestresst oder unsicher aufgrund der Situation sind, sondern auch, dass Sie auf sich selbst wütend (Warum bin ich so schwach?), traurig (Kann ich denn gar nichts ...?) oder ängstlich (Wenn mir das nicht gelingt, wie soll das dann mit ... werden? Das klappt bestimmt nicht!) sind.

Zurück zur Hoffnung und den Hindernissen. Wir haben mehr Hoffnung, wenn wir für unser Ziel motiviert sind (Willenskraft) und eine Vorstellung davon haben, wie wir es erreichen können (Wege). Wenn Sie vor allem Schwierigkeiten und Hindernisse sehen, haben Sie vermutlich noch wenig Vertrauen in die möglichen Wege. Das ist in etwa so, als würde jemand bei einer privaten Feier erzählen, es gebe Ärger an seinem Arbeitsplatz. Oft geben dann andere Gäste ungefragt Ratschläge und stellen verschiedene Handlungsoptionen vor, die für diese Person infrage kommen könnten: „Du musst deinem Chef einfach sagen, was los ist“, „Erledige doch nur noch deine Aufgaben und kümmere dich nicht um den Rest“, „Wenn du vielleicht einmal Folgendes machst ...“. Würde man die Situation genauer beobachten, würde man erkennen, dass die Person nicht viel mit den Ratschlägen anfangen kann. Viele dieser Anregungen hat sie vermutlich schon in Erwägung gezogen, sie sind ihr aber nicht als nützlich oder umsetzbar erschienen. Solange man nur die Hindernisse vor Augen und kein Vertrauen darin hat, an der Situation etwas ändern zu können, fehlt die Hoffnung.

Um mehr Hoffnung zu gewinnen, ist es sinnvoll, sich mögliche Hindernisse bewusst vor Augen zu führen. Dabei ist es nicht nötig, *alle* denkbaren Hindernisse bei *allen* möglichen Lösungswegen zu identifizieren. Das Ziel ist ja nicht, dass nichts mehr schiefgehen darf. Das Ziel ist eben gerade, dass Sie – wenn es einmal schwierig wird – daran glauben, dass Sie trotzdem noch etwas aus der Situation machen können. Darauf werden wir in Kapitel 4 zurückkommen.

Sich Hindernissen zu stellen kann auch ziemlich aufregend sein (siehe das Beispiel weiter unten). Wenn man die Probleme auf sich zukommen lässt, ist es zunächst natürlich viel angenehmer, nicht so viel darüber nachzudenken, was alles schief gehen könnte. Ich möchte Sie damit nicht dazu auffordern, sich Horrorszenarien auszumalen, aber den Kopf in den Sand zu stecken ist eben auch kein produktiver Ansatz. Und ehrlich gesagt: Wahrscheinlich sagt Ihnen Ihr Bauchgefühl unmissverständlich, dass etwas nicht stimmt, wenn Sie versuchen, die Hürden zu ignorieren. Einen Abend lang Netflix schauen, obwohl die Steuererklärung noch gemacht werden muss? Sich mit Freunden verabreden, obwohl man doch eigentlich zum Sport wollte? Dabei fühlen wir uns wahrscheinlich alle ein bisschen unwohl. Wenn wir uns schon vorher die zu erwartenden Hindernisse vor Augen führen und darüber nachdenken, wie wir damit umgehen wollen, wächst die Wahrscheinlichkeit, dass wir unsere Ziele erreichen – und damit gewinnen wir ein Stück an Hoffnung.

> Meine Frau und ich hatten einen Traum. Sollten wir im Lotto gewinnen, dann wollten wir uns einen alten Bauernhof kaufen. Wir stellten uns einen schönen, sonnigen Garten vor, gemütliche Wohnräume und einen Veranstaltungsraum im Haus. Leider gewannen wir nicht im Lotto, aber wir fanden glücklicherweise andere Wege, die uns zu unserem Ziel führten. Wir entdeckten eine Straße mit Häusern, bei denen die Garage sich im Erdgeschoss direkt unter den Wohnräumen befand. Diese ließe sich zu einem Gruppenraum umbauen! Auf unserem Weg wurden wir mit verschiedenen Hindernissen konfrontiert: Als Selbstständiger einen Kredit zu bekommen ist schwierig. Eines der Häuser wurde uns vor der Nase weggeschnappt. Der geplante Umbau würde viel Geld verschlingen. Diese Hürden und Rückschläge waren natürlich ein Dämpfer. Aber da uns die Hürden bekannt waren und wir mit ihnen gerechnet hatten, konnten wir etwas tun, um sie zu überwinden. Die Bank wollte uns keinen Kredit für den Umbau geben, aber mit Erspartem und Unterstützung der Familie konnten wir genug zusammenbekommen. Wir steckten in alle Briefkästen in der Straße Zettel mit unserem Hausgesuch. Innerhalb von einer Stunde wurden wir von einem älteren Paar angerufen, das sein Haus verkaufen wollte. Heute, gut zwei Jahre später, wohnen wir mit viel Freude in unserem Haus. Ein großes Ziel, die unausweichlichen Hindernisse und Ideen, wie wir es schaffen könnten, die Hindernisse aus dem Weg zu räumen, haben uns hierhergebracht.

Hoffnung aufbauen (4): Hindernisse überwinden

Wer im Vorfeld über mögliche Hindernisse und Hürden nachdenkt, kann sich entsprechend darauf einstellen. Wir müssen nicht alle Hindernisse aus dem Weg räumen, aber wir können mit mehr Hoffnung und Vertrauen an etwas herangehen, wenn wir gut vorbereitet sind. Achten Sie auf eine gute Balance zwischen guter und übertriebener Vorbereitung.

1. Nehmen Sie Ihre Shortlist aus der vorherigen Übung mit den geeignetsten Wegen, die zu Ihrem Ziel führen, zur Hand. Wenn Sie nur einzelne Handlungen aufgeschrieben haben, dann stellen Sie mehrere dieser Handlungen sinnvoll und übersichtlich zusammen.
2. Schreiben Sie zu jedem der folgenden Punkte Ihre Überlegungen auf:
   - Welche Mittel und welche Personen brauchen Sie für diesen Weg? Denken Sie auch an Faktoren wie Zeit, Unterstützung durch eine Kollegin oder einen Kollegen etc.
   - Welche potenziellen Hindernisse sehen Sie auf sich zukommen? Seien Sie ehrlich zu sich selbst: Sehen Sie sich diesen Plan umsetzen? Was wird Ihnen schwerfallen? Benennen Sie für jeden der Wege die drei wahrscheinlichsten und/oder die am meisten einschränkenden Hindernisse. Es muss sich hierbei nicht um eine vollständige Aufzählung handeln! Es geht darum, auf mögliche Hindernisse vorbereitet zu sein und dass Sie erkennen, dass Sie auch im Fall von Rückschlägen noch Einfluss haben. Indem Sie die Hindernisse aufschreiben, sind Sie der Überwindung bzw. der Umgehung dieser Hindernisse bereits einen Schritt näher gekommen!
3. Schreiben Sie zu jedem Hindernis auf, wie Sie damit umgehen könnten. Können Sie über sich selbst hinauswachsen? Wer könnte Ihnen zur Seite stehen? Können Sie noch einmal versuchen, Ihren ursprünglichen Plan umzusetzen? Oder bedeutet die Konfrontation mit einem bestimmten Hindernis, dass Sie einen anderen Weg einschlagen müssen? Wenn Sie z.B. Ihren Job interessanter machen wollen, indem Sie ein neues Projekt anstoßen, kann das Hindernis darin bestehen, dass Ihre Führungskraft Ihnen dafür nicht die Zustimmung gibt. Dieses Hindernis blockiert dann vielleicht Weg A, aber vielleicht besteht die Möglichkeit, auf Plan B umzuschwenken.

Mit den vier in diesem Kapitel vorgestellten Übungen stärken Sie Ihre Ressource der Hoffnung weiter. Indem Sie Ihr Ziel definieren und sich verdeutlichen, warum es Ihnen wichtig ist, finden Sie Zugang zu Ihrer eigenen Motivation. Indem Sie festlegen, wie Sie dieses Ziel erreichen können, stärken Sie Ihr Vertrauen darin, das Ziel zu erreichen. Und indem Sie sich einen Überblick über die Hindernisse verschaffen und darüber nachdenken, wie Sie sie eventuell lösen können, sind Sie weniger empfänglich für Rückschläge. Falls die Hindernisse unlösbar sein sollten, können Sie immer noch versuchen, das Beste daraus zu machen. Beispielsweise, indem Sie Ihre Ziele noch einmal auf den Prüfstand stellen und sie, falls nötig, anpassen.

Flexible Ziele

Ziele zu haben motiviert, aber es gibt auch Ziele, die letztlich nicht erreicht werden können. Das Endergebnis haben wir nie vollständig in der Hand. Eine Beförderung ist abhängig von der Führungskraft und weiteren Mitarbeitenden im Unternehmen, aber auch von der allgemeinen Wirtschaftslage und der Wirtschaftslage des Unternehmens. Eine Beziehung hängt von einem selbst und der anderen Person ab. Kinder tun nicht immer das, was wir wollen. Hoffnung kann in Verzweiflung umschlagen oder sich als eitle Hoffnung erweisen. Beharrlich auf ein Ziel hinzuarbeiten kann unter Umständen bedeuten, eine Menge Energie in etwas hineinzustecken, das nicht gelingen wird – das ist schade um die Zeit. Manchmal versteift man sich auf einen bestimmten *Weg*, während man gleichzeitig gegen ein *Hindernis* anläuft. In einer solchen Situation wäre es hilfreich, zu eruieren, ob es alternative Wege zum Ziel gibt, z. B. mithilfe der weiter oben vorgestellten Übungen in diesem Kapitel.

Manchmal ist es auch so, dass ein Ziel schlichtweg gar nicht erreichbar ist, oder dass es den Aufwand, den man betreiben müsste, nicht wert ist. Wenn wir dies erkennen, ist das der richtige Zeitpunkt, darüber nachzudenken, ob sich das Ziel anpassen lässt. Konkret formulierte Ziele sind schließlich nur eine Möglichkeit, nach den Dingen, die wir im Leben wichtig finden, zu streben. Wenn jemand sich Kinder wünscht, aber keine bekommen kann, ist das schwierig und schmerzhaft, und es ist verständlich, in einer solchen Situation traurig zu sein. Es ist allerdings *kein* Grund dafür, Lebensziele wie „für andere da sein" oder „etwas Positives an die nächste Generation weitergeben" für immer aufzugeben. Wenn Sie erkennen, dass konkrete Ziele nicht umsetzbar sind oder zu viel Aufwand bedeuten, dann gehen Sie der Frage nach, ob Sie das Ziel anpassen können. Sie können keinen neuen Job finden? Vielleicht können Sie auch durch ehrenamtliche Arbeit etwas bewirken? Sie finden keine Partnerin oder keinen Partner? Mit welchen Menschen aus Ihrem Freundes- oder Familienkreis könnten Sie Ihre Beziehungen vertiefen? Möglicherweise ist das kein angemessener, vollwertiger Ersatz für Ihr ursprüngliches Ziel. Das muss es aber auch nicht sein. Indem Sie Ihre Zielvorstellungen anpassen, nehmen Sie Ihr Leben selbst in die Hand und machen das Beste daraus.

Es geht aber auch nicht darum, beim geringsten Widerstand gleich das Ziel anzupassen. Finden Sie den für Sie stimmigen goldenen Mittelweg zwischen Durchsetzungsvermögen einerseits und Akzeptanz anderseits, wenn ein Ziel sich als schwierig erweist.

Was bewirkt Hoffnung?

Wie wir in den vorherigen Abschnitten gesehen haben, lässt sich berechtigte Hoffnung weiterentwickeln. Warum sollten wir das tun? Hoffnungsvoll zu sein hat mehrere Vorteile. Hoffnungsvolle Menschen erleben weniger Stress. Bei Müttern, die durch die Pflege eines chronisch erkrankten Kindes belastet sind, schützt Hoffnung vor den negativen Auswirkungen dieser Belastung (Horton & Wallander, 2001). Vermutlich hat Hoffnung einen positiven Effekt auf das Stresserleben, weil wir dadurch das Gefühl haben, auf die Situation einwirken zu können. Wir fühlen uns dann weniger ausgeliefert und hoffnungslos. Aus einer sechsjährigen Langzeitstudie geht hervor, dass hoffnungsvolle Menschen außerdem leistungsfähiger sind (Snyder et al., 2002). Wer viel Hoffnung besitzt, ist sich bewusster, was für sie oder ihn wichtig ist. Man weiß, wofür man Energie aufwenden will, und entwickelt Ideen, wie man vorgehen möchte. Wer wenig Hoffnung besitzt, wartet eher ab oder steckt alle Energie in einen einzigen Plan. Wer viel Hoffnung besitzt, ist aber in der Lage, den Plan notfalls zu ändern und selbst aktiv zu werden. Zusammenfassend lässt sich sagen: Viel Hoffnung unterstützt Menschen darin, besser mit Rückschlägen und Herausforderungen umzugehen, trägt zu einem gesünderen Leben bei und fördert die Leistungsfähigkeit, was wiederum dazu beiträgt, dass Menschen erfolgreicher und glücklicher sind (Luthans et al., 2015).

Der goldene Mittelweg

Wenn Sie sich mehr Hoffnung wünschen, können Sie mit den in diesem Kapitel beschriebenen Übungen an diesem Wunsch arbeiten. Sollten Sie manchmal zu hoffnungsvoll sein, erkennen Sie sich möglicherweise in den folgenden Ausführungen wieder. Auch bei der Hoffnung ist die Balance wichtig. „Zu viel Hoffnung" als ein Problem anzusehen, mag vielleicht seltsam erscheinen, aber man kann es auch hiermit übertreiben.

Dranbleiben oder loslassen?

Zuversicht darin zu haben, dass man seine Ziele erreichen kann, bedeutet nicht, dass Sie auch dazu verpflichtet sind, alles für das Erreichen dieser Ziele zu tun. Hoffnung sollte nicht darin umschlagen, eine Sache nicht loslassen zu können, sich zu überfordern und es immer wieder von vorne zu probieren. Falsche Hoffnung hängt hauptsächlich mit unrealistischen Erwartungen zusammen (Polivy & Herman, 2002). Gebrauchen Sie Ihren gesunden Menschenverstand und überprüfen Sie regelmäßig den Stand der Dinge. Die folgende Übung kann Ihnen dabei helfen. Wenn Ihnen bewusst wird, dass ein einmal anvisiertes Ziel mehr Aufwand erfordert als es die Sache wert ist, warum sollten Sie dann um jeden Preis weitermachen?

Kosten-Nutzen-Analyse

Wenn Sie sich davor schützen wollen, den Bogen zu überspannen, hilft es, innezuhalten und zu reflektieren. Wenn Sie merken, dass eine Sache Sie viel Energie kostet oder Sie sie nicht mehr loslassen können, sind das Anzeichen dafür, dass es an der Zeit ist, sich nochmals genauer mit diesen Zielen auseinanderzusetzen.

1. Welches Ziel haben Sie sich aktuell gesetzt? Warum ist dieses Ziel wichtig? Wie wichtig ist es für Sie? Welche positiven Effekte hätte das für Sie und für Ihre Umgebung?
2. Was müssen Sie, um Ihren eigenen Ansprüchen zu genügen, selbst tun, um dieses Ziel zu erreichen? Mit wie viel Aufwand müssen Sie rechnen? Was wären die negativen Effekte für Sie und Ihre Umgebung, wenn Sie das Ziel weiter verfolgen?

3. Wie wahrscheinlich ist es, dass diese Herangehensweise funktioniert?
4. Gibt es alternative Wege, um das Ziel (zumindest in Teilen) zu erreichen, die vielleicht weniger Aufwand bedeuten?
5. Vergleichen Sie Ihre Antworten auf die ersten beiden Fragen miteinander. Ist das Ziel wirklich so wichtig, dass Sie hierfür so viel Mühe aufwenden möchten? Ist es das wert?
6. Sehen Sie sich auch Ihre Antworten auf die dritte und vierte Frage noch einmal an. Sollte das Ziel extrem wichtig sein, die Erfolgsaussichten aber gering, ist es womöglich besser, zu akzeptieren, dass sich dieses Ziel nicht erreichen lässt. Wenn Sie eine angemessene Alternative haben, wäre vielleicht das eine gute Option.

Welche Schlussfolgerungen ziehen Sie aus Ihren Überlegungen? Haben Sie zu viel Hoffnung in das Ziel gesetzt und ist es vielleicht an der Zeit, einen Schritt zurückzutreten? Falls Sie aus rationaler Sicht zu der Einschätzung kommen, dass das Ziel Ihnen den Aufwand nicht mehr wert ist, Sie es gefühlsmäßig aber noch nicht loslassen können, können Sie an diesem Punkt weiterarbeiten. Was können Sie tun, um doch loszulassen und zu akzeptieren, dass Ihr Plan vorläufig nicht gelingen kann? Möglicherweise sind Achtsamkeitsübungen für Sie hilfreich oder Sie können versuchen, das Ziel anzupassen.

Sehr große Ziele können sehr inspirierend sein, aber in Träumereien hängen zu bleiben, bringt uns nicht weiter. Es müssen konkrete Schritte erfolgen, um die Ziele zu erreichen. Beschäftigen Sie sich damit, was Sie konkret *tun* können. Wir können unsere Träume nur verwirklichen, wenn wir uns überlegen, welche Wege dorthin führen, und wir experimentieren und ausprobieren. Sie werden schnell merken, was funktioniert und was nicht. Genießen Sie es, Dinge auszuprobieren, setzen Sie sich für das ein, was Ihnen wichtig ist, und achten Sie dabei gut auf sich selbst.

Zusammenfassung

- Hoffnung besteht aus zwei Aspekten. Zum einen ist es unsere Willenskraft, die uns antreibt, etwas, das uns wichtig ist, zu verwirklichen. Zum anderen sind es unsere Ideen, wie wir vorgehen können. Beide

Punkte ergeben das Vertrauen, dass es uns gelingen wird, ans Ziel zu kommen. Wenn wir uns der Hindernisse bewusst sind, die zwischen uns und unserem Ziel stehen, und wissen, wie wir sie überwinden können, wächst das Vertrauen dadurch noch mehr.

- Die Hoffnung, die wir haben, lässt sich vergrößern, indem wir uns klare Ziele setzen, uns Wege zu ihnen erschließen und uns auf eventuelle Hindernisse vorbereiten. Wenn wir uns außerdem bewusst machen, dass wir selbst es sind, die das Ruder in der Hand haben, und wenn nötig Kurskorrekturen vornehmen können, falls Plan A nicht funktioniert, wächst die Hoffnung, die eigenen Ziele letztendlich doch noch verwirklichen zu können.
- Hoffnung hilft dabei, positiver mit den eigenen Zielen, Herausforderungen und Stress umzugehen. Das bedeutet allerdings nicht, dass wir uns auf einen Plan versteifen und für immer und ewig daran festhalten sollten. Sie allein bestimmen, wie viel Ihnen ein Ziel wert ist.

Intermezzo: Positive Emotionen

Negative Emotionen sind evolutionär betrachtet nützlich. Wut und Ärger regen uns dazu an, für uns selbst einzustehen. Unseren Vorfahren halfen sie dabei, gegen einen Säbelzahntiger zu kämpfen. Angst macht uns vorsichtig und legt uns die Flucht nahe. Sogar Traurigkeit ist nützlich: Wenn wir weinen, signalisieren wir den Menschen in unserem Umfeld, dass es uns nicht gut geht, sodass sie schneller bereit sind, uns zu helfen. Traurigkeit bildet zudem den Ausgangspunkt dafür, Akzeptanz für seine eigene Situation zu entwickeln.

Positive Emotionen sind kurz anhaltende, angenehme Gefühle. Die Gefühle können energiegeladen und überschwänglich oder auch äußerst entspannt und leise sein. Auch positive Emotionen lassen sich verstärken und entwickeln. Der Nutzen positiver Emotionen ist lange Zeit unklar geblieben. Es ist schön, fröhlich zu sein, aber ist es auch *nützlich*? Vielleicht ist eine positive Emotion so etwas wie ein grünes Licht, ein Signal, dass alles gut ist; wie die kleinen Lämpchen am Router: Man beachtet sie erst, wenn die Internetverbindung plötzlich nicht mehr funktioniert. Barbara Fredrickson ging davon aus, dass, wenn wir so viele verschiedene positive Emotionen empfinden können, sie auch für irgendetwas gut sein müssen. Positive Emotionen entstehen aufgrund unserer Erfahrungen und durch unsere Bewertungen dieser Erfahrungen. Ihr Sinn und Zweck hat etwas damit zu tun, was es mit uns macht, wenn wir eine positive Emotion erleben.

1. Wir werden aufmerksamer. Wenn wir fröhlich, stolz, voller Freude oder inspiriert sind, sind wir offen für neue Erfahrungen, kommen schneller ins Gespräch mit unbekannten Menschen und nehmen mehr Details in unserem Alltag wahr, z. B. auf dem Weg zur Arbeit. Wir sind auch den Ideen anderer Menschen gegenüber aufgeschlossener. Sogar unser Blickfeld scheint buchstäblich breiter zu werden, wenn wir uns gut fühlen.
2. Wir erweitern und stärken unsere Ressourcen. Wenn wir neuen Informationen deutlich offener gegenüberstehen, entwickeln wir uns weiter: Wir gehen neue soziale Kontakte ein, lernen unsere Umgebung besser kennen, vertiefen und schärfen unseren Blick auf die Dinge ... So erweitern wir unsere persönlichen Ressourcen. Auf diese können wir bei der nächsten Herausforderung oder einem nächsten Rück-

schlag zurückgreifen: Innerhalb des sozialen Netzwerkes kann man um Hilfe bitten, und wer sich gut in seiner Umgebung auskennt, findet schneller eine alternative Route, wenn die gewohnte Strecke gesperrt ist.

Positive Emotionen bewirken somit, dass wir uns weiterentwickeln können, und sie unterstützen uns beim Aufbau unserer inneren Ressourcen. Ein zusätzlicher Vorteil ist, dass positive Emotionen uns einfach guttun! Viele positive Emotionen verstärken wir vor allem im Kontakt mit anderen. Wollen Sie Ihre positiven Emotionen weiterentwickeln? Dafür können Sie die Übung „Positives Tagebuch" (siehe S. 45f.) oder die folgende Übung ausprobieren.

Freundliche Gesten – random acts of kindness

Diese Übung stärkt nicht nur Ihre positiven Emotionen, sondern auch die anderer Menschen. Wählen Sie einen Tag in der Woche aus, an dem Sie diese Übung machen wollen. Mehrere gute Taten an einem Tag habe eine größere Wirkung als eine gute Tat am Tag. An Ihrem gewählten Tag vollbringen Sie mindestens fünf willkürliche gute Taten *(random acts of kindness)*. Bieten Sie einer älteren Nachbarin an, Einkäufe für sie mitzubringen. Bezahlen Sie den Kaffee zum Mitnehmen für die Person, die hinter Ihnen in der Schlange steht, mit. Legen Sie einen Euro auf die Straße, sodass ihn jemand finden kann. Sammeln Sie Müll an einem öffentlichen Platz auf. Schicken Sie jemandem eine Grußkarte. Sprechen Sie jemandem ein Kompliment aus. Oder lassen Sie sich auf der Website www.randomactsofkindness.org inspirieren.

4 Resilienz

Vor einiger Zeit lebte in den USA ein italienischer Mann mit seinem Sohn. Der Vater hatte einen kleinen Acker, auf dem er Tomaten anbaute. Der Sohn sollte ihm beim Umgraben des Bodens helfen, aber er wurde wegen vermeintlicher Zusammenarbeit mit der Mafia von der Polizei festgenommen. Aus dem Hochsicherheitsgefängnis schrieb er seinem Vater folgenden Brief: „Vater, es ist besser, wenn du dieses Jahr keine Tomaten auf dem Feld ausbringst. Dort sind die Leichen versteckt."

Am nächsten Tag wurde der Vater Zeuge, wie sein Tomatenfeld von Dutzenden Polizisten mit Schaufeln bearbeitet wurde. Sie fanden nichts und zogen enttäuscht wieder ab. Der Vater aber war hocherfreut über das frisch umgegrabene Feld und konnte mit der Aussaat beginnen.

Wie gehen Sie mit Rückschlägen um?

Bei Resilienz, der psychischen Widerstandsfähigkeit, geht es darum, wie wir mit Rückschlägen und Niederlagen umgehen. Es gibt hierfür nicht *die eine* richtige Art und Weise. Es ist aber hilfreich, sich das eigene Verhalten im Fall eines Rückschlags einmal näher anzusehen. Beantworten Sie die folgenden Fragen möglichst spontan, ohne lange nachzudenken, was die „richtige" Antwort sein könnte.

1. Sie machen sich rechtzeitig auf den Weg zu einem wichtigen Termin, aber dann hat Ihr Zug Verspätung. Sie werden voraussichtlich eine halbe Stunde zu spät kommen. Was tun Sie?
2. Durch die Erkrankung einer Kollegin müssen Sie ein wichtiges Projekt nun allein durchführen. Wie gehen Sie damit um?
3. Ihnen wird mitgeteilt, dass Ihr Arbeitsvertrag nicht verlängert wird (bzw. Sie erhalten die Kündigung oder eine Absage auf eine Bewerbung). Was machen Sie an diesem Tag? Und was machen Sie eine Woche später?
4. Sie haben in Ihrer Wohnung einen Wasserschaden. Was tun Sie?
5. Sie haben sich mit einer guten Freundin oder einem guten Freund für einen Wochenendtrip verabredet. Dann stellt sich heraus, dass an diesem Wochenende eine große Familienfeier stattfindet. Was machen Sie?

Wie gesagt: Es gibt keine richtigen oder falschen Antworten auf diese Fragen. Es gibt auch nicht so etwas wie eine richtige Reaktion, die auf jede Situation oder in jedem Moment passt. Was wir aber wissen, ist, dass Menschen oft eine bevorzugte Reaktionsweise haben und auf diese fast automatisch zurückgreifen. Manche Menschen stecken den Kopf in den Sand, andere arbeiten besonders viel, um das Problem zu lösen. Wieder andere bitten jemanden um Hilfe oder suchen Ablenkung. Alle diese Reaktionen können sinnvoll sein, *solange man sich dabei noch genug Flexibilität bewahrt.* In diesem Kapitel geht es um Resilienz und darum, wie Sie sie stärken können. Mit den hier vorgestellten Übungen können Sie herausfinden, wie Sie auf herausfordernde Situationen reagieren und welche Möglichkeiten Sie noch haben, mit Rückschlägen und Krisen umzugehen.

Was ist Resilienz?

Der Begriff Resilienz ist inzwischen allgegenwärtig. Häufig wird der Anschein erweckt, dass Menschen, die diese Eigenschaft besitzen, für alle Probleme gewappnet sind: Hauptsache resilient, und man kriegt schon alles hin. Darin steckt sicher ein Kern von Wahrheit, denn aus Studien geht hervor, dass sich anhand der vorhandenen Resilienz sehr gut vorhersagen lässt, wie gefährdet eine Person in Bezug auf beispielsweise Burnout oder andere psychische Erkrankungen ist (vgl. Portzky, 2015). Andersherum wird gern behauptet: Wer zu viel unter Krisen leidet, sei eben nicht resilient genug, also selbst schuld. Eine solche Aussage ist allerdings nicht berechtigt. Zum einen können Rückschläge nun einmal sehr belastend sein, unabhängig davon, ob die betreffende Person ausreichend resilient ist oder nicht. Zum anderen ist Resilienz nicht etwas, das man entweder hat oder nicht hat, und sie ist auch keine Eigenschaft, die man „eben mal" bei sich aufbauen kann. Resilient zu sein ist keine Entscheidungsfrage. Die gute Nachricht ist aber, dass man daran arbeiten kann, seine eigene Resilienz zu stärken. Das ist noch keine Garantie dafür, künftig ohne Krisen leben zu können, aber es erhöht die Wahrscheinlichkeit, Krisen erfolgreich zu überstehen.

Das bekannte Zitat „Was mich nicht umbringt, macht mich stärker" von Friedrich Nietzsche (1889) ist in diesem Zusammenhang recht populär geworden und hat sogar Eingang in die Popkultur gefunden.[4] Auch wenn diese Aussage vielleicht etwas stark vereinfacht ist, steckt in dieser doch durchaus alltagstauglichen Beschreibung von Resilienz ein Kern von Wahrheit. Resilienz ist im alltäglichen Sprachgebrauch angekommen und wird dort recht breit aufgefasst. Wir verbinden damit im Allgemeinen Dinge wie die Art und Weise, wie wir mit Rückschlägen und Widerständen umgehen, Akzeptanz der Umstände, Flexibilität, Vertrauen und die Vorstellung, gestärkt aus Krisen hervorzugehen.

Auch Forschende verwenden nicht *eine* allgemeingültige Definition dieses Begriffs. Sie sind sich aber einig, dass Resilienz vor allem in Stresssituationen eine Rolle spielt. Stress kann durch eine belastende Situation wie etwa eine Kündigung oder eine Krankheit ausgelöst werden, aber auch bereits durch die Angst vor einer solchen Situation. Sogar positive Veränderungen können Stress mit sich bringen, z.B. eine Beförderung auf eine Stelle, die mit mehr Verantwortung einhergeht, oder Eltern zu werden. Resilienz hat also etwas damit zu tun, wie wir mit Stress umgehen. Das Ausmaß an Resilienz bestimmt, *wie viel Einfluss* ein belastendes Ereignis auf uns hat. Resilienz ist auch ein Gradmesser dafür, inwieweit wir uns an veränderte Umstände *anpassen* und uns nach einem belastenden stressauslösenden Ereignis *wieder aufrichten* können.

Resilienz ist zudem ein Gradmesser dafür, inwieweit wir an einem belastenden Ereignis wachsen und daraus lernen können. Im Englischen wird das mit dem Ausdruck *to bounce back and beyond* umschrieben: zurückfedern und sich noch darüber hinaus bewegen. Damit sind wir wieder bei Nietzsches „Was mich nicht umbringt, macht mich stärker".

Rückschläge gehören zum Leben. Wir können zwar versuchen, alle möglichen Probleme und Katastrophen zu verhindern, aber das wird nie zu 100 % gelingen. Es kommt auf eine gesunde Balance an zwischen Kontrolle, ohne ins Zwanghafte abzugleiten, auf der einen Seite und der Ruhe, den Dingen ihren Lauf zu lassen, ohne in Naivität oder Leichtsinn zu verfallen, auf der anderen Seite. Resilienz ist eine nützliche Eigenschaft, die Ihnen dabei helfen kann, nicht zu viel kontrollieren zu müssen und dennoch vorbereitet zu sein. Zusammenfassend kann man

4 Die US-amerikanische Sängerin Kelly Clarkson hat die Zeile in ihrem Song *Stronger (What doesn't kill you)* verwendet.

sagen: *Resilienz ist die Fähigkeit, sich nach Rückschlägen und Stress wieder zu erholen und an diesen Erlebnissen zu wachsen.*

Stress

Wenn es um das Thema Stress geht, ist es hilfreich, darüber Bescheid zu wissen, wie unser Stresssystem funktioniert. Stress ist so etwas wie ein lautes „Achtung!“: Der Körper befindet sich im Alarmzustand. Wenn Gefahr droht, steigt unser Stresspegel, es werden verschiedene Hormone wie z. B. Adrenalin ausgeschüttet. Der Körper bereitet sich darauf vor, zu kämpfen oder zu fliehen – *fight or flight*: Die Herzfrequenz steigt, die Muskulatur spannt sich an, die Verdauung verlangsamt sich, die Atmung wird schneller. Das ist evolutionär gesehen sehr sinnvoll, wenn wir einem Raubtier oder einem Angreifer gegenüberstehen. Dieser kurzzeitige Stress ist unproblematisch.

Es gibt aber zwei wichtige Gründe, weshalb dieses Stresssystem in unserer modernen Zeit nicht mehr gut funktioniert. Der erste ist die Dauer der Stressreaktion. Das System ist so konstruiert, dass es nur für eine relativ kurze Zeitspanne „auf Rot“ ist. Ob Kampf oder Flucht, in beiden Fällen ist die Situation und somit der Stress schnell vorbei. Der Stress, den wir heutzutage erleben, ist hingegen oft chronisch. Wir können tage-, wochen- oder sogar monatelang unter belastenden Situationen leiden, und die ganze Zeit über bleibt unser Körper im Überlebensmodus. Das führt zu negativer Stimmung, Schlafschwierigkeiten und anderen negativen Folgen. Deshalb ist es so wichtig, sich regelmäßig zu entspannen. Das Alarmsystem wird dann „ausgeschaltet“ und gibt dem Körper Zeit, sich zu erholen.

Der zweite Grund sind die zahlreichen Reize, denen wir täglich ausgesetzt sind und die den Alarmzustand immer wieder neu aktivieren oder auf „aktiviert“ lassen. Das Klingeln des Telefons kann für uns Stress bedeuten, weil wir eine wichtige Nachricht erwarten. Bei der Arbeit kann das Stresssystem den ganzen Tag über durch Fragen, Kritik, E-Mails und unsere eigenen Gedanken „aktiviert“ bleiben. Auch privat können wir uns leicht in einen Stresszustand versetzen: Habe ich den Herd wirklich ausgeschaltet? Was, wenn ich keinen Job mehr finde? Ist mit meinem kleinen Sohn wirklich alles in Ordnung? Liebt meine Partnerin mich noch?

Unser Alarmknopf wird permanent gedrückt, wodurch wir in einen Zustand geraten, als ob wir jeden Moment für eine Kampf- oder Fluchtreaktion bereit sein müssten. Dann gibt es nur noch wenige Momente, in denen sich unser Körper wirklich erholen kann. Aber dieser ist nicht für einen ständigen Alarmmodus gemacht und gerät dadurch langsam, aber sicher in einen Erschöpfungszustand.

Stress und Krisen können wir nicht aus unserem Leben verbannen. Selbst wenn es uns gelänge, uns konsequent von Anspannung und Hektik freizumachen, würden wir doch ab und zu Stress erleben. Das ist natürlich nicht angenehm, gehört aber zum Leben dazu. Wir treffen Vorsichtsmaßnahmen, schließen unsere Haustür ab, bringen unser Auto (verpflichtet) zum TÜV, lassen den Kamin reinigen, gehen regelmäßig zum Zahnarzt, aber eine 100%ige Kontrolle und Sicherheit werden wir nie haben können. Und außerdem: Wenn man damit rechnet, dass man durch alle Sicherheitsmaßnahmen, die man ergreift, nie in Schwierigkeiten geraten wird, kann auch das Stress erzeugen. Dann setzt bei jedem noch so kleinen Quietschen, Knarren, jedem Kratzer oder Wehwehchen das große Grübeln ein. Das hält den Stress erst recht aufrecht.

Mit Stress umgehen

Jeder Mensch leidet von Zeit zu Zeit unter Stress. Damit wir diese Situationen gut bewältigen können, müssen wir uns zwischendurch erholen. Mithilfe der folgenden Übung können Sie Ihr persönliches „Rezept“ zur Erholung von Stress erstellen.

1. Zeichnen Sie auf einer neuen Seite in Ihrem Notizbuch drei leere Spalten ein.
2. In die erste Spalte tragen Sie möglichst viele Ihrer *Energieräuber* ein. Was kostet sie viel Energie? Was bereitet Ihnen Stress, Kopfzerbrechen, unangenehme Spannungsgefühle? Versuchen Sie, die Energieräuber möglichst genau zu benennen. Eine Teambesprechung mit den direkten Kolleginnen und Kollegen ist vielleicht unproblematisch, aber eine Besprechung mit der zähen Projektgruppe ein wahrer Energieräuber. Andere Beispiele sind unterschwellige Konflikte, Unzufriedenheit am Arbeitsplatz, Beziehungsprobleme, Krankheit etc.
3. Tragen Sie in die zweite Spalte die Aktivitäten ein, die Ihnen helfen, sich *zu erholen*. Das sind Aktivitäten, die Sie ablenken und Ihre

Energie auf ein neutrales Niveau bringen. Oft sind sie nur in einem begrenzten Maß wirksam und sorgen nicht für Erholung, wenn sie länger durchgeführt werden. Ein Beispiel ist eine Serie auf Netflix anzuschauen. Eine einzelne Episode nach einem stressigen Tag sorgt durchaus dafür, dass wir runterkommen und uns erholen. Wenn wir uns aber drei oder mehr Episoden hintereinander ansehen, sind wir deshalb nicht drei- oder viermal so erholt. Typische Aktivitäten zum Runterkommen können sein: Fernsehen, Gamen, ein unterhaltsames Buch lesen etc.

4. Tragen Sie nun in die dritte Spalte die Aktivitäten ein, die Ihnen *Energie verleihen*. Es kann sein, dass es etwas Mühe erfordert, diese Aktivitäten durchzuführen, aber alles in allem ist das Resultat positiv. Die Aktivitäten aus Spalte zwei sorgen für ein neutrales Energielevel, die Energiespender aus Spalte drei sorgen dafür, dass Ihr Energielevel steigt. Was verleiht Ihnen positive Gefühle? Wodurch erleben Sie Inspiration? Wobei können Sie richtig abschalten? Typische Energiespender sind Bewegung im Allgemeinen, Sport oder Musik machen, positive soziale Kontakte, Nützliches tun, Lachen etc.

Gute Selbstfürsorge bedeutet, dass sich Ihre Energieräuber und Energiespender im Gleichgewicht befinden. Wenn Sie spüren, dass das einmal nicht der Fall ist, können Sie Ihre Liste wieder zur Hand nehmen: Gibt es Energieräuber, die Sie von der Liste streichen können? Vielleicht indem Sie eine Sache schnell zu Ende bringen oder etwas vorläufig so lassen, wie es ist. Für welche Energiespender könnten Sie sich mehr Zeit nehmen? Können Sie die jeweilige Aktivität allein durchführen oder brauchen Sie dafür andere Menschen? Wenn Sie wenig Zeit haben, kann es zielführend sein, diejenigen Aktivitäten aus Spalte 2 zu reduzieren, die lediglich der Erholung dienen.

Resilienz stärken

Die psychische Widerstandsfähigkeit lässt sich jederzeit stärken. Warten Sie damit nicht, bis Sie mit einem Rückschlag konfrontiert werden. Ob Sie sich nun vor, mitten in oder nach einer Stressphase befinden: Sie können immer etwas für Ihre Psyche (und Ihren Körper!) tun. Beginnen wir damit, was Sie schon heute unternehmen können, um in Zukunft resilienter zu sein.

Resilienz präventiv stärken

In der Psychologie wurde bereits viel dazu geforscht, was uns Menschen psychisch widerstandsfähig macht. Was trägt dazu bei, dass wir Probleme besser in den Griff bekommen? Was sorgt dafür, dass wir mit Rückschlägen besser zurechtkommen, einschließlich der negativen Emotionen, die dazugehören? Und was ist der Grund dafür, dass sich der eine Mensch dafür entscheidet, sich einer Herausforderung zu stellen, und ein anderer sich dafür entscheidet, in erster Linie auf sich achtzugeben? Es hat sich gezeigt, dass die folgenden vier Faktoren mit größerer Resilienz zusammenhängen.

Zunächst hat sich die alte Weisheit „ein gesunder Geist in einem gesunden Körper“[5] bestätigt. Eine gute körperliche Verfassung ist eine gute Voraussetzung dafür, besser mit physischen und psychischen Herausforderungen zurechtzukommen. Wenn wir körperlich fit sind, verleiht dies unserem Körper mehr Widerstandskraft und sorgt dafür, dass wir weniger oft krank werden, auch dann, wenn wir länger andauernden Stress erleben. Außerdem verfügen wir damit über ausreichend Energie, um Herausforderungen aktiv angehen zu können.

Neben der körperlichen Gesundheit ist auch die Qualität unserer sozialen Kontakte von Bedeutung. Die Partnerin oder der Partner, ein Familienmitglied, eine gute Freundin oder ein Kollege können uns emotionalen Rückhalt bieten. Solche Personen können uns auch in ganz praktischen Dingen zur Seite stehen, z. B. indem sie auf die Kinder aufpassen oder für uns einkaufen gehen, wenn wir krank sind. Menschen aus dem eigenen sozialen Netzwerk um Hilfe zu bitten, kann sinnvoll sein, um berufliche oder andere Herausforderungen besser bewältigen zu können.

Wir werden auch resilienter, wenn wir unsere persönlichen Kompetenzen ausbauen. Ausbildung, Erfahrung, Intelligenz, bestimmte Fähigkeiten und Wissen sorgen gemeinsam dafür, dass wir im Umgang mit Herausforderungen bessere Karten haben. Einen finanziellen Engpass entdecken und beheben, die Steuererklärung machen, einen Feuerschaden mit der Versicherung regeln, das sind alles Dinge, die man leichter hinbekommt, wenn man sich mit Finanzen und Zahlen auskennt. Wenn man schon zwei

5 Der ursprünglich lateinische Ausdruck „Mens sana in corpore sano“ stammt vom römischen Dichter Juvenal.

Kinder großgezogen hat, ist man während der Trotzphase von Kind Nummer drei bereits entspannter. Erfahrung und Wissen tragen auch dazu bei, dass man schneller den Zeitpunkt erkennt, an dem man eine Sache besser aufgeben sollte. Beim ersten Auftrag als Projektleiter zieht man die Sache noch durch, beim zehnten Mal wird man eher dazu geneigt sein, die Reißleine zu ziehen, wenn ein Projekt nicht mehr zu retten ist.

Zu guter Letzt tragen viele unserer positiven Charaktereigenschaften zu unserer Resilienz bei. Die Eigenschaften, die gemeinsam das psychologische Kapital bilden, sind dafür ein schönes Beispiel. Optimismus kann uns helfen, bei der Suche nach einem neuen Job motiviert zu bleiben. Hoffnung hilft, zielgerichtet vorzugehen, um nach einer Scheidung eine neue Wohnung zu finden. Selbstvertrauen sorgt dafür, dass wir von einer Krise nicht überwältigt werden, sondern Möglichkeiten erkennen, wie wir sie durchstehen können. Auch unsere persönlichen Stärken[6] können zu mehr Resilienz beitragen. Mit Ihren Stärken können Sie auf eine Art, die zu Ihnen passt und die Ihnen Energie verleiht, Ihre Probleme lösen. Wenn Sie z.B. über gute soziale Fähigkeiten verfügen, können Sie sich Unterstützung durch andere organisieren. Falls Sie kreativ sind, können Sie über die Möglichkeiten brainstormen. Eine meiner Stärken ist, dass ich nicht nachtragend bin. Wenn ich eine Gruppensitzung anleite, die nicht wie geplant verläuft, kann mich das zunächst sehr aufwühlen. Aber anstatt in diesem negativen emotionalen Zustand zu verharren, verzeihe ich mir die Fehler, die ich gemacht habe. Und ich nutze meine Energie, um es beim nächsten Mal besser zu machen. Ich belaste mich nicht mit Selbstvorwürfen und Grübeleien.

Wie können wir diese vier Bereiche entwickeln? Manche der genannten Aspekte können Sie selbst relativ gut beeinflussen, während Sie auf andere weniger Einfluss haben. Sie können sich auf jeden Fall die Aspekte, die bei Ihnen schon gut funktionieren (Ihre „Pluspunkte“), bewusster machen, damit Sie sie zielgerichteter nutzen können. Mit der folgenden Übung können Sie Ihre Pluspunkte identifizieren und Ideen entwickeln, wie Sie sie und die dazugehörigen Bereiche weiter ausbauen können.

6 Um mehr über Ihre persönlichen (Charakter-)Stärken zu erfahren, können Sie auf der Website des VIA Institute on Character (https://viacharacter.org/) den kostenfreien *VIA Character Strengths Survey* durchführen (auch in deutscher Sprache verfügbar). Siehe hierzu auch „Weiterführende Literatur und Informationen“ am Ende dieses Buches.

Meine Pluspunkte: Was läuft bereits gut? Was kann ich ausbauen?

Um Ihre Widerstandsfähigkeit zu stärken, ist es hilfreich, sich zunächst bewusst zu machen, was bereits gut funktioniert und worauf Sie bereits zurückgreifen können. Diese Pluspunkte bzw. die dazugehörigen Bereiche können Sie dann noch weiter ausbauen. Beantworten Sie für jeden der vier Bereiche in der oberen Zeile die Fragen in der linken Spalte.

	Gesundheit und Fitness	Ausbildung, Wissen und Kompetenzen	Beziehungen und soziale Unterstützung	Psychologisches Kapital
Was läuft bei Ihnen jetzt schon gut?				
Welcher Aspekt auf diesem Gebiet ist besonders positiv?				
Was würden Sie gern auf diesem Gebiet verbessern?				
Was könnten Sie dafür tun? Was brauchen Sie dafür?				
Was wird Ihr erster Schritt sein?				

Resilienz während einer Krise stärken

Wenn Sie sich psychisch ausgeglichen fühlen, sind Sie für herausfordernde Situationen bereits gut gewappnet. Aber auch *während* einer Krise können wir einiges tun, um unsere Resilienz zu beeinflussen, sowohl in positiver als auch in negativer Hinsicht. Ein Rückschlag macht uns oft deutlich bewusst, was alles nicht funktioniert. Dadurch verlieren wir häufig aus den Augen, worum es uns eigentlich geht: Meistens wollen wir etwas Bestimmtes erreichen oder wir haben eine bestimmte Erwartung, wie etwas *sein sollte*. Durch den Rückschlag müssen wir unsere Erwartung eventuell dahingehend anpassen, dass sie die aktuellen Umstände mitberücksichtigt.

Ein Beispiel: Ihr Arbeitsvertrag wird nicht verlängert. Für Sie ist das ein herber Rückschlag, der Ihrem Wunsch oder Ihrer Erwartung, an diesem Arbeitsplatz bleiben zu können, eine Absage erteilt. Sie können nun in Ihrem Schmerz über die enttäuschte Erwartung verharren; Sie können aber auch überlegen, wie ein neuer Wunsch oder eine neue Erwartung aussehen könnte. Vielleicht ist es für Sie ja wichtig, sich weiterzuentwickeln, Einkommenssicherheit zu haben, das Gefühl zu haben, etwas Sinnvolles zu tun, oder eine Kombination aus diesen Wünschen. Wenn Sie für sich selbst deutlich erkennen können, was Sie genau wollen, steigt die Wahrscheinlichkeit, dass dies gelingt. Die folgende Übung ist hilfreich, wenn Sie mit einem Problem oder einer Krise konfrontiert werden.

Auf Rückschläge reagieren

Mithilfe dieser Übung können Sie Ihre Widerstandsfähigkeit gegenüber Rückfällen und Krisen entwickeln.

1. Worum handelt es sich bei dem Rückschlag genau? Was ist der Kern des Ereignisses, welche Emotionen, welche Gedanken ruft die Situation wach? Inwieweit haben Sie noch Einflussmöglichkeiten darauf, wie sich die Krise manifestiert oder wie Sie damit umgehen? Und inwieweit haben Sie keinen Einfluss?
2. Überlegen Sie, welches Ergebnis oder welchen Zustand Sie erreichen möchten. Was ist das Ziel? Versuchen Sie, ein positives, realistisches und lebendiges Bild davon zu skizzieren. Wie werden die Dinge aussehen, wenn das Problem nicht mehr existieren wird? Wie wird das für Sie und für andere Beteiligte sein? Welche Schritte

in diese Richtung haben Sie bereits unternommen? Was ist besser geworden? Oder vielleicht geht es eher um psychologische Aspekte und um die Frage: Wie werden Sie diesen Rückschlag betrachten, wenn er Sie nicht mehr belasten wird?
Ein Beispiel: Sie haben eine negative Rückmeldung zu Ihrer Arbeit bekommen. Sie formulieren für sich den Wunsch, dass Sie und Ihre Führungskraft sich darüber einig sind, an welchen Aufgaben Sie arbeiten können. Zudem wünschen Sie sich, dass man Sie im Unternehmen bei der Bewältigung der Aufgaben unterstützt. Es ist hingegen nicht realistisch, zu erwarten, dass Ihre Führungskraft die Kritik zurücknehmen wird. Vergegenwärtigen Sie sich auch, *warum* Sie sich dieses Ergebnis wünschen. Was motiviert Sie dazu, diesem Rückschlag aktiv zu begegnen?

3. Was hilft Ihnen schon jetzt dabei, sich in die richtige Richtung zu bewegen? Versuchen Sie, sich auf Ihre Widerstandsfähigkeit zu besinnen und diese zu nutzen. Wann haben Sie in der Vergangenheit schon einmal erfolgreich auf einen Rückschlag reagiert? Welche Stärken könnten Ihnen hier zugutekommen, um mit der aktuellen Situation (oder einzelnen Aspekten davon) zurechtzukommen? Wer sind Ihre Vorbilder? Was können Sie von ihnen lernen? Wie könnten sie Ihnen helfen?
4. Was wird Ihr erster Schritt sein? Machen Sie ein Brainstorming über die Möglichkeiten, wie ein erster Schritt aussehen könnte. Überlegen Sie sich konkrete Handlungen, die realisierbar und zielführend sind. Wenn Ihnen ein Schritt zu groß erscheint, unterteilen Sie ihn in mehrere kleine Schritte. Suchen Sie nach Handlungen, bei denen Sie Einflussmöglichkeiten haben. Es muss nicht sofort *der* ultimative erste Schritt dabei herauskommen: Lassen Sie sich zuerst einmal allerlei Möglichkeiten durch den Kopf gehen.

Diese Übung verdeutlicht, dass wir resilienter werden können, wenn wir uns bewusst machen, was uns im Leben wirklich wichtig ist. Das ist so ähnlich wie bei der Willenskraft, die ein Bestandteil der Hoffnung ist (vgl. Kapitel 3). Wenn uns etwas wirklich wichtig ist, engagieren wir uns dafür wahrscheinlich stärker, und zwar auch bei Gegenwind. Stellen Sie sich vor, Sie haben mit dem Joggen angefangen. Es macht Ihnen Spaß und es ist gesund. Sie trainieren also zuverlässig zwei- oder dreimal die Woche. Eines Tages herrscht draußen Hundewetter (ein Rückschlag). Gehen Sie raus oder nicht? Wenn Sie nur deshalb zum Joggen gehen, weil Sie es sich selbst „verordnet“ haben, kann es also sein, dass Sie Ihr Training bei widrigen Umständen ausfallen lassen. Wenn aber die Aktivität besonderen Wert für Sie hat, weil ein wertvolles, inspirierendes Ziel damit verknüpft ist, dann ist die Wahrscheinlichkeit größer, dass Sie nicht einknicken: Vielleicht haben Sie sich gemeinsam mit Freunden für einen Stadtlauf angemeldet, oder Sie möchten an einem Charity-Lauf teilnehmen, bei dem Geld für die Erforschung einer seltenen Krankheit gesammelt wird.

Wenn man klar vor Augen hat, was man möchte, ist es einfacher, sich mit der Frage zu befassen, *wie* man dies erreichen kann. In diesem Kapitel habe ich bereits erwähnt, dass es verschiedene Möglichkeiten gibt, mit Rückschlägen und Krisen umzugehen. In der Psychologie wird das als *Coping* bezeichnet. Eine „richtige“, immer und unter allen Umständen funktionierende Lösung gibt es dabei nicht. Meistens wendet man eine Kombination aus verschiedenen Möglichkeiten an. Es ist hilfreich zu wissen, welchen Copingstil man üblicherweise nutzt, um mit schwierigen Situationen umzugehen. Das erleichtert es, sich Gedanken darüber zu machen, welche Copingstrategie in welchem Fall vorteilhaft sein kann, und sich darin zu üben, diese anzuwenden. Das kann Ihnen dabei helfen, auf die Ihnen bestmögliche Weise mit neuen Rückschlägen, Herausforderungen oder Krisen umzugehen.

Im Folgenden stelle ich sieben verschiedene Arten, mit Rückschlägen umzugehen, vor (basierend auf Schreurs et al., 1993). Für jeden Copingstil führe ich typische Reaktionen anhand des oben genannten Beispiels, dass Ihr Arbeitsvertrag nicht verlängert wird, an.

1. *Aktiv werden* meint eine aktive, rationale Herangehensweise. Sie untersuchen, was genau das Problem ist, und packen es an. Sie gehen zielgerichtet vor, um das Problem aus der Welt zu schaffen. Wenn Ihr Arbeitsvertrag nicht verlängert wird, können Sie beispielsweise direkt auf die Suche nach Stellenangeboten gehen und Bewerbungen schreiben.
2. *Soziale Unterstützung suchen* ist eine andere, ebenfalls aktive Herangehensweise. Sie suchen aktiv Unterstützung durch andere Menschen. Dabei kann es sich um Hilfe ganz praktischer Art handeln, aber auch um emotionale Unterstützung, etwa in Form von Trost. Wenn Ihr Arbeitsvertrag nicht verlängert wird, können Sie z. B. eine gute Freundin anrufen und fragen, ob sie Ihnen beim Verfassen einer aussagekräftigen Bewerbung helfen kann.

3. *Vermeidung* ist eine passive Reaktion. Sie gehen dem Problem aus dem Weg. Sie warten ab, bis es sich von selbst erledigt oder man nicht mehr ausweichen kann. Das klingt nicht erfolgversprechend (und oft ist es das auch nicht), aber dieser Ansatz hat durchaus auch Vorteile. Wenn noch keine Lösung für das Problem in Sicht ist, kann man sich eine Menge Umstände ersparen, indem man sich einfach nicht damit beschäftigt. Wenn die Gefahr droht, dass Sie Ihren Arbeitsplatz verlieren, können Sie es einfach dabei belassen. Sie suchen weder umgehend nach einer neuen Stelle noch sprechen Sie mit Ihrer Führungskraft und fragen, warum Ihr Vertrag nicht verlängert wird. Kommt Zeit, kommt Rat.
4. Die sogenannte *schmerzlindernde Reaktion* ist eine deutlich passive Herangehensweise, bei der es darum geht, sich abzulenken. Wie bei der Vermeidung beschäftigt man sich nicht mit dem Problem. Stattdessen sucht man Ablenkung, damit man nicht an das Problem denken muss. Auch Rauchen und Trinken gehören dazu. Wenn Ihr Arbeitsvertrag nicht verlängert wird, könnten Sie in Urlaub fahren und sich auf diese Weise ablenken.
5. Das *passive oder depressive Verhaltensmuster* beinhaltet, dass man über das Problem nachgrübelt. Man denkt viel über die Situation nach, wird davon in Beschlag genommen und zieht sich zurück. Das ist eine logische Reaktion, wenn es um große Probleme geht, aber sie ist nicht immer effektiv. Ein bisschen Nachdenken oder sogar Grübeln kann helfen, das Problem besser zu verstehen, aber das Risiko besteht darin, dass man in Grübeleien versinkt. Wenn die Gefahr droht, dass Sie Ihren Arbeitsplatz verlieren, können Sie z. B. darüber ins Grübeln verfallen, was Sie jetzt am besten tun könnten oder warum es so gelaufen ist.
6. *Emotionen zeigen* ist eine Reaktion, bei der Sie vor allem nach außen hin zeigen, was Sie fühlen. Sie können z. B. anderen Ihre Wut und Ihren Ärger zeigen. Sie reagieren emotional und lassen andere das wissen. Diese Strategie lässt sich gut mit der Strategie *Soziale Unterstützung suchen* kombinieren, indem Sie Ihre Gefühle Ihnen nahestehenden Personen gegenüber kundtun. Wenn Ihr Arbeitsvertrag nicht verlängert wird, könnten Sie Ihre Wut und Ihre Trauer durch Weinen zum Ausdruck bringen, z. B. in Anwesenheit Ihrer Führungskraft – sofern Sie ein sehr gutes Verhältnis zueinander haben – oder Ihrer Partnerin bzw. Ihres Partners. Möglicherweise fühlen Sie sich hinterher erleichtert. Aber auch hier besteht die Gefahr, zu lange in diesem Verhaltensmuster zu verharren. Es kann auch sein, dass die Reaktion der oder des Vorgesetzten nicht unbedingt verständnisvoll ausfällt.

7. *Beruhigende, tröstende Gedanken* können helfen, wieder zur Ruhe zu kommen. Man sagt sich selbst, dass alles nicht so dramatisch ist und dass alles gut wird. Man lässt das Problem Problem sein und redet sich selbst aus dem Loch, in dem man sitzt, heraus. Man kann es dabei aber auch übertreiben, was bedeuten würde, das Problem nicht ernst zu nehmen. Wenn diese Strategie jedoch gut funktioniert, akzeptiert man das Problem vielleicht sogar besser und leidet infolgedessen nicht mehr so sehr darunter. Wenn Ihr Arbeitsvertrag nicht verlängert wird, können Sie sich beispielweise sagen, dass Sie ganz gewiss einen neuen Arbeitsplatz finden werden und dass es nicht an Ihnen lag.

Wahrscheinlich bevorzugen Sie bestimmte Copingstrategien. Das ist in Ordnung! Seien Sie sich dessen aber bewusst und seien Sie offen dafür, flexibel zwischen den Reaktionsstilen wechseln zu können. Achten Sie auch darauf, ob Sie bei einer Strategie übers Ziel hinausschießen. Emotionen kundtun ist in Ordnung, aber eine wochenlange emotionale Achterbahnfahrt kostet doch eine Menge Energie. Außerdem haben Sie noch die Möglichkeit, Ihr Repertoire zu erweitern. Mit der folgenden Übung können Sie Ihre eigenen Copingstile besser kennenlernen und neue Strategien einüben.

Die eigenen Copingstile kennenlernen und weiterentwickeln

Oben haben Sie sieben Formen des Copings, also des Umgangs mit schwierigen Situationen, kennengelernt. In dieser Übung geht es um Ihre persönlichen Copingstrategien.

1. Zu welchem der vorgestellten Copingstile neigen Sie am ehesten? Fragen Sie auch Menschen aus Ihrem Umfeld, welche Form des Copings sie bei Ihnen am häufigsten beobachten. Vielleicht können Sie darüber hinaus der Frage nachgehen, wann Sie welche Strategie bevorzugt einsetzen.
2. Schreiben Sie zu jeder Copingstrategie, die Sie ausgewählt haben, ein Beispiel auf, das zeigt, wie Sie diese Strategie schon einmal *effektiv* eingesetzt haben. Wann war es sehr hilfreich oder angenehm, dass Sie auf diese Art und Weise mit dem Problem umgegangen sind? Schreiben Sie auch eine Situation auf, in der Sie mit dieser Copingstrategie übers Ziel hinausgeschossen sind. Was genau war hier anders? Was ist die Voraussetzung dafür, dass Sie diese Copingstrategie gut dosiert einsetzen können?

Gehen Sie die sieben Copingstile noch einmal durch. Gibt es Strategien, die Sie vielleicht häufiger einsetzen könnten, als es bislang der Fall war? Wählen Sie zunächst eine davon aus und beantworten Sie die folgenden Fragen:

3. Gibt es Situationen, in denen es schon einmal funktioniert hat, auf diese Art und Weise mit einem Problem umzugehen? Wie ist Ihnen das gelungen? Warum hat sich das gelohnt?
4. Gibt es Personen, die es Ihrer Meinung nach sehr gut verstehen, auf diese Art und Weise mit Problemen umzugehen? Was denken Sie, wie ihnen das gelingt? Was können Sie von ihnen lernen? Fragen Sie diese Personen konkret, wie sie das machen. Vielleicht können sie Ihnen nützliche Tipps geben? Sie können die Frage auch etwas anders stellen: Welche Menschen bewundern Sie wegen ihrer Art und Weise, mit Rückschlägen umzugehen? Wie machen sie das? Was können Sie von ihnen lernen?

Diese Übung lädt Sie dazu ein, Ihr Repertoire an Copingstrategien zu erweitern. Falls Sie sich gerade mitten in einer Krise befinden oder mit einem Rückschlag zu tun haben, kann es schwierig sein, etwas Neues auszuprobieren. Verlangen Sie nicht von sich selbst, dass es Ihnen sofort gelingen muss. Betrachten Sie es als Möglichkeit, sich weiterzuentwickeln.

Resilienz nach einer Krise stärken

Wenn die Krise überstanden ist (weil das Problem gelöst werden konnte, sich von selbst in Luft auflöste oder akzeptiert wurde), sollten Sie das Thema Resilienz noch nicht für sich abhaken. Jetzt ist ein guter Zeitpunkt, um Ihre allgemeine Widerstandsfähigkeit zu stärken. Wie bei allen Eigenschaften, die das psychologische Kapital ausmachen, ist auch bei der Resilienz eine persönliche positive Weiterentwicklung möglich. Es geht dabei nicht um ganz konkrete Probleme – diese lassen sich am besten lösen, indem man dafür erforderliche Maßnahmen ergreift. Bei der Stärkung der Resilienz geht es darum, ganz allgemein besser mit Problemen umgehen zu können.

Mit Problemen konfrontiert zu werden, ist nicht angenehm. Solche Situationen geben Ihnen aber die Möglichkeit, etwas zu lernen und so Ihre psychische Widerstandsfähigkeit zu stärken. Stellen Sie sich einmal ein gänzlich risikofreies Leben vor, in dem Sie in einer geschützten Blase aufgewachsen sind. Ihre Eltern haben Sie von allen Schwierigkeiten ferngehalten; sie haben Sie z.B. immer gewinnen lassen, damit Sie nie enttäuscht sein mussten, es ist immer alles gut gegangen und es gab keine Probleme. Wenn man dann von zu Hause auszieht und zum ersten Mal selbstständig seinen Alltag regeln muss, ist man es nicht gewohnt, wenn man plötzlich mit einer Hürde konfrontiert wird: „Hilfe, eine Rechnung, was soll ich tun?" Es ist tatsächlich sehr gesund, gelegentlich zu scheitern und Rückschläge zu erleben, damit man lernt, damit umzugehen. Das ist ein anderer Blick auf Rückschläge als der, den wir meistens haben: Oft betrachten wir Rückschläge und Widerstände als unerwünschte Ereignisse, und wenn wir etwas Positives darüber sagen, dann höchstens, dass die Sache noch einmal glimpflich ausgegangen ist.

> Nehmen wir einmal folgende Situation: Die Beziehung eines guten Freundes ist in die Brüche gegangen. Das ist natürlich ein herber Rückschlag für den Freund. Oft hoffen wir dann in solchen Situationen, „dass es nicht so schlimm sein wird". Wenn das Paar keine Kinder hat, keine gemeinsame Immobilie besitzt und die beiden ohne schlimmen Streit auseinander gegangen sind, ist das zunächst „nicht weiter schlimm".
>
> Was wir manchmal vergessen, ist, dass wir durch Rückschläge lernen. Das macht das Erleben an sich natürlich nicht schön oder nützlich, aber die Erkenntnis, dass wir daraus lernen, hilft uns, das Beste daraus zu machen. Der gute Freund erkennt auf einmal, was ihm in einer Beziehung wirklich wichtig ist. Oder er wird sich seiner weniger angenehmen Eigenschaften bewusst, was bedeutet, dass er in seiner nächsten Beziehung manches besser machen kann.
>
> Persönlich habe ich durch meine gescheiterten Beziehungen gelernt, dass ich mich auch abgrenzen darf. Es ist besser für mich, für meine Frau und meine Freunde, wenn ich auch noch ein eigenes Leben habe. Im Nachhinein klingt das logisch. Wie ist das bei Ihnen? Was haben Sie durch Ihre ersten Beziehungen gelernt?

Dieses Beispiel macht deutlich: Es gibt mehr zu einer Krise zu sagen als nur das zu benennen, was schiefgelaufen ist. Scheitern und Krisen sorgen nicht nur für Schmerz und Trauer, sondern auch für kluge Lebenslektionen und Wachstum. Das erfordert einen offenen Blick, oder anders gesagt: ein Growth Mindset. Natürlich sollen Sie nicht aktiv (eigene) Rückschläge herbeiführen oder müssen diese als angenehm empfinden („Oh, mir wurde gekündigt, was für eine interessante Lektion ist das doch, ich bin sehr dankbar dafür!"). Aber Rückschläge müssen eben auch nicht das Ende der Welt bedeuten. Auch auf Mist wachsen Blumen.

Selbst im Zusammenhang mit extremen Ereignissen, wie etwa traumatischen Erfahrungen, ist persönliches Wachstum möglich. Wer einen schweren Unfall oder einen Großbrand erlebt hat, kann dadurch langfristige Belastungssymptome entwickeln. Wenn diese Beschwerden besonders schwer sind, sprechen Fachpersonen von einer *posttraumatischen Belastungsstörung*. Das belastende Ereignis wird in solchen Fällen immer und immer wieder durchlebt, es kommt zu Vermeidungsverhalten und das Alltagsleben der Betroffenen ist stark beeinträchtigt. Doch in der Realität zeigt sich: Manche Menschen, die eine solche Krise durchlebt haben, sagen, dass sie letztlich daran *gewachsen* sind. Sie verstehen besser, was ihnen im Leben wirklich wichtig ist, oder aber sie regen sich nicht mehr über unerhebliche Dinge auf. Das wird als *posttraumatisches Wachstum* bezeichnet. Es bedeutet nicht, dass der erlebte Rückschlag plötzlich wertvoll, gut oder angenehm geworden ist. Es bedeutet, dass Menschen sehr widerstandsfähig sein können![7]

Sobald wir erkennen, dass Krisen, und wenn sie uns noch so übel mitspielen und unerwünscht sind, nicht nur ein Risiko darstellen, sondern auch eine Chance zu persönlichem Wachstum, ändert sich etwas. Die Bedeutung von Krisen verändert sich dadurch. Ein Burnout ist nicht mehr nur die Katastrophe, die wir so schnell wie möglich hinter uns lassen wollen, sondern auch eine (harte) Lektion, die uns bewusst macht, dass wir

---

7 Posttraumatisches Wachstum ist ein relativ junges Konzept in der Psychologie. Natürlich ist es nicht so gemeint, dass man Menschen traumatisierenden Situationen aussetzt, um eine Entwicklung in Gang zu setzen. Wie viele Menschen nach einem Trauma eine posttraumatische Belastungsstörung (PTBS) aufweisen und wie viele durch eine traumatisierende Erfahrung wachsen, ist nicht bekannt. Die Schätzungen gehen auseinander: Oft wird folgende Verteilung genannt: 10 bis 30 % erleben posttraumatisches Wachstum und mehr als 60 % entwickeln eine posttraumatische Belastungsstörung. Eine ausführliche Beschäftigung mit dem Wachstum nach traumatischen Erfahrungen bietet der Artikel von Tolve (2013; in niederländischer Sprache).

auf uns achten müssen. Wenn es uns gelingt, Krisen eine derartig neue Bedeutung beizumessen, vergrößert sich die Wahrscheinlichkeit einer positiven sich selbst erfüllenden Prophezeiung. Wenn wir der Möglichkeit, dass wir aus belastenden Ereignissen etwas Positives ziehen können, offen gegenüberstehen, wird es wahrscheinlicher, dass wir gestärkt aus ihnen hervorgehen. Trotzdem dürfen wir angesichts der Krise natürlich traurig, erschrocken, betroffen und wütend sein.

Um uns selbst Raum dafür geben zu können, einerseits die negativen Emotionen wahrzunehmen und andererseits persönlich zu wachsen, kann die Praxis der Achtsamkeit hilfreich sein. Unmittelbar nach einer Krise sind wir in der Regel nicht dafür bereit, uns mit unserem persönlichen Wachstum zu befassen. Geben Sie *zuerst* Ihren eigenen (negativen) Gefühlen Raum. Erst, wenn Sie selbst dafür bereit sind, können Sie sich damit befassen, was Sie das Erlebte gelehrt hat – egal wie sauer der Apfel war, in den Sie beißen mussten. Die folgenden zwei Übungen geben Ihnen die Möglichkeit, aus früheren Krisen zu lernen. Bei der ersten Übung geht es um frühere erfolgreiche Erfahrungen mit schwierigen Situationen. Diese Übung können Sie auch *während* einer aktuellen Krise anwenden. Die zweite Übung lädt Sie dazu ein, Ihr persönliches Resilienz-Kochbuch zu erstellen.

Sich an die eigene innere Widerstandsfähigkeit erinnern

Jeder von uns hat schon einmal Situationen erlebt, in denen sie oder er zumindest ein bisschen Resilienz gezeigt hat. Leider erinnern wir uns oft nicht daran. Mit einer einfachen Frage können Sie sich diese Momente in Erinnerung holen. Die Antwort ermöglicht es Ihnen, Rückschlüsse über Ihre eigene Resilienz zu ziehen. Es kann besonders hilfreich sein, mit einer anderen Person über dieses Thema zu sprechen. Versuchen Sie, sich auf die erfolgreichen Aspekte Ihrer persönlichen Geschichte zu konzentrieren. Schreiben Sie Ihre persönlichen Erfolgsgeschichten auf, damit Sie sie zu späteren Zeitpunkten nachlesen können.

Die Frage lautet: Erinnern Sie sich an eine schwierige Situation, in der Sie Resilienz bewiesen haben? Erzählen Sie davon!

Erstellen Sie Ihr persönliches Resilienz-Kochbuch

Wenn Sie es mit einem (einzigen) Problem zu tun haben, können Sie eine dafür passende Lösung suchen – sozusagen das „Rezept" z. B. für die Reparatur eines Fahrradschlauchs oder die Abwicklung einer Scheidung. Das Leben konfrontiert uns aber mit unterschiedlichen Arten von Stresssituationen, Rückschlägen oder Krisen. Deshalb ist es hilfreich, sich ein persönliches Resilienz-Kochbuch zusammenzustellen. Manche Rezepte werden einfach sein, andere komplexer. Welche effektiven Wege, um mit Rückschlägen, Stress, Herausforderungen oder Krisen umzugehen, haben Sie für sich entdeckt?

Stellen Sie Ihre persönliche Rezeptsammlung zusammen. Nehmen Sie dafür Ihre persönlichen Erfolgsgeschichten aus der vorherigen Übung als Ausgangspunkt. Schauen Sie sich auch an, wie andere mit Rückschlägen umgehen. Lassen Sie sich inspirieren und probieren Sie neue Möglichkeiten aus. Einen Anstoß für Ihr Resilienz-Kochbuch gebe ich Ihnen mit der folgenden Übung mit. Vielleicht trägt diese zur Stärkung Ihrer Resilienz bei. Dieses Schema bzw. „Rezept" können Sie bei verschiedenen Problemen anwenden und die genaue Vorgehensweise bzw. die „Zutaten" anpassen. Bei der folgenden Übung gibt es *den* einen Weg. So haben Sie zudem verschiedene Rezepte, aus denen Sie auswählen können.

Mein persönliches Resilienz-Rezept bei Problemen

1. Dieses Vorgehen eignet sich für Probleme mit den folgenden Anzeichen: ______________________________

   Krisen werden auf eine sehr persönliche Art und Weise erlebt. Was ist für Sie ein Zeichen dafür, dass Sie mit irgendetwas ein Problem haben? Denken Sie an Emotionen (Trauer, Angst, Wut), an körperliche Signale (Schlafprobleme, Rücken- oder Nackenschmerzen, Heißhunger auf Schokolade) oder an Gedanken (Grübeln, Selbstvorwürfe). Betrachten Sie diese Signale als nützliche Alarmzeichen: Sie zeigen Ihnen an, dass Ihnen irgendetwas fehlt, dass Sie etwas brauchen.

2. Was ich dann *brauche:* ______________________________

   Obwohl wir uns häufig vor allem klar machen, was fehlt oder nicht gut ist, ist es auch wertvoll, darüber nachzudenken, was wir in der konkreten Situation brauchen. Brauchen Sie Ruhe, Klarheit, Unterstützung, Energie, Vertrauen, Liebe, ...? Versuchen Sie, realistisch zu sein: Das Problem wird nicht einfach so verschwinden. Es geht darum, herauszufinden, wie Sie sich besser fühlen und besser mit dem Problem umgehen können.

3. Was ich *selbst tun kann,* um das hinzubekommen: ______________

____

Wenn Sie selbst etwas dafür tun können, um Ihre Bedürfnisse zu erfüllen (oder erfüllen zu lassen), ist es einfacher, psychische Widerstandskraft zu zeigen. Vielleicht können Sie freundlich zu sich selbst sein, um Hilfe bitten, etwas Schönes tun und dabei wieder einmal etwas genießen, eine Ruhepause einlegen, in die Natur gehen oder etwas völlig anderes machen. Es geht nicht um die Frage, wer an dem Problem Schuld ist. Vielleicht hat etwas oder jemand Ihnen etwas angetan und Sie fühlen sich deshalb schlecht. Finden Sie heraus, was Sie selbst tun können. So nehmen Sie Ihr Leben wieder selbst in die Hand und können das Beste daraus machen.

4. Der *erste Schritt,* den ich machen werde, ist: ______________

____

Oft ist es einfacher, sich zu überlegen, was man tun sollte, als konkret damit anzufangen. Formulieren Sie Ihren ersten Schritt deshalb so konkret wie möglich. Wenn Sie viel Stress erleben und gern häufiger zwischendurch einen Spaziergang machen würden, könnte der erste Schritt sein, nach dem Abendessen Ihre Straßenschuhe anzuziehen. Wenn Sie sich Unterstützung suchen wollen, wäre ein erster Schritt vielleicht der, Ihrer Mutter oder einem Freund eine kurze Nachricht zu schicken. Der erste Schritt sollte möglichst einfach sein, damit Sie ihn ohne Schwierigkeiten ausführen können, wenn Sie sich nicht besonders gut fühlen.

Was bewirkt Resilienz?

Resilienz ist, wie bereits gesagt, die Fähigkeit, sich nach Rückschlägen und Stresssituationen wieder aufzurichten und an diesen Herausforderungen zu wachsen. Das ist natürlich eine gute Sache. Aber was macht resiliente Menschen aus? Zunächst können sie sich besser an sich verändernde Umstände anpassen. Resiliente Menschen haben auch einen besseren und stabileren Gesundheitszustand. Das liegt im Umgang unseres Körpers mit Stress begründet (vgl. Abschnitt „Stress" auf S. 82ff.). Unser Immunsystem funktioniert weniger gut, wenn wir viel Stress haben. Resilienz bewirkt, dass wir weniger unter chronischem Stress leiden.

Resilienz hängt zudem mit erhöhter Leistungsfähigkeit zusammen. Auch trägt sie dazu bei, besser mit Veränderungen – privater oder beruflicher Natur – umgehen zu können. Zu guter Letzt ist hohe Resilienz ein wichtiger Indikator für eine geringere Wahrscheinlichkeit, einen Burnout oder andere stressbedingte psychische Erkrankungen zu entwickeln.[8]

Der goldene Mittelweg

Kann man auch zu viel Resilienz besitzen? Im Prinzip nicht. Es gibt Menschen, die schnell über ihre Grenzen gehen: Sie schuften und rackern sich ab, aber achten nicht gut auf sich selbst. Man könnte argumentieren, dass diese Menschen auch resilient sind, weil sie immer wieder zu ihren Aufgaben zurückkehren und dranbleiben. Das ist aber keine gesunde Herangehensweise! Gesunde Resilienz bedeutet auch, dass wir eine gute Selbstfürsorge betreiben und nicht sofort wieder zur Arbeit zurückkehren, obwohl wir uns noch gar nicht erholt haben. Resilienz sorgt letztlich dafür, dass wir uns regenerieren und unsere Alltagstätigkeiten wieder aufnehmen können.

Der erste Fallstrick in Bezug auf Resilienz ist deshalb auch, *unseren eigenen Beschwerden und Bedürfnissen keine Aufmerksamkeit zu schenken.* Wir kön-

8 Kausalität lässt sich schwierig feststellen: Ist ein Mangel an Resilienz die Ursache für den Burnout oder sind Menschen, die kurz vor einem Burnout stehen, weniger resilient? Diese Frage lässt sich nicht beantworten. Würde man diesen Zusammenhang genauer untersuchen wollen, müsste man sehr viele Menschen mit ausgeprägter und wenig ausgeprägter Resilienz über lange Zeit starkem Stress aussetzen und anschließend ermitteln, wie viele von ihnen einen Burnout entwickeln. Aus Studien gibt es Hinweise darauf, dass eine geringe Resilienz das Burnout-Risiko erhöht. Die vorliegenden Ergebnisse weisen jedoch in jedem Fall darauf hin, dass eine Stärkung der Resilienz nicht schadet.

nen es oft nachvollziehen, wenn jemand anderes sich schlecht fühlt. Wir sagen der anderen Person, sie soll sich einen Tag frei nehmen und sich etwas Zeit gönnen. Uns selbst gegenüber sind wir häufig nicht so fürsorglich: Wir sagen uns, dass wir die Zähne zusammenbeißen müssen, dass es schon wieder vorbeigeht oder Ähnliches. Resilienz meint auch, gut für sich selbst zu sorgen: Was brauche ich? Wir müssen nicht in Selbstmitleid verfallen, aber wir dürfen uns zugestehen, etwas doof, bedrohlich oder schwierig zu finden. Die entsprechenden Gefühle haben wir ja ohnehin, und es ist gesund, ihnen Raum zu geben. Außerdem sind auch negative Emotionen nützlich. Angst warnt uns vor etwas Schwierigem oder Bedrohlichem, das auf uns zukommen könnte. Wut und Ärger ermöglichen uns, unseren Standpunkt zu vertreten. Nehmen Sie sich und Ihre Gefühle ernst, ohne unreflektiert danach zu handeln. Achtsamkeit kann dabei helfen. Oft hilft es auch, mit anderen über unsere Empfindungen zu sprechen.

Der zweite Fallstrick ist der umgekehrte Fall: Wir nehmen unsere Beschwerden und unser Bedürfnis nach Ruhe ernst, verfallen aber in eine Vermeidungs- und Schutzhaltung. Damit tut man sich keinen Gefallen. Meistens nimmt das Vermeidungsverhalten im Laufe der Zeit noch zu. Wenn man sich ausruht, verschwinden Stress und Angst nicht von allein.

Wie lässt sich ein guter Mittelweg zwischen diesen beiden Extremen – zu wenig Aufmerksamkeit für die eigenen Bedürfnisse einerseits und zu starkes Vermeidungsverhalten andererseits – finden? Diese Frage lässt sich nicht eindeutig beantworten. Hier kann es hilfreich sein, dem eigenen Verhalten stärker auf den Grund zu gehen. Haben Sie eingesehen, dass Sie sich um sich selbst kümmern müssen und sich deshalb eine Auszeit genommen? Oder sind Sie so gestresst von der Vorstellung, etwas Bestimmtes tun zu müssen, dass Sie der Sache aus dem Weg gehen? Wenn Sie merken, dass Sie Problemen immer mehr aus dem Weg gehen, ist es vielleicht eine gute Idee, sich Hilfe zu suchen. Bitten Sie Menschen aus Ihrem Umfeld oder Ihre Hausärztin bzw. Ihren Hausarzt, die Thematik mit Ihnen gemeinsam näher zu beleuchten.

> In einer Abteilung eines größeren Unternehmens hat eine tiefgreifende Umstrukturierung stattgefunden, woraufhin ein großer Teil der Belegschaft entlassen wurde. An einigen der übriggebliebenen Beschäftigten scheint die ganze Sache spurlos vorübergegangen zu sein. Sie wirken, als ginge sie das alles nichts an.

Ist das Resilienz? Vermutlich nicht. Eine bedrückende Situation einfach passiv und leidend zu ertragen, macht einen nicht resilient. Eine solche Haltung kann zwar dabei helfen, länger durchzuhalten; man funktioniert sozusagen auf Sparflamme, indem man die Dinge nicht so sehr an sich heranlässt. Aber sie hilft Ihnen wahrscheinlich nicht dabei, sich wieder aufzurichten und am Erlebten zu wachsen. Wie bei der Hoffnung geht es auch bei der Resilienz darum, seine Wünsche und Ziele flexibel anzupassen. Manchmal lässt sich der alte Zustand nicht wieder herstellen. Die entlassenen Personen werden sicherlich nicht wieder zurückkehren. Resilient zu sein würde dann bedeuten, sich an die neue Situation anzupassen und das Beste daraus zu machen.

Zum Abschluss dieses Kapitels soll noch kurz auf die Frage eingegangen werden, ob sich Resilienz denn überhaupt weiterentwickeln lässt. Darüber gehen die Meinungen auseinander. Manche, wie der Resilienzforscher Michael Portzky (2015), betonen, dass Resilienz hauptsächlich durch unsere Gene und die Erziehung bestimmt wird. Andere Forschende schätzen die Entwicklungsmöglichkeiten etwas positiver ein. Diese unterschiedlichen Auffassungen können durch die verschiedenen Stichproben der wissenschaftlichen Untersuchungen erklärt werden. Portzky hat viele Studien im klinischen Bereich durchgeführt; aber auch er gesteht ein, dass es einen gewissen Raum für Entwicklung gibt. Zusammenfassend lässt sich sagen, dass wir es jemandem (inklusive uns selbst) nicht zur Last legen können, wenn sie oder er über wenig Resilienz verfügt, aber dass wir dennoch die Möglichkeit haben, unsere Resilienz (etwas) zu steigern. Es ist daher schlüssig und vernünftig, dabei Hilfe in Anspruch zu nehmen.

Zusammenfassung

- Resilienz ist die Fähigkeit, sich nach belastenden Ereignissen wie Krisen und Rückschlägen wieder aufzurichten und an ihnen zu wachsen. Resilienz lässt sich nicht erzwingen. Machen Sie sich deshalb keine Vorwürfe, wenn das eine oder andere Problem Sie stark beschäftigt. Dennoch können Sie versuchen, Ihre Resilienz innerhalb Ihrer Möglichkeiten zu stärken.
- Indem Sie Ihre Stärken – Fähigkeiten und Wissen, persönliche Beziehungen, Gesundheit und psychologisches Kapital – ausbauen, entwi-

ckeln Sie Ihre Resilienz. Verhaltensweisen, die sich auf einen gesunden Umgang mit Risiken beziehen, lassen sich einüben und tragen ebenfalls zu einer Stärkung der Resilienz bei. Und wenn man genau weiß, *warum* man etwas erreichen möchte, ist die Motivation – und damit auch die Resilienz – größer. Mit diesen Strategien lässt sich die eigene Resilienz stärken, und man kann im Falle belastender Ereignisse konstruktiver reagieren und auf mehr Widerstandsfähigkeit zurückgreifen.
- Eine gesunde Resilienz bedeutet auch, nicht übers Ziel hinauszuschießen. Überfordern Sie sich nicht, aber schonen Sie sich auch nicht zu viel. Wenn Sie merken, dass Ihnen der Stress oder ein Problem zu viel wird, nehmen Sie Hilfe in Anspruch. Eine erste Anlaufstelle könnte Ihre Hausärztin oder Ihr Hausarzt sein. Wenn es Ihnen lieber ist, können Sie natürlich auch zunächst mit einer gut befreundeten Person, Ihrer Partnerin oder Ihrem Partner, Ihren Eltern, einer Kollegin oder einem Kollegen oder jemand anderem reden.

Intermezzo: Achtsamkeit

Annette ist auf dem Weg zu einem Date, als es plötzlich heftig zu regnen beginnt. Ihr wird bewusst, dass sie ihren Regenschirm vergessen hat, und in kurzer Zeit ist sie völlig durchnässt. „Wie dumm von mir! Warum habe ich bloß nicht auf den Regenradar geschaut!" Sie ärgert sich über sich selbst, denn gerade zu diesem Date wollte sie nicht in einem solchen Zustand erscheinen. Dann erkennt sie, dass sie dabei ist, sich zu ärgern und aufzuregen ... „Stell dich nicht so an", denkt sie. „Was soll der Mensch, mit dem ich verabredet bin, sonst bloß denken: Oh, hier kommt eine völlig durchnässte, schlecht gelaunte Meckerliese! Warum kann ich nicht wenigstens einmal einen guten Eindruck machen?"

Vielleicht haben Sie auch schon einmal eine ähnliche Situation erlebt. Manchmal läuft es einfach nicht so, wie wir es uns wünschen (es regnet und es ist kalt). Wir machen uns Vorwürfe (Wie dumm, dass ich den Regenschirm vergessen habe!), und dann machen wir uns auch noch Vorwürfe wegen unserer Selbstvorwürfe (Stell dich doch nicht so an!). Schnell verfällt man in solche negativen Selbstgespräche – oft passiert das fast schon automatisch. Wenn man einmal in der Negativspirale gefangen ist, ist es schwer, dort wieder herauszukommen, und unsere Laune bleibt im Keller. Die Praxis der Achtsamkeit lehrt uns, zu erkennen, dass gerade der gedankliche Autopilot übernimmt, und stattdessen selbst bewusst zu entscheiden, was wir in diesem Moment wollen.

Achtsamkeit besteht aus zwei Komponenten. Die erste ist eine Haltung, bei der wir unsere Aufmerksamkeit auf das Hier und Jetzt richten. Zum Beispiel, dass wir Regen und Kälte spüren. Wir können unsere Aufmerksamkeit auf unsere körperlichen Empfindungen (unsere Sinneswahrnehmungen und die Wahrnehmung unseres Körpers), unsere Gefühle und unsere Gedanken richten. Sich die eigenen Gedanken bewusst zu machen, ist für viele Menschen eine Herausforderung: Bevor man sich über sie im Klaren wird, ist man schon wieder unbewusst „in Gedanken". Wenn wir anfangen, alles bewusster zu erleben, merken wir, dass wir allerlei schnelle, automatische Reaktionen auf das zeigen, was wir erleben. Auf den Gedanken „Ich habe etwas vergessen" folgt häufig schnell ein Gefühl der Traurigkeit, des Ärgers oder der Gereiztheit. Wir spüren das z.B. im Bauch oder im Brustbereich.

Die zweite Komponente der Achtsamkeit beinhaltet, die eigene Aufmerksamkeit mit einer freundlichen, offenen und neugierigen Haltung immer wieder neu auszurichten. Wenn wir merken, dass wir uns gedanklich bei Selbstvorwürfen aufhalten, brauchen wir uns darüber nicht zu ärgern. Wir können die Gedanken wahrnehmen und daraufhin unsere Aufmerksamkeit auf etwas anderes lenken, z. B. auf die Verabredung, auf die wir uns freuen. Je mehr wir uns mit dem Problem beschäftigen, desto tiefer bleiben wir darin hängen. Je mehr wir versuchen, nicht daran zu denken, desto mehr denken wir doch daran.

Wenn wir uns regelmäßig in Achtsamkeit üben, gelingt es uns immer besser, nicht in einem solchen negativen Zustand zu verharren. Wir können unsere schmerzhaften Gefühle und Gedanken loslassen. Das geschieht nicht, indem wir sie abstreiten oder übertönen; es ähnelt eher dem Umgang mit einem Kind, das hingefallen ist: „Ja, das tut weh, das ist nicht schön. Soll ich ein Küsschen darauf machen? Kannst du dann wieder weiterspielen?“ Das heißt: Man erkennt das Problem an und reagiert liebevoll und freundlich. Und man hilft dem Kind, seine Aufmerksamkeit wieder auf das zu richten, womit es beschäftigt war. Wenn es immer noch weh tut, erkennen wir das erneut an. Auf diese Weise können Sie auch mit sich selbst umgehen: „Es ist nicht schön, dass ich so am Grübeln bin. Ich merke, dass das viel mit mir macht, und es stimmt mich traurig, dass ich das Problem jetzt nicht loslassen kann. Was ich aber jetzt tun kann, ist, das zu genießen, womit ich gerade beschäftigt bin. Also versuche ich, meine Aufmerksamkeit, so gut es geht, auf dieses Buch zu richten. Und wenn meine Gedanken gelegentlich wieder zu dem Problem wandern, ist das nachvollziehbar.“

Die folgende Übung bietet einen guten Einstieg, das freundliche Neuausrichten der Aufmerksamkeit einzuüben. Das Ziel ist nicht, die Aufmerksamkeit stets perfekt auszurichten (das geht gar nicht). Es geht darum, die Aufmerksamkeit auf freundliche Weise und immer wieder neu auf etwas auszurichten.

Bodyscan-Meditation

Nehmen Sie sich für diese Übung etwa 20 Minuten Zeit. Suchen Sie sich einen ruhigen Ort und sorgen Sie dafür, dass Sie nicht gestört werden. Sie können diese Übung im Sitzen oder im Liegen durchführen. Diese Übung ist keine Entspannungsübung; wenn Sie merken, dass Sie müde werden, nehmen Sie eine aufrechte Sitzposition ein. Versuchen Sie immer, so gut es geht, Ihre Aufmerksamkeit auf Ihren Körper zu richten. Wenn Sie merken, dass Sie mit Ihrer Aufmerksamkeit abschweifen, machen Sie sich kurz bewusst, worauf Ihre Achtsamkeit gerichtet ist. Vielleicht gehen Ihnen alle möglichen Gedanken durch den Kopf oder Sie nehmen bestimmte Gefühle wahr (wie Langeweile oder ein angenehmes Gefühl) oder Sie hören etwas oder Ihre Aufmerksamkeit ist zu anderen Bereichen Ihres Körpers gewandert. Mit dieser Übung trainieren Sie das bewusste Ausrichten Ihrer Aufmerksamkeit, und Sie üben, das, was da ist, zu erkennen und zuzulassen.

Richten Sie Ihre Aufmerksamkeit zuerst auf Ihre Zehen und Füße. Achten Sie darauf, was Sie körperlich wahrnehmen, z. B. Wärme, Kälte, Prickeln, angespannte Muskelpartien oder auch nichts. Es geht nicht darum, was Sie fühlen, sondern dass Sie Ihre Aufmerksamkeit, so gut es geht, auf diese körperlichen Empfindungen richten. Versuchen Sie, die Aufmerksamkeit so gut wie möglich darauf auszurichten. Wenn Sie gedanklich abschweifen, nehmen Sie auch das wahr und beginnen Sie erneut, Ihre Aufmerksamkeit auszurichten. Wandern Sie auf diese Weise mit Ihrer Aufmerksamkeit durch die anderen Bereiche Ihres Körpers, von Ihren Füßen über Ihre Beine, Ihren Rücken und Ihren Bauch, Ihren Brustbereich, Ihre Arme, Ihren Nacken und Ihren Kopf. Es kann hilfreich sein, nach etwa 20 bis 30 Minuten einen Wecker klingeln zu lassen als Zeichen, die Übung zu beenden.

Einige Krankenkassen bieten auf ihrer Website eine kostenlose gesprochene Anleitung für die Bodyscan-Meditation an.

5 Selbstvertrauen

Stellen Sie sich folgende Situation vor: Sie halten vor einer Gruppe von Zuhörenden eine Präsentation. Das Thema liegt Ihnen nicht wirklich, und Sie hadern damit, ob Sie auch gut genug vorbereitet sind. Während Ihrer Präsentation sehen Sie, dass einige Zuhörende mit ihrem Handy beschäftigt sind. Was denken Sie?

Und stellen Sie sich jetzt Folgendes vor: Sie halten vor einer Gruppe von Zuhörenden eine Präsentation. Das Thema finden Sie hochinteressant, Sie kennen sich sehr gut damit aus und sind sich sicher, dass Sie sich gut vorbereitet haben. Während Ihrer Präsentation sehen Sie, dass einige Zuhörende mit ihrem Handy beschäftigt sind. Was denken Sie?

Das Ausmaß Ihres Vertrauens in Ihre eigene Leistungsfähigkeit hat verschiedene Auswirkungen. Ein geringes Selbstvertrauen kann dazu führen, dass man sich über sich selbst ärgert, dass man anfängt zu zweifeln, ob man seine Sache überhaupt beherrscht, und sich gedanklich nicht mehr mit der Präsentation befasst. Worin unterscheiden sich die beiden oben geschilderten Situationen Ihrer Meinung nach?

Wie steht es um Ihr Selbstvertrauen?

Wie viel Selbstvertrauen besitzen Sie? Strotzen Sie vor Selbstvertrauen oder zweifeln Sie grundsätzlich daran, ob Sie dieses oder jenes können? Beantworten Sie die folgenden Fragen:

1. In welchen Situationen haben Sie viel Selbstvertrauen? Wer ist bei Ihnen? Welches Gefühl löst das in Ihnen aus? Und was tun Sie dann?
2. In welchen Situationen ist Ihr Selbstvertrauen sehr gering? Welchen Einfluss hat das auf Sie und Ihr Handeln?
3. In welchen Bereichen haben Sie *mehr* Selbstvertrauen als früher? Wie kommt es, dass Ihr Selbstvertrauen gewachsen ist?

Was ist Selbstvertrauen?

Sicherlich ist jede und jeder von uns schon einmal neidisch auf Menschen gewesen, die die Dinge mit scheinbarer Leichtigkeit hinbekommen, die bei einer Tagung eine schwierige Frage stellen, in einem Saal vor Hunderten von Menschen sprechen oder ohne Mühe die schwarze Skipiste hinunterfahren. Strotzend vor Selbstvertrauen scheinen sie alles zu können. Gleichzeitig schätzen wir bei Menschen eine gewisse Bodenständigkeit. Zu viel Selbstvertrauen wirkt auf uns oft arrogant, narzisstisch oder einfach nur nervig.

Mit dem Selbstvertrauen ist es so eine Sache. Mal ist es einfach da, aber wenn man es dringend braucht, scheint es uns irgendwie abhandengekommen zu sein. Oder umgekehrt: Man sorgt sich seit Tagen, der Vortrag könnte ein Desaster werden, und dann läuft es wider Erwarten ganz prima. Wenn andere uns versichern, dass wir uns keine Sorgen machen müssen und bestimmt alles gut gehen wird, kann uns das zwar manchmal Mut machen, aber das funktioniert nicht immer. Wie kommt das? In diesem Kapitel geht es um Selbstvertrauen und um die Frage, wie wir ein kleines bisschen mehr davon bekommen können.

In der Psychologie bezeichnet Selbstvertrauen den Glauben an unser eigenes Können. Glauben Sie, dass Sie Fahrrad fahren können? Wahrscheinlich schon. Sie haben das vermutlich schon so oft gemacht, dass es Ihnen keine großen Schwierigkeiten bereitet. Stellen Sie sich nun aber ein Brett vor, das über eine Schlucht führt. Glauben Sie, dass Sie mit dem Fahrrad über diese „Brücke" fahren können? Falls Sie nicht gerade Profi-Akrobat sind, lautet Ihre Antwort vermutlich „nein". Selbstvertrauen ist offenbar nicht universell; es verleiht Ihnen nicht den Glauben daran, dass Sie *alles* können. Sollten Sie dennoch glauben, alles zu können, gelten Sie bei anderen Menschen wahrscheinlich als arrogant oder narzisstisch.

Selbstvertrauen hat in erster Linie mit Ihrem Vertrauen in Ihr Können, in Ihre Fähigkeiten zu tun. Es hängt von Ihrer *Einschätzung* ab, wie gut Sie etwas können. Sind Sie der Meinung, dass Sie gut Theater spielen können? Oder halten Sie sich für völlig untalentiert? Ihre Einschätzung ergibt sich aus Ihren früheren Erfahrungen: Hatten Sie ein gutes Gefühl, als Sie das schon ein- oder mehrmals gemacht haben? Das Selbstvertrauen hängt auch vom Feedback ab, das Sie in der Vergangenheit in diesen Situationen erhalten haben: Fanden andere das gut? Und es hängt damit zusammen, wie hoch Sie die Messlatte legen. Wenn Sie sich eine Oscar-reife Darbietung in der örtlichen Theatergruppe für sich selbst vorstellen, liegt die Messlatte sehr hoch, und Ihr Vertrauen, dass Sie das schaffen werden, dürfte entsprechend gering sein.

Worauf genau vertrauen wir beim Selbstvertrauen? Albert Bandura, ein führender Sozialpsychologe, hat den Begriff der „Selbstwirksamkeitserwartung" (umgangssprachlich wird meistens von „Selbstvertrauen" gesprochen) geprägt und folgendermaßen definiert (Bandura, 1995): „Selbstwirksamkeitserwartung ist das Vertrauen in die eigene Handlungsfähigkeit, mit zukünftigen Situationen erfolgreich umgehen zu können." Wer Selbstvertrauen besitzt, glaubt also, in der Lage zu sein, etwas Bestimmtes erreichen, umsetzen oder bewältigen zu können. Dieser Glaube kommt daher, dass man die Zuversicht besitzt, sich die dafür erforderlichen Handlungsschritte zu überlegen und diese ausführen zu können; vielleicht, weil man für die Sache motiviert ist, weil man über die Erfahrung und das Wissen verfügt, die man für diese Herausforderung zu benötigen glaubt, oder weil man weiß, dass schon einmal jemand anderes diese Aufgabe bewältigt hat. Es geht also um das Vertrauen in die eigenen Fähigkeiten, etwas erreichen zu können.

Selbstvertrauen hängt außerdem mit der „Aufgabe" zusammen: Worin genau besteht die Aufgabe? Geht es um das Joggen, Sprechen in der Öffentlichkeit, Musizieren, um die Kindererziehung oder um Ihre Arbeit? Für die eine Aufgabe ist Ihr Selbstvertrauen vielleicht ausreichend vorhanden. Viele Menschen vertrauen auf ihre Fähigkeiten, wenn es darum geht, sich Laufschuhe anzuziehen und loszulaufen. Beim Bergsteigen hingegen sieht es vermutlich anders aus; viele Menschen haben nicht per se Vertrauen darin, steile Berggipfel erklimmen zu können. Und wie wir weiter oben beim Fahrradbeispiel gesehen haben: Auch der Kontext ist wichtig. Mithilfe eines Brettes eine Schlucht zu überqueren, ist eben etwas anderes, als über ein Brett zu fahren, das auf der Straße liegt. Genauso ist das Vertrauen in die eigenen schauspielerischen und musikalischen Fähigkeiten für ein örtlich aufgeführtes Musical von einer anderen Größenordnung als das für einen Auftritt am Broadway. Selbstvertrauen hat also damit zu tun, *was* wir *in welcher Situation* tun wollen.

Ein Wort taucht in diesem Zusammenhang immer wieder auf: „Glaube". Selbstvertrauen ist mehr ein Gefühl als Gewissheit. Wir können nie sicher sein, ob etwas gelingt oder nicht. Vielleicht liegt die Erfolgsaussicht bei 99 % oder bei 1 %. Es geht im Grunde genommen darum, ob Sie im Vorfeld glauben, dass die Sache gelingen wird oder nicht. Eine 100 %ige Sicherheit gibt es nicht. Diese brauchen Sie auch nicht, denn Sie können Selbstvertrauen entwickeln. Es geht darum, ob Sie glauben, genug Selbstvertrauen zu haben, um eine Herausforderung anzunehmen. Und wenn

Hindernisse auftauchen, ob Sie glauben, über genug Selbstvertrauen zu verfügen, um diese anzugehen.

Wenn es um das Selbstvertrauen geht, wird in der Psychologie hierfür auch der Begriff „Selbstwirksamkeit" oder „Selbstwirksamkeitserwartung" („self-efficacy") verwendet (siehe oben). Selbstwirksamkeit bezeichnet das Gefühl bzw. das Vertrauen, in Bezug auf die eigenen Aufgaben und Tätigkeiten wirksam handeln zu können. Im Folgenden verwende ich für eine bessere Lesbarkeit den im Alltag geläufigen und etwas weniger sperrigen Begriff „Selbstvertrauen". Zusammengefasst lässt sich sagen: *Selbstvertrauen ist Ihr Glaube, dass Sie mit Ihren Fähigkeiten bestimmte Aufgaben in einer bestimmten Situation erledigen können.*

Selbstvertrauen ist relativ

Selbstvertrauen ist keine Frage von „entweder hat man es oder man hat es nicht". Selbstvertrauen kann man entwickeln. Es ist zudem unterschiedlich stark ausgeprägt: So können wir auf einem Gebiet mehr Selbstvertrauen haben als auf anderen. Wie sieht es mit Ihrem Selbstvertrauen aus? Bei welchen Aktivitäten haben Sie mehr, bei welchen weniger Selbstvertrauen? Finden Sie es mit der folgenden Übung heraus. Es kann sich um berufliche Aufgaben handeln, Gartenarbeit, die Organisation eines Geburtstagsfests, die Vorbereitung der Steuererklärung oder ein Gespräch über ein schwieriges Thema.

1. Unterteilen Sie ein Blatt Papier bzw. eine Seite in Ihrem Notizbuch in zwei Spalten. Schreiben Sie in die erste Spalte Ihre persönlichen Top 5 der Aktivitäten, die Sie sehr gern machen. Was verleiht Ihnen Energie? Was verschieben Sie nur selten?
2. In die zweite Spalte schreiben Sie nun Ihre Top 5 der Aktivitäten, die Sie überhaupt nicht gerne ausführen. Was schieben Sie gern vor sich her? Bei welchen Gelegenheiten fragen Sie sich, ob daraus überhaupt etwas werden kann?
3. Geben Sie nun für jede Aktivität mithilfe einer Bewertungszahl zwischen 1 bis 10 an, wie hoch Ihr Vertrauen in sich selbst ist, diese Aktivität ausreichend gut durchführen zu können. 10 bedeutet „sehr viel Selbstvertrauen", 1 bedeutet „sehr wenig Selbstvertrauen".

Vermutlich fallen die Bewertungen in der ersten Spalte deutlich höher aus als in der zweiten Spalte. Ich vermute, dass Sie einige Aktivitäten aufgelistet haben, die Sie mit großer Zuversicht betrachten und einige (vor allem in der zweiten Spalte), bei denen Ihre Zuversicht geringer ist.

Durch diese Übung wird deutlich, dass Selbstvertrauen von der Aufgabe abhängt. Deshalb sprechen wir auch von „aufgabenspezifischem Selbstvertrauen“. Es gibt auch eine allgemeinere Form des Selbstvertrauens: Wenn Sie sich grundsätzlich zutrauen, unvorhergesehene Probleme zu lösen (also ein eher allgemeines Vertrauen in Ihre Handlungsfähigkeit haben), dann haben Sie vermutlich auch mehr Vertrauen darin, etwas Neues ausprobieren und erfolgreich meistern zu können. Diese allgemeine Form des Selbstvertrauens hilft Ihnen bei neuen Tätigkeiten. Wenn Sie etwas noch nie gemacht haben, aber davon überzeugt sind, neue Dinge lernen zu können, gehen Sie vertrauensvoll an die Sache heran. In diesem Kapitel werden Sie Übungen finden, die Ihnen helfen können, Ihr allgemeines und Ihr aufgabenspezifisches Selbstvertrauen weiterzuentwickeln, auch in Bezug auf Aktivitäten, die Sie normalerweise scheuen und die Sie gerne vermeiden.

Selbstvertrauen entwickeln

Es gibt nicht *die eine* Ursache, die dafür verantwortlich ist, dass wir Selbstvertrauen besitzen oder eben nicht. Sicher ist, dass es nicht nur eine Frage der Intelligenz oder des Wissens ist. Diese Faktoren tragen zwar zu unserem Selbstvertrauen bei, sind aber nicht entscheidend. Die allerwichtigste Quelle des Selbstvertrauens ist, eine Aufgabe häufig auszuführen. Bei der ersten Fahrstunde erscheint es uns unmöglich, gleichzeitig in den richtigen Gang zu schalten, den Verkehr im Blick zu haben, den Motor nicht abzuwürgen und dann auch noch das Auto in Bewegung zu setzen. Nach einigen Jahren Fahrpraxis erledigen wir diese Aufgabe jedoch völlig routiniert und denken nicht mehr an unsere frühere Unsicherheit in Bezug auf unsere Fahrfertigkeit.

Manchmal ist es aber nicht so einfach möglich, das Selbstvertrauen durch Üben zu stärken. Beispielsweise ist die Vorstellung, dass ein angehender Arzt seine Operationsfertigkeiten an seinen Patientinnen und Patienten

„übt“, nicht gerade beruhigend. Glücklicherweise können Menschen auch indirekt üben. Hierfür gibt es verschiedene Strategien, die ich nun der Reihe nach vorstellen werde. Zu den meisten dieser Strategien beschreibe ich ein oder zwei Übungen. Manche Übungen eignen sich besser für gewisse Aufgaben als andere. Probieren Sie die Übungen aus und entscheiden Sie, was bei Ihnen funktioniert.

Strategie 1: Den Erfolg vor Augen

Das ist wirklich etwas Besonderes: Wir können lernen, indem wir uns eine Handlung vorstellen. Wenn wir in Gedanken oder in unserer Fantasie etwas tun, üben wir diese Handlung. Das geht sogar so weit, dass im Bein eine Muskelanspannung gemessen werden kann, wenn wir uns *vorstellen*, gegen einen Ball zu treten. Mentales Üben ist eine praktische Art, etwas zu lernen. Sie können es immer und überall tun, Sie brauchen niemanden dafür und Sie können es so oft wiederholen, wie Sie möchten.

Wie holen wir das Beste aus der Strategie „in Gedanken lernen“ heraus? Es ist jedenfalls nicht sinnvoll, in eine Art perfektionistisches Grübeln zu verfallen. Nur darüber nachzudenken, was alles schiefgehen kann, hilft uns nicht weiter, um es besser zu machen. Ein wenig darüber in Tagträume zu verfallen, wie schön es sein wird, wenn wir unsere Arbeit rechtzeitig fertig haben und dann noch an den See fahren können, funktioniert schon etwas besser und motiviert uns (hoffentlich). Dieses Vorgehen gibt uns jedoch keine Anhaltspunkte darüber, *wie* wir unsere Arbeit rechtzeitig fertigbekommen.

Das Lernen mithilfe unserer Vorstellungskraft funktioniert sowohl mit gedanklichen Bildern als auch mit Worten. Ich habe in meinen Trainings die Erfahrung gemacht, dass beide Varianten gut funktionieren und Menschen meistens eine persönliche Vorliebe für eine der Herangehensweisen haben. Manche finden es angenehmer oder einfacher, sich eine Situation lebendig vorzustellen, andere haben damit Schwierigkeiten oder finden es zu wenig greifbar und bevorzugen eine rationalere Herangehensweise. Die folgenden Übungen greifen jeweils eine der beiden Varianten auf: eine Visualisierungsübung und ein eher strategisches mentales Üben. Probieren Sie sie aus und lassen Sie sich überraschen, was für Sie und Ihre Situation funktioniert.

Visualisierung: Sich den Erfolg vorstellen

Denken Sie an eine Aufgabe oder eine Handlung, die Sie sich noch nicht zutrauen, wie z.B. eine Präsentation zu halten, mit dem Auto durch schmale Straßen im Gebirge zu fahren, ein Weihnachtsessen für die ganze Familie zuzubereiten oder Ähnliches. Entscheiden Sie sich für etwas, bei dem Sie nicht wissen, ob es Ihnen gelingen wird oder nicht, und das Sie aus diesem Grund als beunruhigend oder stressig empfinden. Vielleicht finden Sie die Vorstellung, eine Präsentation vor Ihren Führungskräften zu halten, beunruhigender als eine Präsentation im Kreis Ihrer direkten Kolleginnen und Kollegen. Wählen Sie dann die Situation, die Sie mehr verunsichert.

Bei dieser Übung ist Ihre Vorstellungskraft gefragt. Das Ziel ist es, einfach zu schauen, was passiert; es muss nichts „gelingen" (die Übung kann in diesem Sinn auch gar nicht misslingen). Suchen Sie sich einen ruhigen Ort, an dem Sie nicht gestört werden und an dem Sie sich konzentrieren können. Lesen Sie sich zuerst die einzelnen Schritte durch. Schließen Sie dann die Augen und gehen Sie die Schritte nacheinander durch.

1. Lenken Sie zuerst Ihre Aufmerksamkeit – so gut es geht – auf Ihre Atmung. Wo in Ihrem Körper spüren Sie, dass Sie ein- und ausatmen? Sie müssen nicht tiefer oder ruhiger atmen. Fühlen Sie einfach, wie sich Ihr Bauch und Ihr Brustraum heben und senken. Wenn Ihre Aufmerksamkeit im Verlauf der Übung abschweift, können Sie immer wieder neu auf die Atmung fokussieren, bevor Sie fortfahren.
2. Stellen Sie sich nun die Aufgabe oder die Handlung, die Sie sich aktuell noch nicht zutrauen, konkret vor. Stellen Sie sich vor, wie es ist, wenn Sie tatsächlich in der Situation sind. Sie können diese Szene wie einen Film vorbeiziehen lassen. Stellen Sie sich alles lebendig vor. Was sehen Sie um sich herum? Sind andere Menschen anwesend? Wie sitzen oder wie stehen Sie gerade? Was tun Sie?
3. Richten Sie Ihre Aufmerksamkeit nun auf die Gedanken, Gefühle und Sinnesempfindungen, die Sie jetzt bei sich wahrnehmen. Seien Sie allem gegenüber offen. Vielleicht denken Sie mit Widerwillen an die Aufgabe oder vielleicht denken Sie, Sie würden sich bloß anstellen. Sie müssen das alles nicht ändern, nur wahrnehmen.
4. Führen Sie sich das Bild noch einmal lebendig vor Augen. Können Sie erkennen, welche Ihrer guten Eigenschaften hier zu wenig zum

Einsatz kommen? Oder welche Ihrer Stärken Sie so sehr beanspruchen, dass Sie damit über das Ziel hinausschießen? Vielleicht können Sie das erkennen, vielleicht auch nicht.

5. Konzentrieren Sie sich nun wieder auf Ihre Atmung. Ihre Aufmerksamkeit wird sicherlich noch zu allen möglichen Gedanken hin abschweifen. Lenken Sie die Aufmerksamkeit dann jedes Mal auf Ihre Atmung zurück.
6. Stellen Sie sich nun dieselbe Aufgabe oder Handlung erneut vor. Malen Sie sich dieses Mal aber bewusst gedanklich aus, wie Sie die Aufgabe erfolgreich ausführen. Stellen Sie sich die Situation möglichst lebendig vor. Was machen Sie anders, wenn Sie die Aufgabe mit Erfolg durchführen? Was erleben Sie? Was machen die anderen Personen? Auch jetzt können Sie die Szene wieder wie einen Film vor Ihrem inneren Auge ablaufen lassen.
7. Richten Sie Ihre Aufmerksamkeit wieder auf die Gedanken, Gefühle und Sinnesempfindungen, die Sie jetzt bei sich wahrnehmen. Es geht nicht darum, dass Sie etwas Bestimmtes wahrnehmen oder denken. Nehmen Sie wahr, was ist.
8. Führen Sie sich wieder das Bild mit der erfolgreich verlaufenden Situation vor Augen. Welche Ihrer persönlichen Stärken gebrauchen Sie in dieser Version? Wie bewahren Sie das Gleichgewicht zwischen einem zu geringen Einsatz und einem übertriebenen Gebrauch Ihrer Stärken? Was machen Sie anders?
9. Gehen Sie mit Ihrer Aufmerksamkeit zu Ihrer Atmung zurück und beenden Sie so die Übung.

Was haben Sie erlebt? Vielleicht ist ein „Film“ vor Ihrem inneren Auge entstanden, der zeigt, wie Sie Ihre Aufgabe erfolgreich ausführen. Vielleicht hat sich bei Ihnen aber auch kein positives Bild eingestellt. Das ist dann auch in Ordnung. Überlegen Sie in beiden Fällen, was Sie aus dieser Visualisierungsübung für sich mitnehmen können. Was würden Sie jetzt, nachdem Sie die Situation in Ihrer Vorstellung durchlebt haben, anders machen?

Strategische mentale Vorbereitung

Denken Sie wieder an eine Aufgabe oder eine Handlung, die Sie sich noch nicht gut zutrauen, wie z. B. eine Präsentation zu halten, mit dem Auto durch schmale Straßen im Gebirge zu fahren, ein Weihnachtsessen für die ganze Familie zuzubereiten – eine ähnliche Aufgabe oder Handlung wie in der vorherigen Übung. Entscheiden Sie sich wieder für etwas, bei dem Sie nicht wissen, ob es Ihnen gelingen wird oder nicht, und das Sie aus diesem Grund als beunruhigend oder stressig empfinden. Wenn Sie sich für eine Aufgabe entschieden haben, gehen Sie folgendermaßen vor:

1. In Bezug auf welche Aufgabe oder Tätigkeit würden Sie Ihr Selbstvertrauen gern stärken wollen? Versuchen Sie, dies konkret zu formulieren, also z. B. „Ich möchte mein Vorhaben in der Besprechung mit mehr Selbstvertrauen präsentieren", anstatt „Ich hätte in der Besprechung gern mehr Selbstvertrauen".
2. Wenn Sie die Aufgabe in einzelne Aspekte zerlegen, was fällt Ihnen dann alles ein? Im Beispiel „mein Vorhaben präsentieren" könnten dies sein: Sie brauchen einen Plan, wie Sie vorgehen; vielleicht müssen Sie eine PowerPoint-Präsentation erstellen; es gibt einen Grund dafür, weshalb Sie mit Ihrem Anliegen auf der Agenda stehen und weshalb sich andere Ihr Vorhaben anhören sollten; Sie möchten eine bestimmte Botschaft vermitteln und vielleicht am Ende eine konkrete Frage stellen. Zudem werden Sie während der Präsentation vor den Zuhörenden stehen, laut sprechen und vielleicht noch Fragen beantworten. Schreiben Sie alle Einzelheiten, die wichtig (oder verunsichernd) sind, auf. So erhalten Sie einen Überblick.
3. Gehen Sie Ihre Liste durch und markieren Sie alle Punkte, die Sie als verunsichernd empfinden. Mit diesen Punkten können Sie bei Schritt 4 weitermachen. Wenn Sie nichts markiert haben, bedeutet das, dass Sie nichts wirklich beunruhigt. Dann ist Ihr Selbstvertrauen vielleicht ja doch schon gut ausgeprägt, und Sie können das alles eigentlich schon ganz gut hinbekommen! Oder gibt es noch etwas anderes, das Ihnen Sorgen bereitet, vielleicht die zu erwartende Reaktion Ihrer Kolleginnen und Kollegen oder die schlechte Erinnerung an Ihre letzte Präsentation?
4. Für jeden Punkt, der Ihnen Kopfzerbrechen bereitet, können Sie sich schon jetzt überlegen, wie Sie damit verfahren wollen. Versuchen Sie, sich jeweils zwei oder drei Möglichkeiten zu überlegen, wie Sie reagieren könnten, wenn es soweit ist. Wenn von den Zuhörenden eine schwierige Frage gestellt wird, könnten Sie sich beispielsweise für die Frage bedanken und entweder versuchen, sie zu beantworten, oder sagen, dass Sie die Frage im Moment nicht beantworten können, aber darüber nachdenken werden.

5. Gehen Sie noch einmal Ihre Liste durch. Haben die markierten Aspekte schon etwas von ihrem Schrecken verloren? Falls nicht, überlegen Sie weiter, was genau Sie hier noch tun könnten. Wenn das nicht klappen sollte, können Ihnen die folgenden Übungen vielleicht weiterhelfen.

Strategie 2: Selbstvertrauen mit der Hilfe anderer Menschen entwickeln

Eine andere Möglichkeit, sich weiterzuentwickeln, ist, andere Menschen zu beobachten, ihnen zuzusehen und zuzuhören, wie sie die Dinge anpacken. Dadurch gewinnen wir ein besseres Verständnis und möglicherweise die Zuversicht, es selbst auch zu schaffen. Wenn Sie noch nie eine Quiche gebacken haben, denken Sie vielleicht: Das kann ich nicht! Wenn Ihnen dann jemand erzählt, wie sie oder er das gemacht hat, welche Zutaten verwendet werden und wie man erkennt, wann die Quiche fertig ist, entsteht der Eindruck, dass die Aufgabe durchaus machbar ist.

Seit unserer frühesten Kindheit lernen wir von anderen. Wir verfügen dazu über sogenannte Spiegelneuronen: Wenn Ihnen jemand eine bestimmte Tanzbewegung vormacht und Sie sich stark in den Bewegungsablauf eindenken, werden die entsprechenden Gehirnregionen, die bei einer tatsächlichen Ausführung der Tanzbewegung involviert sind, aktiviert. Ihr Gehirn bewegt sich gewissermaßen mit der Bewegung mit. Dieses Voneinander-Lernen ist keine spezifisch menschliche Fähigkeit; auch viele Tierarten lernen durch Beobachtung und Imitation.

Unser Selbstvertrauen kann auch durch die Worte anderer Menschen wachsen. Ermutigende Bemerkungen kennen wir aus unserem Alltag. Wir ermutigen andere, indem wir ihnen unser Vertrauen aussprechen. Wir sagen unseren Kindern, wir hätten vollstes Vertrauen, dass sie den Test bestehen werden, und der Freundin, dass sie die Präsentation ganz bestimmt gut meistern wird. Eine derartige Ermutigung kann für mehr Selbstvertrauen sorgen. Allerdings ist es wichtig, auf die richtige Weise zu ermutigen. Ermutigung kann nämlich sowohl Vertrauen schenken als auch Unsicherheit erzeugen. Wenn wir sagen: „Ich weiß doch, dass du das kannst", vermittelt der Satz eventuell Zuversicht, er kann aber auch als Verpflichtung verstanden werden. So kann der Eindruck entstehen, man müsse das jetzt schaffen, sonst sei man wohl nicht so schlau, wie die oder der andere denkt. Die Ermutigung ist wirkungsvoller, wenn sie mit Tatsachen untermauert und auf eine Anspruchshaltung verzichtet wird: „Ich weiß, dass du richtig viel geübt hast, deshalb vertraue ich darauf, dass du das schaffst. Das Ergebnis lässt sich nicht vorhersagen, aber ich denke, du bist gut vorbereitet." Oder kürzer: „Versuche es einfach!", oder „Mach' das Beste draus!"

Bemerkungen wie „Das ist doch kein großes Ding. Das ist ganz einfach!", oder „Das gelingt dir ja doch nicht" können sich hingegen negativ auf das Selbstvertrauen auswirken: Im besten Fall stacheln solche Kommentare den Ehrgeiz an („Ich werde dir schon zeigen, dass ich es kann!"), was dann Glück im Unglück wäre. Meistens bewirken solche Aussagen jedoch, dass die betreffende Person es gar nicht erst versucht oder sich nicht mehr wirklich Mühe gibt, nach dem Motto „Es hat ja doch keinen Sinn". Wenn wir das Selbstvertrauen anderer Menschen stärken wollen, sollten wir sie daher vor allem ermutigen, Dinge zu versuchen oder wenigstens aus ihnen zu lernen. Loben Sie gezeigten Einsatz und bestärken Sie Menschen, die aus Fehlern gelernt haben. Wenn Sie Ihr eigenes Selbstvertrauen stärken wollen, versuchen Sie, aus Ihren eigenen Fehlern zu lernen.

Von einem Vorbild lernen

Denken Sie an eine Aufgabe oder Handlung, die Ihnen schwerfällt oder die Sie als beunruhigend oder stressig empfinden. Gehen Sie dann folgendermaßen vor:

1. Suchen Sie sich ein Vorbild in Bezug auf diese spezielle Aufgabe. Wählen Sie eine Person, die in gewisser Weise mit dem gewünschten Verhalten erfolgreich ist, vorzugsweise jemanden, mit dem Sie sich identifizieren können. Ein Vorbild ist dann sehr effektiv, wenn die- oder derjenige in der Sache eine Idee besser ist als Sie. Wenn Sie gern freundlicher reagieren würden und sich den Dalai Lama als Vorbild suchen, ist die Diskrepanz vermutlich zu groß. Es kann sich bei Ihrem Vorbild um jemanden handeln, den Sie persönlich kennen, aber auch um eine Ihnen nicht persönlich bekannte oder fiktive Person.
2. Untersuchen Sie genauer, wie diese Person vorgeht bzw. vorgegangen ist. Wie ist es ihr gelungen, die Herausforderung anzunehmen und zu bestehen? Welche Schritte hat sie unternommen? Vielleicht

können Sie die Person um eine Erläuterung bitten? Das Ziel dabei ist, zu verstehen, wie die betreffende Person an die Sache herangegangen ist. Das muss natürlich nicht die einzig mögliche Art und Weise sein, etwas zu erreichen, aber es gibt Ihnen vielleicht gute Anregungen für Ihr Vorhaben.

3. Bringen Sie in Erfahrung, mit welchen Hindernissen Ihr Vorbild konfrontiert wurde. Auch wenn es manchmal danach aussieht, geht auch bei anderen nicht alles wie von selbst. Wie ist die Person mit Rückschlägen umgegangen?
4. Würdigen Sie die einzelnen Schritte, die diese Person gemacht hat. Welche Schritte bewundern Sie? Was können Sie daraus lernen? Welche Schritte würden Sie auch machen wollen? Wie hat Ihr Vorbild diese Schritte bewältigt? Was hat Ihrem Vorbild dabei geholfen, so weit zu kommen? Wie hat diese Person das gelernt?
5. Welche Schritte würden Sie gern ausprobieren? Definieren Sie auf jeden Fall, welchen konkreten allerersten Schritt Sie wann machen wollen.

Sich jemanden zur Unterstützung suchen

Diese Übung richtet sich an Personen, die *Ihnen* Mut machen können bzw. möchten. Suchen Sie sich hierfür jemanden in Ihrem Umfeld, die oder der Sie gelegentlich unterstützt, und achten Sie darauf, wie diese Person dabei vorgeht. Natürlich können Sie mithilfe der hier vorgestellten Schritte auch andere bei deren Herausforderungen ermutigen und unterstützen.

1. *Finden Sie heraus, worum es genau geht.* Wenn sich jemand vor einer Sache scheut, hat es wenig Sinn, so zu tun, als sei das doch *gar nicht* schwierig. Gutgemeinte Bemerkungen wie „Ach, die Steuererklärung zu machen, ist ganz einfach; das kann doch jeder“ fördern nicht das Selbstvertrauen. Damit sagen Sie der anderen Person im Grunde genommen, dass sie sich anstellt oder keine Ahnung hat. Versuchen Sie, nicht zu (ver-)urteilen. Vielleicht können Sie in Erfahrung bringen, was diese Person braucht. Geht es um praktische Unterstützung, allgemeine Ratschläge oder Mitgefühl? Je nach ihren Bedürfnissen können Sie einen oder mehrere der folgenden Schritte durchführen.
2. *Heben Sie die vorhandenen Fähigkeiten der betreffenden Person hervor.* Vielleicht erinnern Sie sich daran, dass die betreffende Person schon

einmal ein komplexes Projekt zu einem guten Abschluss gebracht hat oder gut über das Ende einer Beziehung hinweggekommen ist. Helfen Sie ihr, sich zu erinnern, was ihr damals geholfen hat.

3. *Fragen Sie, was die betreffende Person tun könnte.* Wenn die Vorschläge von Ihnen kommen, stärkt das nur selten das Vertrauen Ihres Gegenübers in sich selbst, eine Lösung zu finden. Auch wenn das Problem gelöst würde, könnte die betreffende Person die Vorstellung entwickeln, das wäre nur durch Ihre Initiative oder Ihre Idee geschehen. Versuchen Sie stattdessen, Ihr Gegenüber dazu zu bewegen, selbst zu überlegen, was sie oder er tun könnte. Sie können zudem fragen: Was würdest du einer Freundin oder einem Freund in einer ähnlichen Lage empfehlen?
4. *Den Blick weiten.* Oft sieht man nur noch das Problem. Unterstützen Sie die betreffende Person, indem Sie nach früheren Erfahrungen fragen: „Ist es dir früher schon einmal gelungen?" Oder indem Sie danach fragen, wie die Person in einem Jahr auf die Sache zurückblicken wird: „Wie wirst du die Entscheidung, zu kündigen, in einem Jahr bewerten?" Oder indem Sie verschiedene Szenarien durchgehen: „Und stell dir nun einmal vor, dass es dir (nicht) gelingen wird, Kundschaft für dein eigenes Unternehmen zu finden?"
5. *Sprechen Sie – falls gewünscht – unverbindliche Empfehlungen aus.* Es ist nicht verkehrt, Ratschläge zu erteilen, machen Sie es einfach! Es kann hilfreich sein, zuerst zu fragen, ob die entsprechende Person Ihre Ratschläge und Ihre persönlichen Erfahrungen hören möchte. Und sagen Sie dazu, dass es letztlich die Wahl der anderen Person ist, die Ratschläge anzunehmen oder nicht. Wenn Sie Ihrem Gegenüber etwas vorschreiben, vermittelt das eher wenig Vertrauen in die Fähigkeiten der anderen Person.

Strategie 3: Sich Ziele setzen und Pläne machen

Würden Sie gern noch weitere Wege zu mehr Selbstvertrauen kennenlernen? Machen Sie Pläne! Damit meine ich nicht, dass Sie sich ambitionierte Ziele stecken sollten, von denen Sie eigentlich gar nicht annehmen, dass Sie sie überhaupt erreichen werden, wie z. B. in drei Monaten zehn Kilo abnehmen, ein Unternehmen gründen, das innerhalb eines Jahres Gewinn abwirft, oder von jetzt auf gleich mit dem Rauchen aufhören.

Das sind alles gute Ziele; aber sich solche Ziele zu setzen, steigert nicht automatisch das Selbstvertrauen. Wie funktioniert es dann?

Es geht letztlich darum, dass Sie die Zuversicht haben, das angestrebte Ziel auch wirklich erreichen zu können. Das geht nur, wenn das Ziel an sich machbar ist und Sie einen konkreten, umsetzbaren und effektiven Plan haben, um dieses Ziel zu verwirklichen. Auf die Schnelle zehn Kilo abnehmen ist ein großes Ziel, aber erst, wenn Sie konkrete Vorstellungen davon haben, wie Sie das schaffen können, wird das Ziel greifbar. Werden Sie Sport machen? Welchen Sport? Wo gehen Sie hin, um Ihren Sport zu machen? Können Sie schon heute damit anfangen oder müssen Sie erst noch einen passenden Kurs finden? Wie sieht Ihr Trainingsplan aus? Was werden Sie an Ihren Essgewohnheiten ändern? Was dürfen Sie weiterhin essen? Was tun Sie, wenn Sie doch einmal Lust auf Süßes bekommen? Es ist an sich völlig logisch: Wenn Sie wissen, *wie* Sie die Sache angehen, haben Sie mehr Vertrauen, dass es Ihnen auch gelingen wird. Berücksichtigen Sie in Ihrem Plan Dinge, die Sie bereits bewältigen können, und kritische Situationen. Können Sie auf einem Familiengeburtstag „nein" zu einem Stück Torte sagen? Und bei der Arbeit? Die Übung „Strategische mentale Vorbereitung" (siehe S. 113ff.) kann Ihnen helfen, realistisch einzuschätzen, was Sie erwartet und wie Sie damit umgehen können. Wenn Sie zum Themenbereich „Ziele setzen und Pläne machen" mehr Übungen machen wollen, sehen Sie sich noch einmal Kapitel 3 an.

Strategie 4: Ausprobieren

Wie lernen wir? Indem wir ausprobieren! Wie stärken wir unser Selbstvertrauen? Indem wir erleben, dass wir etwas können! Es klingt vielleicht banal, aber etwas zu *machen*, ist die beste Möglichkeit, das Selbstvertrauen zu stärken. Was hält uns dann davon ab? Oft erleben wir es als große Herausforderung, etwas Neues oder Schwieriges auszuprobieren. Wir gehen womöglich mit Widerwillen an die Sache heran, schieben sie vor uns her oder machen sie letztlich gar nicht.

Manchmal machen wir etwas nicht, weil wir Angst davor haben, zu scheitern. Die Angst vor dem Scheitern ist manchmal unnötig groß (siehe hierzu das Intermezzo „Growth Mindset" auf S. 51ff.). Wie geht man am besten mit dieser Angst um? Auch hier gilt die Devise: einfach machen! Psychologinnen und Psychologen sprechen von Exposition oder Expositionstherapie, wenn man sich bewusst mit der angstauslösenden Situation konfrontiert. Auch wenn es alles andere als einfach ist, sich der Angst auszusetzen, erleben wir dadurch, dass wir die Angst in den Griff bekommen können.

Ich bin z.B. immer etwas unsicher, was andere Menschen wohl von mir halten könnten. Als ich anfing, Seminare und Vorlesungen zu halten, war das angsteinflößend. Was, wenn ich meine Sache nicht gut machen und die Teilnehmenden mich komisch finden würden? Zum Glück habe ich es einfach immer wieder ausprobiert – zuerst in sicherer Umgebung mit Bekannten, später auch vor immer größerem Publikum mit unbekannten Menschen. Heute bin ich in Vortragssituationen immer noch nervös, habe aber keine Angst mehr. Durch häufiges Üben habe ich nun ausreichendes Vertrauen in meine Trainerfertigkeiten und darin, dass ich ein Training zu einem guten Abschluss bringen kann. Das bedeutet leider nicht, dass immer alles gut geht, es bedeutet aber, dass ich mir zutraue, das Beste aus der Situation machen zu können.

Wenn wir unser Selbstvertrauen dadurch stärken wollen, dass wir eine Sache einfach ausprobieren wollen, dann besteht die Kunst darin, es konstruktiv anzugehen. Den ersten öffentlichen Gesangsauftritt vor der Jury von *The Voice of Germany* bestreiten zu wollen, ist sicherlich etwas zu ambitioniert. Nur unter der Dusche zu singen, gibt Ihnen aber nicht das Selbstvertrauen, dass Sie auch vor Publikum singen können. Versuchen Sie lieber, die Herausforderung langsam zu steigern. Definieren Sie ein Ziel, das an der Grenze Ihres Könnens liegt. Das ist herausfordernd und machbar.[9] Besuchen Sie einen Karaoke-Abend und singen Sie solo. Falls Ihnen dieser Schritt zu groß erscheint, stimmen Sie bei der nächsten Geburtstagsfeier das Geburtstagslied an, sodass andere mitsingen können, und singen Sie etwas lauter als üblich. Falls dieser erste Schritt für Sie zu wenig herausfordernd ist, treten Sie im Nachbarschaftszentrum auf.

---

9 Die Strategie, sich an der Grenze des nächsthöheren Lernniveaus zu orientieren, stammt aus der Entwicklungspsychologie. Der sowjetische Psychologe Lev Vygotski entwickelte das Konzept der *Zone der nächsten (bzw. proximalen) Entwicklung*, das von einem Lernpotenzial einer jeden Person ausgeht (Vygotsky, 1978).

Lernen durch Ausprobieren

Wobei wünschen Sie sich mehr Selbstvertrauen? Gehen Sie jeweils die folgenden Schritte durch:

1. Unterteilen Sie die Aufgabe, wenn möglich, in kleinere Subaufgaben. Bei welchen Subaufgaben haben Sie aktuell noch wenig Selbstvertrauen darin, dass sie Ihnen gelingen werden?
2. Überlegen Sie sich, wie Sie für die Aufgabe, vor der Sie zurückschrecken bzw. die Sie als zu herausfordernd empfinden, üben könnten. Falls es Ihnen schwerfällt, sich klar gegenüber Ihrer Führungskraft zu äußern, üben Sie zunächst mit Ihrer Partnerin oder einem Kollegen. Würden Sie gerne allein nach Südamerika reisen, trauen sich das aber nicht zu? Gehen Sie schrittweise vor und machen Sie zunächst allein einen Städtetrip. Suchen Sie sich Unternehmungen, die einerseits herausfordernd und andererseits für Sie noch gut überschaubar und bewältigbar sind. Allein auf einen Familienbauernhof zu reisen, bringt Ihnen im Hinblick auf Ihr Ziel vermutlich keine neuen Erkenntnisse, und eine Reise nach Johannesburg ist vermutlich genauso herausfordernd wie Südamerika und damit für den Einstieg etwas zu hoch gegriffen.
3. Treffen Sie eine Entscheidung, womit Sie als erstes üben möchten. Und dann machen Sie es einfach! Betrachten Sie diesen ersten Versuch wirklich als Übung. Wenn es ein Erfolg werden sollte, ist das toll, aber das ist nicht das Ziel. Das Ziel beim Üben ist es, Erfahrungen zu sammeln. Und bei diesem Ziel kann es gar keine Misserfolge geben. Sie lernen, wie etwas funktioniert oder wie es nicht funktioniert. Beide Erfahrungen können Ihr Vertrauen in die Aufgabe steigern, indem Sie die Sache wieder ein Stück besser verstehen.
4. Wiederholen Sie Schritt 3 mit stets schwierigeren, herausfordernderen Situationen, bis Sie genügend Selbstvertrauen haben, die „eigentliche“ Aufgabe umzusetzen.

Strategie 5: Selbstreflexion

Um an Ihr Ziel zu gelangen, haben Sie Vorarbeit geleistet, indem Sie sich vorgestellt haben, wie Sie Ihr Vorhaben umsetzen könnten. Sie haben Erkenntnisse gewonnen, indem Sie sich angesehen haben, wie andere Menschen an die Sache herangehen. Und Sie haben es ausprobiert. Damit Sie vom Ausprobieren besonders stark profitieren können, können Sie rückblickend analysieren, wie es gelaufen ist. Wenn Sie einmal verstanden haben, warum es Ihnen gelungen ist, das Gespräch über eine Gehaltserhöhung zu führen (oder warum es nicht gelungen ist), bringen Sie Ihr Selbstvertrauen in diesem Punkt voran (oder Sie verhindern, dass Sie beim nächsten Mal wieder in dieselbe Falle tappen). Das hilft Ihnen, ein solches Gespräch beim nächsten Mal besser zu gestalten. Selbstreflexion ähnelt der gedanklichen Vorstellung mit dem Unterschied, dass Sie auf einen Versuch zurückblicken.

Durch Selbstreflexion lernen

Suchen Sie sich eine Person, mit der Sie über Ihren letzten Versuch, die herausfordernde Aufgabe auszuprobieren oder umzusetzen, reflektieren können. Wenn die Aufgabe völlig neu für Sie ist, denken Sie an eine Situation in der Vergangenheit, in der Sie etwas Vergleichbares gemacht haben (z. B. als Sie einmal etwas gemacht haben, was völlig neu für Sie war). Wenn Sie die Übung allein machen, dann versuchen Sie, sich so gut wie möglich wieder in dieses Erlebnis hineinzuversetzen. Wenn Sie die Übung gemeinsam mit einer anderen Person machen, bitten Sie sie, die folgenden Fragen an Sie zu richten. Nehmen Sie sich Zeit für diese Übung. Häufig entstehen so wertvolle Gespräche.

1. „Erzähle davon, wie du eine schwierige Aufgabe, ähnlich wie die, vor der du jetzt stehst und mit der du dich schwertust, mit Erfolg ausgeführt hast. Vielleicht hattest du vorher Zweifel, ob du diese Aufgabe schaffen kannst. Erzähle von dieser Erfolgserfahrung!“
2. Geben Sie der Beantwortung der ersten Frage ausreichend Zeit. Wenn das frühere Ereignis hinreichend beschrieben wurde, kann die interviewende Person mit den folgenden Fragen fortfahren:
   - „Welches Gefühl hat diese Erfahrung bei dir ausgelöst?“
   - „Was hast du genau erreicht?“
   - „Wie ist dir das gelungen? Was hast du gemacht?“
   - „Was hat dir dabei geholfen? Welche Fähigkeiten, Hilfen und/oder Kontakte hast du genutzt?“
   - „Was hat dir darüber hinaus noch geholfen?“ (Haken Sie nach, falls mehrere Antworten denkbar sind.)

3. Stellen Sie anschließend einen Bezug zur Gegenwart her:
   - „Wie können dir diese Erfolgserfahrung und die damit verbundenen Handlungen helfen, künftige Ziele zu verwirklichen?“
   - „Was sagt das über deine Fähigkeiten, etwas zu vollbringen, aus?“

Strategie 6: Selbstfürsorge betreiben

Sie haben ein Bewerbungsgespräch. Am Empfang sagt man Ihnen, das Gespräch würde im sechsten Stock stattfinden, und der Aufzug funktioniere nicht ... Sie nehmen die Treppe und gehen mit zügigen Schritten nach oben, denn Sie sind etwas spät dran. Ein wenig außer Atem und mit erhöhtem Puls kommen Sie im sechsten Stock an. Dort finden Sie sich direkt der Führungskraft gegenüber, mit der Sie verabredet sind und die Sie nun begrüßt: „Ah, da sind Sie ja, schön, lassen Sie uns gleich anfangen.“

Wenn Sie sich in diese Situation hineinversetzen, fühlen Sie sich vermutlich nervös und nicht gerade voller Selbstvertrauen. Je nachdem, wie wir uns körperlich fühlen, hat dies Einfluss auf unser Selbstvertrauen. Auf ähnliche Weise beeinflusst uns auch unsere Stimmung. Diese Einflüsse haben wir nicht immer unter Kontrolle und dann können sie uns sogar in eine Abwärtsspirale führen: Wenn man in eine Sache wenig Vertrauen hat, kann man sich eingeschüchtert und niedergeschlagen fühlen und dadurch weiter an Zuversicht verlieren. Über den Einfluss unseres Körpers und unserer Gefühle Bescheid zu wissen, ist sehr hilfreich. Wenn Sie merken, dass Sie niedergeschlagen oder müde sind, können Sie sich bewusst machen, dass Ihr Selbstvertrauen dadurch möglicherweise etwas geringer sein kann als es normalerweise in der Situation wäre.

Durch Selbstfürsorge können Sie einen gewissen Einfluss auf Ihr Selbstvertrauen nehmen. Bewegen Sie sich regelmäßig und verbessern Sie so Ihre Kondition. Machen Sie etwas Schönes, bevor Sie sich in eine herausfordernde Situation begeben. Sorgen Sie dafür, dass Sie bei unvorhergesehenen Hindernissen wieder etwas zu sich kommen können; im Beispiel mit dem Bewerbungsgespräch könnte dies z. B. sein, nach dem Treppensteigen die Toilette aufzusuchen, damit man sich etwas erfrischen und die Körpertemperatur wieder etwas herunterfahren kann.

Vertrauen Sie in Ihre Fähigkeit, sich weiterzuentwickeln

Die oben genannten Beispiele handeln alle davon, das eigene Selbstvertrauen *für eine spezifische Aufgabe* zu stärken. Das ist natürlich eine gute Sache. Wir können aber auch eine Art übergeordnetes Selbstvertrauen entwickeln. Unser Selbstvertrauen wächst mit der Überzeugung, neue Fähigkeiten erlernen zu können. Wenn Sie für den Führerschein lernen und üben, steigt gewöhnlich Ihr Selbstvertrauen in Ihre Fähigkeiten, ein Auto durch den Straßenverkehr zu lenken. Je mehr Präsentationen Sie halten, desto mehr wächst Ihr Vertrauen in Ihre eigenen Vortragsfähigkeiten. Beim dritten Kind fühlen Sie sich als Elternteil vermutlich selbstsicherer als beim ersten. Wenn Sie all die Male, in denen Sie etwas lernen konnten, zusammenzählen, können Sie daraus die Schlussfolgerung ziehen, dass Sie darauf vertrauen dürfen, etwas Neues erlernen zu können. Auch wenn Sie z.B. noch nie gerudert sind, wissen Sie trotzdem, dass Sie schon früher neue Fähigkeiten erlernt haben, und diesem Wissen entspringt ein gewisses Maß an Selbstvertrauen.

Auf die gleiche Weise können Sie auch Ihr Vertrauen darin, sich persönlich weiterentwickeln zu können, steigern. In diesem Kapitel ging es um Selbstvertrauen, die vierte Komponente des psychologischen Kapitals (siehe Kapitel 1). Wenn Sie die Übungen in den vorherigen drei Kapiteln gemacht haben, dann ist Ihr Vertrauen in Ihren eigenen Optimismus, Ihre Hoffnung und Ihre Resilienz wahrscheinlich schon etwas gewachsen. Wenn das so ist, dann hat auch Ihr Vertrauen darin, Ihr psychologisches Kapital stärken zu können, zugenommen. Machen Sie sich bewusst, dass Sie Ihren Optimismus, Ihre Hoffnung, Ihre Resilienz und Ihr Selbstvertrauen weiterentwickeln können! Machen Sie sich dies bewusst, wenn Sie das nächste Mal den Eindruck haben, eine Situation nicht beeinflussen zu können, wenn Sie wenig Hoffnung haben, Ihre Ziele erreichen zu können, wenn Sie nicht wissen, wie Sie mit einem Rückschlag umgehen sollen, oder daran zweifeln, ob Sie der neuen Aufgabe gewachsen sind: Ihren Optimismus, Ihre Hoffnung, Ihre Resilienz und Ihr Selbstvertrauen können Sie selbst beeinflussen.

Rückblick

Die vier Eigenschaften Optimismus, Hoffnung, Resilienz und Selbstvertrauen bilden gemeinsam unser psychologisches Kapital. In den vorherigen Kapiteln haben Sie viel über diese Eigenschaften erfahren, und Sie haben Übungen, die diese Eigenschaften jeweils stärken, kennengelernt und durchgeführt. Jetzt ist es Zeit für eine Zusammenfassung und ein persönliches Fazit. Was nehmen Sie aus dem bisher Gelernten mit? Woran möchten Sie sich erinnern, wenn es einmal schwierig wird?

1. *Optimismus* ist das Vertrauen darin, dass wir handeln können, um unsere Situation zu verbessern.
   Was ist für Sie der Beweis dafür, dass Sie einen Einfluss haben, sogar auf schwierige und ärgerliche Dinge? Nennen Sie ein konkretes Beispiel.

2. *Hoffnung* ist die Motivation für ein bestimmtes Ziel und konkrete Vorstellungen darüber zu haben, wie dieses Ziel erreicht werden kann.
   Was ist Ihnen so wichtig, dass Sie sich dafür einsetzen wollen? Wie können Sie Ideen sammeln, *wie* Sie diese Ziele verwirklichen können?

3. *Resilienz* bezeichnet die Fähigkeit, sich bei Rückschlägen wieder aufzurichten und an dieser Erfahrung zu wachsen.
   Wie gehen Sie auf gesunde und angemessene Weise mit einem Rückschlag um? Wie gehen Sie mit Stress um? Und was hilft Ihnen dabei, aus Rückschlägen und Stress etwas zu lernen?

4. *Selbstvertrauen* meint den fundierten Glauben daran, eine Aufgabe erfolgreich ausführen zu können.
   Welche Herausforderungen liegen vor Ihnen? Und wie entwickeln Sie das benötigte Selbstvertrauen, um damit anzufangen?

Was bewirkt Selbstvertrauen?

Viele Menschen wünschen sich mehr Selbstvertrauen. Ist dieser Wunsch berechtigt? Selbstvertrauen zu haben, fühlt sich nicht nur gut an, es hat auch viele positive Effekte.

Zunächst sorgt Selbstvertrauen dafür, dass wir uns Herausforderungen stellen und ihnen nicht aus dem Weg gehen. Vermeidungsverhalten führt langfristig häufig zu Problemen (oder zumindest zu Schuldgefühlen); Selbstvertrauen hingegen gibt uns den nötigen Schubs, um eine Herausforderung anzunehmen. Es stärkt somit auch unsere Resilienz. Zudem ermöglicht uns ein gutes Selbstvertrauen, konstruktiver mit negativem Feedback und mit Rückschlägen umzugehen, da es uns erleichtert anzuerkennen, wenn etwas nicht gut funktioniert hat. Mit einem Growth Mindset (siehe Intermezzo auf S. 51ff.) kann man gerade aus Fehlschlägen lernen und damit das eigene Vertrauen darin stärken, dass die Sache bei einem nächsten Mal besser klappt.

Es gibt außerdem einen engen Zusammenhang zwischen Selbstvertrauen und Motivation (Bandura & Locke, 2003). Das funktioniert ähnlich wie bei Hoffnung und Optimismus, wo wir Vertrauen in unsere Einflussmöglichkeiten haben. Wenn wir darauf vertrauen, dass wir unser Ziel erreichen können, sind wir motivierter, uns dafür anzustrengen.

Zu guter Letzt soll erwähnt werden, dass Menschen mit einem guten Selbstvertrauen auch gesünder und glücklicher zu sein scheinen. Sie zeigen eine stärkere Tendenz zu einer gesunden Lebensweise (z.B. Sport treiben, sich gesund ernähren) und dazu, weniger schnell aggressiv zu reagieren. Das hängt möglicherweise damit zusammen, dass sie die Zuversicht besitzen, Probleme auch auf andere Weise lösen zu können.

Der goldene Mittelweg

Selbstvertrauen kann uns also helfen, das Beste aus unserem Leben herauszuholen und Selbstfürsorge zu betreiben. Wäre es dann das Beste, wenn wir uns alle strotzend vor Selbstbewusstsein durch die Welt bewegen würden? Natürlich nicht, denn ein zu hoch ausgeprägtes Selbstvertrauen kann auch einige Nachteile mit sich bringen.

Zunächst ist es so, dass übermäßiges Selbstvertrauen selten als charmante Eigenschaft wahrgenommen wird und für unsere zwischenmenschlichen Beziehungen nicht unbedingt vorteilhaft ist: Wenn wir bei jeder Gelegenheit verkünden, wie toll wir dieses oder jenes können, empfinden andere dies häufig als unpassend und wir werden vermutlich als arrogant wahrgenommen. Aber auch, wenn es darum geht, unsere Ziele zu erreichen, hilft ein übergroßes Maß an Selbstvertrauen nicht unbedingt weiter. Übermut kann dazu führen, dass wir unsere Aufgaben nicht mehr ernst nehmen. Wenn wir glauben, dass die anstehende Prüfung bloß eine Formalität ist, bereiten wir uns nicht so gut vor, als wenn wir davon ausgehen, dass die Prüfung eine Herausforderung sein wird. Es ist also sinnvoll, sich eine gewisse Bescheidenheit zu bewahren und Aufgaben ernst zu nehmen. In Kombination mit der richtigen Motivation kann ein geringes Selbstvertrauen sogar dazu führen, dass man sich besonders anstrengt. Eine gute Strategie ist es also, auf einen Erfolg zu vertrauen, wenn wir uns *auf die für uns bestmögliche Art dafür einsetzen.*

Ein weiteres Risiko eines sehr stark ausgeprägten Selbstvertrauens besteht darin, dieses komplett aus einem Leistungsvergleich mit anderen zu beziehen. In den USA ist das ein bekanntes Phänomen. Nur 1% der Schülerinnen und Schüler erhält eine Zulassung für eine prestigeträchtige Universität wie Harvard. In der Schule gehörte dieses 1% zu den Klassenbesten. Wenn aber dann von vielen Schulen das beste Prozent zusammengebracht wird, kann nur eine oder einer von Hundert den alten Status beibehalten. Die frühere Überfliegerin oder der frühere Überflieger der Schule erzielt in Harvard vielleicht nur mittelmäßige oder sogar niedrige Leistungen. Das Gleiche kann man bei einem Sportverein, der aufsteigt, beobachten. In der Meisterschaftssaison ist alles wie von selbst gelaufen, aber als Aufsteiger muss sich das Team erst an das höhere Niveau gewöhnen. Die Gefahr, gleich wieder abzusteigen, ist allgegenwärtig.

Wer sein Selbstvertrauen direkt aus seinen Leistungen bezieht, ist diesbezüglich sehr vom Umfeld abhängig. Versuchen Sie, Ihre eigenen Fähigkeiten realistisch und mit etwas Distanz einzuschätzen. Vergleichen Sie sich nicht nur mit den Besten, sondern auch mit allen anderen. Vergleichen Sie nicht nur im Hinblick auf *eine bestimmte* Leistung, sondern betrachten Sie immer das größere Ganze. Das Gras scheint auf dem Nachbargrundstück immer grüner zu sein, aber schauen Sie nicht nur auf den Rasen, sondern auch auf die Blumen und den Putz am Haus. Wenn Sie merken, dass Ihr Selbstwertgefühl unter negativen Vergleichen mit anderen leidet, können Sie versuchen, mehr Selbstmitgefühl zu entwickeln. Die folgende Übung ist hierfür gut geeignet.

Selbstmitgefühl

Selbstmitgefühl wird oft mit Selbstmitleid gleichgesetzt, so als ob man eine bemitleidenswerte Person wäre. Das ist so nicht richtig. Selbstmitgefühl bedeutet, dass wir eine freundliche, verständnisvolle und offene Haltung uns selbst gegenüber annehmen. Wer kennt das nicht, dass man sich selbst Vorwürfe macht, weil man abends wieder vor dem Fernseher versackt ist, anstatt Sport zu machen? Viele Menschen haben einen inneren Kritiker, der nicht wirklich freundlich, wertschätzend und offen dem gegenüber ist, was wir erleben und fühlen.

Selbstmitgefühl entsteht aus dem Bewusstsein einer *geteilten Menschlichkeit* heraus: Sie sind nicht der einzige Mensch, der vor dem Fernseher hängengeblieben ist, seinen Diätplan nicht eingehalten hat, oder die Anlage in der E-Mail an die Chefin vergessen hat. Es geht darum, sich bei solchen Vorkommnissen nicht selbst niederzumachen, sondern sich selbst *freundlich zu begegnen* und eine *offene Haltung* uns gegenüber einzunehmen (so ähnlich wie bei der Achtsamkeit). Diese offene Haltung ermöglicht es uns, zu bemerken, wenn wir uns doch wieder Vorwürfe machen und uns damit runterziehen („Ah ja, ich ziehe mich gerade wieder selbst runter“) und anschließend anzuerkennen, dass wir nicht die einzigen sind, die das tun („Jeder ist mal von sich enttäuscht“). Danach können wir uns wieder freundlich begegnen: „Es ist verständlich, dass ich das schade finde, und es stört mich auch, dass ich so gehandelt habe, aber ich habe es zumindest versucht und ich kann es beim nächsten Mal wieder versuchen.“

Eine häufig eingesetzte Übung zur Stärkung des Selbstmitgefühls ist die Liebende-Güte-Meditation. Im Folgenden finden Sie den Text für die Meditation.

Es ist empfehlenswert, die Übung an einem ruhigen Ort, an dem Sie nicht gestört werden, durchzuführen (sie kann aber auch z. B. während einer Zugfahrt gemacht werden). Ziel der Übung ist nicht, ein bestimmtes Gefühl zu erzeugen, sondern ganz einfach wahrzunehmen, was da ist.

1. Fangen Sie damit an, Ihre Aufmerksamkeit auf Ihre Atmung zu lenken. Sie müssen Ihre Atmung nicht ändern, nicht tiefer oder ruhiger atmen. Spüren Sie einfach in Ihren Körper hinein, wie es sich anfühlt, ein- und auszuatmen. Während der gesamten Übung können Sie immer wieder zu Ihrer Atmung zurückkehren, falls Sie mit Ihrer Aufmerksamkeit abschweifen.
2. Stellen Sie sich nun vor Ihrem inneren Auge einen Menschen vor, der Ihnen nahe ist. Stellen Sie sich vor, dass diese Person vor Ihnen steht. Es kann Ihre Partnerin oder Ihr Partner, ein Kind, ein Elternteil oder eine gute Freundin oder ein guter Freund sein. Es darf auch eine bereits verstorbene Person sein.
3. Mit dieser Person vor Augen denken Sie daran, dass sie – genauso wie alle anderen Menschen – hin und wieder Schmerz, Rückschläge und Leid erlebt. Und so wie alle anderen Menschen würde auch diese Person am liebsten einfach glücklich sein. Wünschen Sie der Person in Ihrer Vorstellung etwas Positives. Wählen Sie beispielsweise einen der folgenden Sätze:
   - Mögest du glücklich sein.
   - Ich wünsche dir, dass du glücklich bist.
   - Mögest du gesund sein.
   - Ich wünsche dir ein Leben frei von Schmerz und Leid.

Oder formulieren Sie Ihren Wunsch in eigenen Worten. Sie können (das gilt auch für die folgenden Schritte) immer wieder bewusst wahrnehmen, was Sie *jetzt* spüren. Kommen bestimmte Gefühle hoch oder bestimmte Gedanken oder körperliche Empfindungen? Nichts muss „gelingen"; nehmen Sie einfach wahr, was da ist.

4. Stellen Sie sich dann vor, dass Sie sich neben dieser Ihnen nahestehenden Person befinden. Machen Sie sich bewusst, dass auch Sie manchmal Schmerz erleben und dass auch Sie einfach glücklich sein wollen. Sprechen Sie nun Ihnen beiden diesen positiven Wunsch aus.
5. Richten Sie zum Schluss Ihre Aufmerksamkeit noch einmal für einige Zeit auf Ihre Atmung. Falls Sie sonst noch etwas spüren, nehmen Sie dies einfach nur wahr, und beenden Sie dann die Meditation.

Wenn Sie möchten, können Sie diese Übung einige Wochen lang täglich wiederholen. Aus Studien geht hervor, dass Menschen durch diese

Meditation ein freundlicheres Gefühl für andere entwickeln. Das heißt nicht, dass wir alles, was andere tun, gut finden müssen. Es geht vielmehr darum zu erkennen, dass Gefühle des Ärgers und der Wut vor allem für uns selbst unproduktiv sind. Die Meditation bewirkt auch, dass wir uns selbst freundlicher betrachten und uns weniger kritisch, harsch, streng oder negativ uns selbst gegenüber verhalten.

Eine weitere Schwierigkeit bei zu viel Selbstvertrauen kann sein, dass wir uns allzu leicht selbst verurteilen, wenn wir gerade einmal wenig davon haben. Eine solche Haltung uns gegenüber ist jedoch unberechtigt und kontraproduktiv. Vermutlich kennen Sie folgende Situation: Sie ärgern sich darüber, dass Sie sich wegen etwas Sorgen machen, und sagen sich: „Das ist doch wirklich nichts Besonderes, das muss ich doch auch hinkriegen!“ Wenn wir auf diese Weise zu uns selbst sprechen, tut das unserem Selbstvertrauen sicher nicht gut. Das gegenteilige Verhalten tut es schon eher: Wenn wir es wagen, uns selbst einzugestehen, dass wir vor etwas Angst haben oder uns mit einer Sache schwertun, sind wir aufrichtiger zu uns selbst und das kommt unserem Selbstvertrauen zugute.

Zusammenfassung

- Selbstvertrauen ist der Glaube daran, dass wir in der Lage sind, eine bestimmte Aufgabe zu erfüllen. Mehr Selbstvertrauen hilft uns, Herausforderungen anzugehen und uns von Rückschlägen nicht so leicht beeinträchtigen zu lassen. Das Selbstvertrauen lässt sich stärken, indem wir uns vorstellen (visualisieren), wie wir die anstehende Aufgabe bewältigen, oder uns durch Übung an die Herausforderung herantasten.
- Das Risiko eines zu hohen Selbstvertrauens ist, dass man nachlässig wird. Wenn wir hingegen üben und uns verbessern, besteht die Gefahr, dass wir uns ständig mit anderen vergleichen, um zu beurteilen, wo wir gerade stehen. Das macht uns nicht glücklicher. Versuchen Sie deshalb, sich auf Ihre eigenen Erfahrungen und Erlebnisse zu konzentrieren sowie darauf, was Sie aus ihnen lernen können.

6 Sie haben Ihr psychologisches Kapital ausgebaut, aber trotzdem noch Stress?

Sie sind nun bis hierher gekommen. Sie haben die bisherigen Kapitel gelesen und alle Übungen gemacht (vielleicht nicht alle, aber hoffentlich zumindest ein paar davon). Sie haben den Test im ersten Kapitel gerade noch einmal beantwortet und vielleicht festgestellt, dass Sie schon etwas mehr Optimismus, Hoffnung, Resilienz und Selbstvertrauen entwickelt, also Ihr psychologisches Kapital schon etwas gestärkt und ausgebaut haben. Falls das so ist, ist das natürlich großartig, aber ... warum haben Sie dann immer noch Stress?

Weil psychologisches Kapital keine Garantie gegen Stress an sich ist. Der Stress wird *geringer*, weil Sie besser mit Rückschlägen und Niederlagen umgehen können. Der Stress hält auch *weniger lang* an, weil Sie etwas gegen ihn tun können. Psychologisches Kapital ist kein Wundermittel, denn die Umstände spielen auch eine wichtige Rolle bei unserem Stresserleben. Es macht einen großen Unterschied, ob man ein Luxusleben führt, in dem man viel Zeit damit verbringen kann, am Strand Cocktails zu trinken, oder ob man eine anspruchsvolle Führungskraft – aus Angst vor einer Kündigung – zufriedenstellen muss, die überbordende Arbeitslast mit wenig Teammitgliedern bewältigen muss und deshalb abends Überstunden macht und zu Hause noch die Kinder versorgen muss, weil die Partnerin oder der Partner krank ist.

Der Stress bleibt also. Was können Sie dann noch tun? In diesem Kapitel stelle ich Ihnen ein paar Strategien vor, die Sie ausprobieren können, um vom Stress nicht überwältigt zu werden, wenn Sie einmal gerade nicht so viel Optimismus, Hoffnung, Resilienz oder Selbstvertrauen haben. Damit werden die Inhalte aus den vorherigen Kapiteln aber nicht nutzlos: Sie können Ihnen dabei helfen, die im Folgenden vorgestellten Strategien umzusetzen. Falls Ihnen eine dieser Strategien als zu schwierig umsetzbar erscheint, nehmen Sie die Übungen aus Kapitel 3 zu Hilfe und formulieren Sie die Umsetzung der Strategie als Ziel. Oder machen Sie die Visualisierungsübung (siehe S. 112f.) oder die Übung zur strategischen mentalen Vorbereitung (siehe S. 113ff.) und überlegen Sie so, wie Sie die Strategie trotz Ihrer Vorbehalte anwenden könnten.

Strategie 1: Sich Hilfe suchen

Wenn Sie häufiger unter Stress leiden, lautet der einfachste Rat: Suchen Sie sich Hilfe. Das ist grundsätzlich immer eine gute Idee. Fangen Sie damit an, anderen zu erzählen, dass Sie immer wieder unter Stress stehen. Sprechen Sie mit jemandem, der Sie versteht und Ihr Problem ernst nimmt. Sich der Unterstützung anderer gewiss zu sein, ist enorm wichtig für unser Wohlbefinden.

Dauerstress lässt sich beispielsweise an Schlafproblemen erkennen, an Müdigkeit und Erschöpfung oder daran, dass man zu nichts Lust hat und einem alles mühsam erscheint. Falls Sie den Eindruck haben, dass Sie schon länger unter diesen Symptomen leiden, sprechen Sie zunächst mit Ihrer Hausärztin bzw. Ihrem Hausarzt darüber. Diese bzw. dieser kann eine erste Einschätzung vornehmen, wie ernsthaft die Beschwerden sind, Ihnen erste Empfehlungen geben und Sie, falls erforderlich, an eine Spezialistin oder einen Spezialisten überweisen.[10] Auch psychosoziale Beratungsstellen sind eine gute erste Anlaufstelle.

Strategie 2: Selbstfürsorge ernst nehmen

Eine weitere wichtige Strategie ist: Sorgen Sie gut für sich selbst. Gute Selbstfürsorge beinhaltet nicht nur, die Dinge in Ruhe anzugehen, sich genügend auszuruhen und für einen guten Schlaf zu sorgen. Es geht eher um eine gesunde Balance zwischen Ruhe und Aktivität. Das kann man mit dem Laufen vergleichen. Wenn man damit anfängt und noch wenig Kondition hat, hat man nach der ersten Runde zwei Tage lang Muskelkater. Nach einigen Wochen Training hat sich Ihre Kondition merklich verbessert, Sie haben nach der Laufrunde keinen Muskelkater mehr und geraten nicht mehr so schnell außer Atmen, wenn Sie einen Sprint einlegen müssen, um den Bus noch zu erwischen. Selbstfürsorge funktioniert also eher nach dem Motto: Ruhe und Erholung sind genauso wichtig wie regelmäßige Aktivität. Welches Maß Ihnen dabei guttut, hängt von Ihrer „mentalen Fitness“ ab.

---

10 Eine erste Orientierung bietet die folgende Webseite: https://www.stiftung-gesundheitswissen.de/gesundes-leben/psyche-wohlbefinden/hilfe-bei-psychischen-problemen-diese-stellen-koennen-sie-sich

Körperliche Fitness

Bewegen Sie sich regelmäßig. Sollten Sie merken, dass Sie sich müde und kraftlos fühlen, beginnen Sie Ihr Bewegungsprogramm nicht gleich mit einem Besuch im Fitnessstudio. Fangen Sie zunächst damit an, mehrmals pro Woche 10 Minuten in gemäßigtem Tempo spazieren zu gehen. Wenn Ihnen das ohne größere Anstrengung gelingt, können Sie sich auf eine halbe Stunde Bewegung am Tag steigern (z.B. langsames Laufen, Schwimmen, strammes Gehen oder Fahrradfahren). Versuchen Sie, jeden Tag nach draußen zu gehen und sich zu bewegen. Zu wenig Bewegung kann dazu führen, dass wir uns antriebslos und kraftlos fühlen.

Achten Sie auf Ihre Ernährungsgewohnheiten. Nehmen Sie ausreichend Nährstoffe zu sich? Und nicht zu viel Fett, Zucker oder Alkohol? Langzeitstress kann nämlich dazu führen, dass sich die Ernährungsgewohnheiten verschlechtern, was dann wiederum zu noch mehr Stress führt. Versuchen Sie, einen angenehmen, effektiven Weg zu finden, um ein gesundes Ernährungsverhalten beizubehalten.

Versuchen Sie, Ihre Mahlzeiten regelmäßig einzunehmen. Wenn Sie den Tag mit einem Frühstück starten und die Mahlzeiten in regelmäßigen Abständen auf den Tag verteilen, werden Sie kaum in ein Energieloch fallen. Denken Sie daran, dass Kaffee Gefühle der Anspannung noch verstärken kann. Versuchen Sie deshalb, nicht mehr als drei Tassen Kaffee am Tag zu trinken. Energydrinks enthalten noch mehr Koffein, seien Sie damit vorsichtig.

Schlafgewohnheiten

Viele Menschen haben Schlafprobleme, und Stress verschlimmert diese Probleme oft noch. Wie lange schlafen Sie? Sind Sie jeden Tag müde oder fühlen Sie sich richtig ausgeruht? Im Schnitt benötigen wir Menschen ca. acht Stunden Schlaf pro Nacht. Manchen Menschen genügen sechs Stunden, andere fühlen sich wohl mit neun Stunden Schlaf. Wenn Sie merken, dass Sie nicht gut schlafen, dann tun Sie etwas! Hilfreiche Tipps sind:

- Legen Sie eine Uhrzeit fest, zu der Sie schlafen gehen wollen. Sorgen Sie dafür, dass Sie in der Stunde vor diesem Zeitpunkt nicht mehr vor einem Bildschirm sitzen (Fernseher, PC, Tablet oder Smartphone).

Das Licht dieser Geräte beeinflusst unsere biologische Uhr und oft hält uns das, was wir auf dem Bildschirm ansehen, noch länger wach.

- Trinken Sie nicht zu viel Kaffee, Cola und Energydrinks und achten Sie darauf, dass Sie nach dem Abendessen kein Koffein mehr zu sich nehmen. Ein Energydrink enthält oft die Menge an Koffein, die in vier Tassen Kaffee steckt. Vier Tassen Kaffee pro Tag ist oft schon mehr als genug. Wenn man sich müde fühlt, ist es natürlich verführerisch, Kaffee zu trinken, aber leider begeben Sie sich damit in eine Abwärtsspirale. Zu viel Koffein lässt Sie schlechter schlafen und am nächsten Tag wird, um munter zu werden, gleich eine größere Menge konsumiert. Es kann auch hilfreich sein, ein bis zwei Stunden vor dem Zubettgehen nicht mehr viel zu trinken, damit Sie nachts nicht oft zur Toilette müssen.
- Trinken Sie, vor allem abends, nicht zu viel Alkohol. Es mag den Anschein haben, als könnte man durch Alkohol besonders gut schlafen, aber das stimmt nicht. Man schläft vielleicht schneller ein, aber der Schlaf ist unruhiger und weniger tief.
- Machen Sie einen Abendspaziergang oder tun Sie tagsüber etwas, das Sie körperlich müde werden lässt.
- Schlafen Sie tagsüber nicht zu viel, auch nicht, wenn Sie müde sind. Ein langer Mittagsschlaf bringt den Schlaf-Wach-Rhythmus durcheinander und dadurch schlafen Sie dann nachts schlechter. Wenn Sie tagsüber gern schlafen wollen, stellen Sie den Wecker auf eine halbe Stunde und stehen Sie dann auch auf. Überlegen Sie sich eine Strategie, mit der Sie Müdigkeit am Tag begegnen können: ein Spaziergang, sich mit jemandem treffen, leichte Arbeiten im Haushalt wie Aufräumen oder Einkaufen oder Ähnliches.
- Grübeln kann ebenfalls für Schlafschwierigkeiten verantwortlich sein. Grübeln lässt sich allerdings nicht so leicht abstellen. Vielleicht hilft es Ihnen, die Gedanken, über die Sie nachgrübeln, aufzuschreiben und sich vorzunehmen, am nächsten Tag darüber nachzudenken. Sie „parken" die Gedanken sozusagen. Sollten die Gedanken doch wiederkommen, können Sie sich selbst gegenüber freundlich reagieren und sich sagen, dass Sie sich morgen darum kümmern werden. Wenn das Grübeln zu hartnäckig ist, suchen Sie nach Tipps und nehmen Sie ggf. Hilfe in Anspruch, z.B., indem Sie das Problem bei Ihrer Hausärztin oder Ihrem Hausarzt ansprechen.

Ihr Schlafmuster

Schreiben Sie hier oder in Ihrem Notizbuch auf, wie Ihr ideales Schlafmuster aussieht.

Eine gute Bettgehzeit ist für mich ______ Uhr.

Das heißt, dass ich um ______ Uhr aufhöre, Kaffee und Alkohol zu trinken und um ______ Uhr alle Bildschirme ausschalte. Was ich dann tun könnte, wäre beispielsweise __________________ oder __________________ oder __________________.

Wenn ich tagsüber müde bin, kann ich Folgendes tun:

____

oder ____.

Wenn ich nicht einschlafen kann, hilft es mir, wenn ich Folgendes tue:

____.

Psychische Gesundheit

Gute Selbstfürsorge bezieht sich nicht nur auf den Körper, sondern auch auf unsere psychische Gesundheit. Zu diesem Thema wird auf dem Gebiet der Positiven Psychologie schon seit längerer Zeit viel geforscht. So hat sich gezeigt, dass es besonders effektiv ist, für persönliche Glücksmomente zu sorgen. Das ist gesund und macht Spaß. Aber was macht uns glücklich? Das unterscheidet sich natürlich von Person zu Person, aber es gibt trotzdem ein paar Tipps, die bei fast allen Menschen funktionieren.

Glück, in der Forschung auch oft als „Wohlbefinden" bezeichnet, besteht aus zwei positiven Elementen: positive Emotionen und das Erleben von Sinn (Ben-Shahar, 2007). Positive Emotionen sind angenehme, schöne, behagliche Gefühle, die wir in bestimmten Momenten spüren. Wie alle Gefühle sind auch die positiven von vorübergehender Art. Wenn wir regelmäßig positive Gefühle haben, trägt das zu unserem allgemeinen Glücksgefühl bei. Allerdings reichen diese Freuden nicht aus, um auf lange Sicht ein glücklicher Mensch zu sein. Angenommen, Sie lieben eine

Fernsehserie wie *Friends*. Eine Folge ansehen ist lustig, zwei macht auch noch Spaß, aber würde man einen Monat lang nur *Friends* ansehen, hätte man kaum noch Freude daran.

Sich nur an Freude und Spaß zu orientieren, fühlt sich irgendwann leer und sinnlos an. Hier kommt also der Sinn ins Spiel. Das Erleben von Sinn ist die Erfahrung, dass das, was wir tun, wertvoll ist, eine Bedeutung hat. Das kann geschehen, indem wir anderen helfen, etwas Besonderes erreichen oder uns selbst weiterentwickeln. Sinn muss sich nicht um finanziellen Nutzen drehen. Gitarre spielen zu lernen kann auch ein Empfinden von Sinnhaftigkeit erzeugen, weil man dadurch in etwas besser wird, und das ist an sich schon befriedigend. Das Erleben von Sinn hat eine langfristigere Wirkung als positive Emotionen. Positive Emotionen beziehen sich auf den Moment, in dem sie erlebt werden. Sinnhaftigkeit zu erleben ist manchmal mit viel Arbeit verbunden (z. B. Freunden beim Umzug helfen), aber dieser Einsatz lohnt sich oft nachhaltig.

Dem Glück auf die Sprünge helfen

Sie können Ihr Glück und Wohlbefinden steigern, indem Sie Aktivitäten nachgehen, die Ihnen das Gefühl von Freude und Sinnhaftigkeit vermitteln. Machen Sie sich aktiv auf die Suche nach solchen Aktivitäten und planen Sie, diese regelmäßig umzusetzen.

1. Nehmen Sie Ihr Notizbuch zur Hand und schreiben Sie alle Aktivitäten auf, die Ihnen in den Sinn kommen. Sprechen Sie anschließend mit jemand anderem über Ihre Überlegungen; vielleicht entstehen dadurch noch mehr Ideen. Unterteilen Sie eine Seite in Ihrem Heft in zwei Spalten.
2. Schreiben Sie in die erste Spalte alle Aktivitäten, die bei Ihnen für *positive Emotionen* sorgen. Welche Aktivitäten stimmen Sie fröhlich, lösen bei Ihnen gute Gefühle und/oder Begeisterung aus? Jede Aktivität ist erlaubt, egal ob sie mit der Arbeit zusammenhängt oder zu Hause stattfindet, ob Sie sie allein oder mit anderen machen, draußen oder drinnen, aktiv oder entspannt.
3. Schreiben Sie in die zweite Spalte Aktivitäten, die Ihnen im Zusammenhang mit dem Erleben von *Sinn* einfallen. Was schenkt Ihnen ein Gefühl von Wert, Nutzen, Bedeutung, Befriedigung? Wann sind Sie bei etwas richtig bei der Sache? Auch hier ist es unwichtig, ob die Aktivität bei Ihrer Arbeit oder in Ihrem Privatleben stattfindet, ob es etwas ist, das Sie für andere oder für sich selbst tun etc.

4. Lesen Sie sich noch einmal durch, was Sie in die beiden Spalten geschrieben haben. Haben Sie das Gefühl, dass Sie in einem typischen Wochenalltag bereits ausreichend positive Emotionen und Sinnhaftigkeit erleben? Wenn nicht, welche Aktivitäten, die Ihnen diese Gefühle möglicherweise noch stärker vermitteln können, könnten Sie für die nächste Woche einplanen? Sehen Sie sich Ihre Zusammenstellung jede Woche aufs Neue an und ergänzen Sie sie, sobald Ihnen neue Aktivitäten einfallen.

Studien haben gezeigt, dass eine bestimmte Sache am meisten zu unserem Glücksgefühl beiträgt: Beziehungen. In Beziehungen erleben wir oft positive Emotionen. Wir lachen lauter über einen Witz, wenn wir mit anderen zusammen sind, wir teilen unsere Neugierde mit unserer Partnerin oder unserem Partner, und in Gesellschaft genießen wir gutes Essen noch mehr. Beziehungen vermitteln uns häufig ein größeres Gefühl von Sinnhaftigkeit, wenn z.B. eine Beziehung zu einem anderen Menschen im Laufe der Zeit enger wird, wir etwas für jemand anderes tun können oder wir uns Mühe geben, unsere Kinder gut zu erziehen. Achten Sie daher darauf, dass Sie auch gemeinsame Aktivitäten mit anderen planen!

Strategie 3: Kleine Veränderungen bei der Arbeit vornehmen

Vielleicht hängt der viele Stress, den Sie erleben, mit Ihrer Arbeit zusammen? Vielleicht erhalten Sie eine Flut von E-Mails, haben mit knappen Deadlines zu kämpfen oder arbeiten in einer Abteilung, die aus vielen Individualisten besteht? Auf diese Umstände haben Sie nicht unbedingt einen Einfluss, sie kosten Sie aber viel Energie und geben Ihnen wenig zurück.

Inzwischen gibt es eine wachsende Anzahl von Studien und Erfahrungswerten zur individuellen Gestaltung der Arbeit durch kleine Veränderungen, mit dem Ziel, die Arbeit mehr an die eigenen Bedürfnisse und Interessen anzupassen. Das wird als Job Crafting bezeichnet. Dahinter steckt die Idee, dass wir unsere Arbeit so gestalten, dass die für uns unangenehmen Aspekte weniger und die schönen Seiten stärker präsent sind. Natürlich muss man dabei die Interessen der Führungskräfte und der Kolleginnen und Kollegen mitberücksichtigen. Wenn ich zu Hause erklären würde, dass ich zukünftig nicht mehr sauber machen möchte (und meinen Aufgabenbereich „umgestalte", indem ich bestimmte Bereiche einfach aussortiere), denke ich nicht, dass meine Frau damit einverstanden wäre.

Beim Job Crafting geht es nicht darum, ein Vergnügungspaket zu schnüren, sondern darum, *wie* wir unsere Arbeit erledigen und *wie* wir unsere Arbeit verteilen. Zurück zum Saubermachen: Meine Frau und ich haben seit Jahren eine Abmachung über die Aufteilung der Aufgaben im Haushalt. Meine Frau hasst Staubsaugen, ich finde Staubsaugen okay. Ich bekomme schon schlechte Laune, wenn ich nur daran denke, das Bad putzen zu müssen, für meine Frau ist das kein Thema. Ich räume regelmäßig umherliegenden Kleinkram an seinen richtigen Platz, denn ich mag eine aufgeräumte Wohnung, sie macht lieber ab und zu die gesamte Küche richtig sauber. Wir haben die Aufgaben so verteilt, wie es für uns beide passt. Das heißt noch lange nicht, dass wir Putzen und Aufräumen jetzt richtig gern machen, aber dass wir einen Weg gefunden haben, wie es uns am wenigsten Energie raubt. Zu Hause machen Sie das vielleicht auch schon so (wenn nicht, bitte sofort damit anfangen!). Auch bei der Arbeit können Sie das ausprobieren.

Bevor Sie mit dem Job Crafting anfangen, sollten Sie bereits einen Überblick darüber haben, welche Tätigkeiten Ihnen Energie verleihen und welche Sie Energie kosten. Sie können sich das in Bezug auf Ihre Arbeit überlegen, aber natürlich auch für Tätigkeiten außerhalb Ihrer Arbeit. Jeder Mensch zieht aus anderen Tätigkeiten Energie. Viele empfinden es als anregend, mit anderen zusammenzuarbeiten, besonders wenn sie diese Menschen mögen oder interessant finden. Auch die Möglichkeit, unsere persönlichen Stärken einzusetzen, schenkt uns Energie. Hierzu gehören Tätigkeiten, die uns Freude bereiten und in denen wir gut sind. Auch neue Dinge zu lernen ist (bis zu einem gewissen Grad) ein Energiespender, wenn man sich damit nicht übernimmt – sonst entsteht ein ständiges Gefühl der Überforderung. Wenn Sie herausgefunden haben, welches Ihre Energiespender und welches Ihre Energieräuber sind, sehen Sie sich das Verhältnis zwischen beidem genauer an. Ist es nach Ihrem Empfinden so in Ordnung? Oder gibt es zu viele Energieräuber und zu wenig Energiespender? Das ist zunächst einmal hilfreich zu wissen und gibt Ihnen einen Eindruck davon, wie Ihre Aktivitäten Ihr Wohlbefinden beeinflussen.

Außerdem ist es interessant, diese Aktivitäten einmal genauer zu analysieren. Die Idee hinter dem Job Crafting ist, seine Energiebalance zu optimieren, und zwar ohne den Job aufgeben oder sein Leben völlig umkrempeln zu müssen. Dafür gibt es verschiedene Wege. Wir können als erstes versuchen, die Aufgaben anzupassen. Wir können zusätzlich ansprechende, herausfordernde Aufgaben übernehmen und dafür, sofern dies möglich ist, unangenehme abgeben (oder die durch sie verursachte Belastung verringern) oder sie gerechter und eindeutiger im Team verteilen. Als nächstes können Sie Einfluss auf die Zusammenarbeit mit anderen nehmen. Sie könnten beispielsweise bestimmte Aufgaben gemeinsam mit anderen machen (oder, umgekehrt, allein) oder mehr bzw. weniger Kontakt zu bestimmten Kolleginnen oder Kollegen suchen. Der dritte Weg ist kognitiver Natur. Sie könnten etwa lernen, Ihre Aufgaben auf andere Weise zu betrachten, z.B. indem Sie sich bewusst machen, weshalb auch eine lästige Aufgabe wertvoll ist. Eine bekannte Studie bei Reinigungskräften eines Krankenhauses zeigte, dass diejenigen, die ihre Arbeit als bedeutend für den Genesungsprozess der Patientinnen und Patienten (hygienisches Umfeld usw.) ansahen, deutlich zufriedener mit ihrer Arbeit waren. Der vierte Weg beinhaltet, etwas an der Arbeitsumgebung zu verändern. Verschönern Sie Ihr Büro mit Pflanzen oder Fotos, arbeiten Sie öfter von zu Hause aus oder beratschlagen Sie sich mit einem Kunden oder der Kollegin im Gehen.

Diese vier Wege ermöglichen es, kleinere oder größere Veränderungen in Ihrer Arbeit und bei anderen Aktivitäten vorzunehmen. Müssen Sie für eine Veranstaltung des Fußballvereins Ihres Kindes Hunderte von Umschlägen mit kleinen Geschenken füllen? Tun Sie das gemeinsam mit den anderen Eltern der Vereinsmitglieder und hören Sie dabei Ihre Lieblingsmusik. Halten Sie Ihre Teambesprechung einmal an einem anderen Ort ab, vielleicht auf einem Spielplatz oder in der Kantine. Oder ersetzen Sie die große Konferenz durch mehrere kleine Besprechungen in Subgruppen. Aber beachten Sie: Job Crafting ist kein egoistischer Ansatz. Stimmen Sie sich mit Ihren Kolleginnen und Kollegen ab! Oft geht es nur um kleinere Anpassungen, die niemanden beeinträchtigen, und häufig profitieren sogar beide Seiten von der Veränderung; Hauptsache, Sie sprechen darüber. Die folgende Anekdote verdeutlicht das Prinzip.

Es war einmal ein Paar, eine Frau und ein Mann, das sich von ganzem Herzen liebte. So sehr, dass die beiden alles füreinander taten. Die Frau nahm immer die Brotkanten, damit ihr Mann sie nicht essen musste. Es schmeckte ihr nicht sonderlich gut, aber sie tat es aus Liebe. Der Mann liebte seine Frau innig. Er selbst mochte Brotkanten gern, aber er gönnte sie ihr. So lebten sie lang und zufrieden, ohne jemals erfahren zu haben, dass sie etwas füreinander taten, das gar nicht den wirklichen Wünschen des jeweils anderen entsprach.

Job Crafting

Mit der folgenden Übung können Sie das Job Crafting schrittweise kennenlernen. Wenn Sie ernsthaft einige Dinge verändern möchten, sollten Sie sich ruhig Zeit für die Übung nehmen. Gehen Sie nicht davon aus, dass es auf Anhieb gelingen wird, die bisherige Situation über den Haufen zu werfen. Betrachten Sie die Übung eher als Anstoß mit der Option, danach weiter zu experimentieren.

1. Nehmen Sie Ihren Terminplaner zur Hand und erstellen Sie eine Liste aller Aktivitäten, die Sie in der letzten Woche unternommen haben. Falls die letzte Woche bei Ihnen keine durchschnittliche Woche war, dann nehmen Sie auch eine normale, durchschnittliche Woche dazu. Erfassen Sie die Aktivitäten so genau wie möglich, z. B. indem Sie alle Handlungen, die mehr als eine halbe Stunde beanspruchen, aufschreiben. Wenn Sie einen ganzen Vormittag lang in einer Besprechung waren, können Sie die Zeit vielleicht in Einzelaspekte unterteilen: Vorschlag für die neue Kampagne präsentiert; Diskussion über die Jahresplanung geführt; Nachbesprechung des abgeschlossenen Projekts. Wenn Aktivitäten häufiger stattfinden, genügt es, sie nur einmal aufzuschreiben. Notieren Sie bei jeder Aktivität, ob es sich dabei um etwas handelt, das Ihnen Energie verleiht (+), neutral ist (0) oder ob es Sie Energie kostet (-). Vielleicht stellen Sie dabei fest, dass ein und dieselbe Aktivität Ihnen einmal Energie verleiht und ein anderes Mal nicht. Woran liegt das? Sind die Aktivitäten doch unterschiedlich? Oder hängt es von Ihrer Tagesform ab? Schreiben Sie diesen Unterschied dazu.
2. Wie sieht Ihre Energiebalance aus? Was würden Sie gern weniger oft tun? Und was würden Sie gern öfter tun? Erstellen Sie eine Wunschliste.

3. Überlegen Sie, wie Sie Ihre Wunschliste umsetzen können. Sie haben hierfür verschiedene Möglichkeiten:
   - Können Sie bestimmte Aktivitäten anpassen, sie öfter oder weniger oft machen?
   - Können Sie Ihre Aktivitäten verändern, indem Sie sie gemeinsam mit anderen durchführen?
   - Können Sie einen anderen Blick auf Ihre Aktivitäten entwickeln? Beispielsweise, indem Sie sich bewusst machen, warum es sich doch lohnt, sie auszuführen?
   - Können Sie etwas an der Umgebung verändern und die Ausführung der Aktivität dadurch attraktiver gestalten?
4. Entscheiden Sie sich zunächst für eine oder zwei Veränderungen, die Sie umsetzen möchten. Was benötigen Sie dafür? Ist es erforderlich, sich mit jemandem über die von Ihnen geplanten Veränderungen abzustimmen?
5. Tragen Sie in Ihrem Terminplaner in ein paar Wochen eine Erinnerung ein, um zurückzublicken und die Veränderung für sich zu bewerten. Empfinden Sie aktuell mehr Freude und Zufriedenheit? Bei dieser Evaluation können Sie den nächsten Schritt festlegen.

Strategie 4: Akzeptieren, was nicht zu ändern ist

Wie wir gesehen haben, gibt es verschiedene Dinge, die Sie tun können, um besser mit Stress zurechtzukommen. Sie können Ihr psychologisches Kapital stärken, sich Hilfe suchen, gut für sich selbst sorgen und einen Versuch unternehmen, die Umstände anzupassen. Letzteres gelingt allerdings manchmal nicht, weil die Sache sich einfach *nicht ändern lässt*, wie etwa eine chronische Krankheit eines Elternteils oder eines Kindes, oder weil die Kosten für eine Veränderung zu hoch wären. Den Job kündigen kann eine Lösung sein, wenn Sie aber finanziell von der Arbeitsstelle abhängig sind, ist das schwierig, solange Sie keine Alternative haben. Was können Sie in solchen Fällen tun?

Das sogenannte Gelassenheitsgebet des US-amerikanischen Theologen Reinhold Niebuhr lautet: „Gott, gib mir die Gelassenheit, Dinge hinzunehmen, die ich nicht ändern kann, den Mut, Dinge zu ändern, die ich ändern kann, und die Weisheit, das eine vom anderen zu unterscheiden." Es geht also um die Weisheit, zu erkennen, dass man etwas nicht ändern kann oder nicht ändern möchte, weil der Preis dafür zu hoch ist. Akzeptanz wird manchmal mit Aufgeben gleichgesetzt. Das ist in meinen Augen nicht richtig. Ich veranschauliche Akzeptanz gerne mit einem Beispiel über das Wetter. Wenn man eigentlich einen Ausflug in die Natur machen will und es regnet, bedeutet Akzeptanz, dass man die Tatsache, dass es regnet, anerkennt. Aus dem Tag kann man aber immer noch etwas Schönes machen. Auch wenn wir das Vorhaben, einen Ausflug in die Natur zu machen, aufgeben, geben wir damit nicht den ganzen Tag verloren. Ähnlich können wir versuchen, anzuerkennen, dass es Dinge gibt, die sich nun einmal quer stellen. Das ist nicht schön und wir müssen es auch nicht schön finden. Es ist aber in dem Moment Realität. Wenn Sie das akzeptieren können, bedeutet das: Sie erkennen es an, dass die Dinge in diesem Moment so sind, wie sie sind. Das kann helfen, um weiterzumachen. Je mehr Widerstand wir aufbauen, desto mehr leiden wir darunter.

Dinge zu akzeptieren ist leider nicht immer so einfach. Wir können aber etwas dafür tun, um unsere Fähigkeit zur Akzeptanz auszubauen. Achtsamkeit ist hilfreich, wenn es darum geht, anzuerkennen, was da ist. Es kann auch helfen, uns selbst gut zuzureden, etwa folgendermaßen: „Ich finde es nicht toll, dass dieses oder jenes passiert ist, aber leider ist es nun einmal so. Jetzt möchte ich gern meine Energie in das investieren, was noch möglich ist." Die folgende Übung kann Sie dabei unterstützen.

Akzeptieren und weitergehen

Wenn Sie sich viel mit einem Problem beschäftigen, fällt es oft schwer, loszulassen. Diese Übung kann Ihnen vielleicht ein wenig dabei helfen. Falls Sie bei dieser Übung merken, dass Sie erwarten oder sogar *fordern*, dass die Sache Sie fortan in Ruhe lassen wird, ist besondere Aufmerksamkeit gefragt. Finden Sie heraus, ob es Ihnen gelingt, zu akzeptieren, *dass Sie es nicht toll finden.*

- Nehmen Sie ein Blatt Papier. Überlegen Sie, was genau Ihr Problem ist und schreiben Sie es für sich auf. Schreiben Sie auch auf, welche Gedanken jetzt in Ihnen hochkommen, welche Gefühle dadurch wachgerufen werden und was Sie in Ihrem Körper spüren.
- Drücken Sie Ihre Nase fest an das Papier. Das Einzige, was Sie jetzt noch sehen können, ist Ihr Problem.

- Legen Sie das Blatt vor sich hin. Sie sehen immer noch hauptsächlich das Problem, aber Sie können zusätzlich bereits den Rand des Blattes erkennen.
- Legen Sie das Blatt jetzt auf den Boden und gehen Sie ein paar Meter davon weg. Schauen Sie das Papier an. Was sehen Sie noch alles? Auf die gleiche Weise betrachten wir die Dinge in unserem Kopf. Manchmal scheint es nur noch das Problem zu geben, sonst nichts. Und manchmal gelingt es uns, etwas mehr Abstand zu gewinnen und noch andere Dinge in unsere Wahrnehmung einzubeziehen.
- Nehmen Sie ein zweites Blatt Papier und schreiben Sie darauf verschiedene andere Dinge, die genauso real sind wie das Problem, mit dem Sie zu kämpfen haben. Schreiben Sie vor allem auch Dinge auf, die Sie als wertvoll empfinden, die Ihnen Spaß machen und in die Sie gern Energie stecken. Aber auch, dass Sie gestern einkaufen waren und nächste Woche einen Friseurtermin haben, kann festgehalten werden.
- Legen Sie die zwei Blätter nebeneinander. Sie können das Blatt, auf dem Ihr Problem steht, nicht negieren: Es ist nun einmal da. Sie können sich aber dafür entscheiden, Ihre Energie in die Dinge zu stecken, die auf dem anderen Blatt stehen. Greifen Sie ein paar Aktivitäten heraus, in die Sie gern mehr Zeit und Energie investieren möchten. Das heißt nicht, dass Sie fortan das Problem negieren, sondern dass Sie versuchen, das Problem einfach das sein zu lassen, was es ist, anstatt sich jedes Mal erneut darüber aufzuregen. Halten Sie sich nicht nur das Problem vor Augen, sondern erhalten Sie sich immer auch noch einen Blick für alles, was sonst noch da ist.

Zusammenfassung

- Stress, Rückschläge, Niederlagen und Schmerz gehören zum Leben. Leider. Ein hohes psychologisches Kapital kann uns dabei helfen, besser damit umzugehen, aber es bietet keinen Schutz gegen alle Formen von Stress und Widerstand.
- Für unser Wohlbefinden und unsere Gesundheit ist es wichtig, auf verschiedene Art und Weise gut auf uns zu achten: durch gesundes Essen

und Trinken, Bewegung und ausreichenden Schlaf, indem wir uns unsere Grenzen bewusst machen und sie beachten und indem wir lernen, Pausen zu machen.

- Wir können uns Hilfe und Unterstützung bei Bekannten oder unserer Hausärztin bzw. unserem Hausarzt suchen. Auch auf psychischer Ebene können wir gut für uns selbst sorgen.
- Ein anderer Ansatz ist, dort, wo es möglich ist, die Umstände anzupassen. Mit Job Crafting lassen sich die Arbeit und andere Beschäftigungen und Tätigkeiten angenehmer gestalten.
- Zu guter Letzt können wir uns darin üben, zu akzeptieren, was nicht zu ändern ist. Das ist nicht dasselbe wie aufzugeben, sondern sich in erster Linie auf die Dinge zu konzentrieren, in die Sie gern Energie investieren möchten.

7 Sich gemeinsam im Team weiterentwickeln

Gehen Sie derzeit einer beruflichen Tätigkeit nach? Alle Erwerbstätigen in Deutschland arbeiteten im Jahr 2021 im Schnitt 34,7 Stunden pro Woche, in Österreich waren es 35,9 Stunden und in der Schweiz 35,6 Stunden (Statistisches Bundesamt, n. d.). Wenn man von acht Stunden Schlaf am Tag ausgeht, bedeutet das, dass wir fast ein Drittel unserer Wachzeit mit arbeiten verbringen. Das Konzept des psychologischen Kapitals wurde ursprünglich für den Einsatz in der Arbeitswelt entwickelt: Fred Luthans und seine Mitarbeitenden suchten nach positiven Eigenschaften, die sich antrainieren und ausbauen lassen, und die dadurch zu einer besseren Leistungsfähigkeit führen sollen (Luthans et al., 2015). Das macht das Konzept besonders für Führungskräfte interessant.

Studien zeigen immer wieder, dass durch das psychologische Kapital nicht nur die Leistung, sondern auch die Faktoren Stress und Wohlbefinden beeinflusst werden. Damit ist eine Stärkung des psychologischen Kapitals eine Win-Win-Situation: Wenn die Mitarbeitenden über mehr psychologisches Kapital verfügen, erbringen sie bessere berufliche Leistungen (das freut die Führungskräfte), leiden aber auch weniger unter Stress und sind insgesamt glücklicher (das freut die Mitarbeitenden).

In diesem Kapitel erfahren Sie, wie Sie gemeinsam mit Ihren Kolleginnen und Kollegen Ihr psychologisches Kapital stärken können. Dabei wird auf alle vier Säulen des psychologischen Kapitals – Optimismus, Hoffnung, Resilienz und Selbstvertrauen – eingegangen werden.

Weiterentwicklung bei anderen Menschen anregen

Mit Menschen zusammenzuarbeiten, die über ein hohes Maß an Optimismus, Hoffnung, Resilienz und Selbstvertrauen, also ein höheres psychologisches Kapital, verfügen, ist oft angenehm – unabhängig von der beruflichen Position. Diese Menschen gehen Probleme aktiv selbst an, wodurch sie diese eher wahrnehmen und lösen. Menschen mit hohem psychologischem Kapital benötigen allgemein weniger Hilfe und Unterstützung und arbeiten selbstständiger.

Wie können wir dazu beitragen, dass die Menschen, mit denen wir tagtäglich zusammenarbeiten, also unsere Kolleginnen und Kollegen, etwas mehr Optimismus, Hoffnung, Resilienz und Selbstvertrauen entwickeln? Wie können wir den Aufbau des psychologischen Kapitals bei befreundeten und anderen Menschen aus unserem Umfeld stimulieren? Sie könnten Ihnen natürlich dieses Buch schenken. Aber das Buch allein genügt nicht: Menschen müssen auch motiviert sein, an sich zu arbeiten, um sich zu verändern und weiterzuentwickeln.

Wann sind Menschen motiviert? Der Begriff „Motivation" stammt aus dem Lateinischen und meint in etwa: *in Bewegung kommen*. Das heißt, unsere Motivation sagt etwas darüber aus, in welchem Umfang wir dazu bereit sind, in Bewegung zu kommen und wofür wir das tun.

Es gibt verschiedene Arten (oder verschiedene Ebenen) der Motivation. Es beginnt bei „nicht motiviert sein". Wer nicht motiviert ist, hat keine Lust zu etwas, auch nicht, um anderen eine Freude zu machen. Man bewegt sich schlichtweg nicht.

Die nächste Ebene ist die der *extrinsischen Motivation*: Wir tun Dinge nicht, weil sie uns Freude bereiten, sondern wegen des zu erwartenden Effekts. Dieser Effekt kann sehr eindeutig sein: Belohnung oder Bestrafung. Würde ich Ihnen versprechen, dass Sie drei Gratisübungen erhalten, wenn Sie mir eine E-Mail schicken, wäre das eine Belohnung. Das könnte Sie in Bewegung bringen.[11] Angenommen, Sie müssten zehn Euro bezahlen, falls Sie dieses Buch nicht zu Ende lesen, könnte das Ihr Leseverhalten beeinflussen. Wir können uns auch selbst belohnen oder bestrafen, z. B.: „Wenn ich jetzt ein Runde laufen gehe, darf ich heute Abend das Stück Schokolade essen." „Wenn ich meine Arbeit für heute zu Ende bringe, darf ich es mir danach den ganzen Abend auf dem Sofa bequem machen." Man rafft sich auf, etwas Unangenehmes oder Anstrengendes zu tun und bekommt

11 Ja, versprochen ist versprochen. Wenn Sie mir eine E-Mail schicken, erhalten Sie die erwähnten Übungen. Meine E-Mail-Adresse lautet: info@msteeneveld.nl. Bitte schreiben Sie unbedingt dazu, dass Sie sich wegen der drei Übungen melden.

dafür etwas Schönes. Eine subtile Form der extrinsischen Motivation ist die Überzeugung, dass wir es nun einmal so machen müssen. Wenn Sie sich als gesunden, sportlichen Menschen wahrnehmen, dann „müssen" Sie von sich aus nach der Arbeit Sport treiben. Das gehört (unbewusst) zu Ihrem Image. Vielleicht ist Ihnen wichtig, dass andere Sie so wahrnehmen, es kann aber auch sein, dass Sie sich gern selbst so sehen. Das bedeutet, dass der Sport an sich Ihnen nicht per se Spaß macht, Sport zu treiben aber einem Ziel dient, das Ihnen wichtig ist. Je mehr die Aktivität mit einem für uns wichtigen Ziel verknüpft ist, desto größer ist die Wahrscheinlichkeit, dass wir diese Aktivität ausüben wollen.

Eine noch stärkere Form der Motivation ist die *intrinsische Motivation.* Sie sind intrinsisch motiviert, wenn Sie Spaß an einer Aktivität haben und sie sehr gern ausüben. Vielleicht lieben Sie es, Musik zu machen. Dann gehen Sie dieser Aktivität nicht nach, weil Sie so gern als musikalischer Mensch wahrgenommen werden wollen oder weil Ihnen eine Strafe droht, wenn Sie eine Woche lang keine Musik machen. Wenn Sie Freude daran haben, Musik zu machen, machen Sie Musik, weil es Ihnen Freude bereitet.

Und nun zurück zu Ihren Kolleginnen und Kollegen. Vielleicht möchten diese sich gar nicht verändern. Sie sind zufrieden, sehen kein Problem, haben wenig Vertrauen in die Möglichkeiten der Veränderung oder setzen ihre Energie lieber anders ein. Viele Studien zum Thema Motivation haben aufgezeigt, dass es langfristig schwierig ist, Menschen durch Belohnung und Bestrafung in Bewegung zu setzen. Die Kunst besteht darin, zu erkennen, welche Motivation schon da ist. Das erfährt man am besten, indem man Fragen stellt.

Wenn wir versuchen, andere zu überzeugen, führt das fast automatisch zu extrinsischer Motivation. Angenommen, Sie würden versuchen, einem Kollegen nahezubringen, wie gut es wäre, wenn er optimistischer wäre. Sie legen ihm die Vorteile nahe: Er wäre besser gelaunt, würde seine Arbeit besser machen und Sie persönlich fänden es auch gut. Mit solchen Versuchen erreichen Sie aber bestenfalls, dass Ihr Kollege extrinsisch motiviert ist. Er möchte sich dann um mehr Optimismus bemühen, *„weil Sie gesagt haben, dass es wichtig ist"*. Im ungünstigsten Fall entwickelt er gar keine Motivation: „Da kommt jemand und will mir erzählen, was ich zu tun habe. Nicht mit mir!" Wenn Sie dagegen Fragen stellen, zeigen Sie Ihr ehrliches Interesse und helfen zugleich Ihrem Gegenüber, sich bewusst zu machen, was ihr oder ihm wichtig ist. Fragen Sie z.B. danach, was die Person an ihrer eigenen Einstellung zur Arbeit ändern möchte.

Und was, wenn Ihre Kolleginnen und Kollegen keine Motivation zeigen, dieses Buch zu lesen oder auf eine andere Weise aktiv an ihrem psychologischen Kapital zu arbeiten? Das ist natürlich möglich. Wer fragt, kann ein „Nein“ als Antwort erhalten. Es ist glücklicherweise so, dass Sie die vier Eigenschaften, die die Säulen des psychologischen Kapitals bilden, auch anderweitig bei Ihrer Arbeit einbringen können. Das bedeutet natürlich nicht, dass Sie nun über die Hintertür versuchen sollen, Ihre Kolleginnen und Kollegen zu „bearbeiten“. Denn sollten diese das durchschauen, wäre die Motivation vollständig dahin. Versuchen Sie, in kleinen Schritten bestimmte Tätigkeiten etwas optimistischer, hoffnungsvoller, resilienter und mit mehr (Team-)Selbstvertrauen zu gestalten. Das lässt sich erreichen, indem Sie die richtigen Fragen stellen, selbst als gutes Beispiel vorangehen und den Beteiligten aufrichtige Aufmerksamkeit entgegenbringen. Handeln Sie hier auch aus eigenem Antrieb und Interesse: Versuchen Sie nicht, andere etwas tun zu lassen, weil Sie denken, es sei gut für sie. Fragen Sie die anderen lieber, ob sie bereit wären, Ihnen zu helfen, mit Ihnen mitzudenken. Sehen wir uns nun im Einzelnen an, wie Sie die vier Eigenschaften Optimismus, Hoffnung, Resilienz und Selbstvertrauen gemeinsam im Team weiterentwickeln können.

Optimismus

Optimismus ist der Glaube, einen positiven Einfluss auf eine Situation zu haben.

Optimismus im Arbeitskontext bedeutet, dass die Mitarbeiterinnen und Mitarbeiter das Gefühl haben, auf das Ergebnis ihrer Anstrengungen einen Einfluss zu haben. Ein solches Gefühl ist keineswegs selbstverständlich. Wie oft hören wir andere sagen: „Das klappt bei uns nicht“, „Daraus wird bestimmt nichts“ oder „Das können wir nicht ändern“? Leider haben viele Menschen bei ihrer Arbeit nicht das Gefühl, Einfluss zu haben.

Angenommen, bei Ihren Kolleginnen und Kollegen ist dieses Gefühl des persönlichen Einflusses vorhanden. Wenn eine Kundin eine berechtigte Beschwerde vorbringt und sie das Gefühl haben, dieser Person helfen zu können, dann kommen sie in Bewegung. Sie kontaktieren die Kollegen im Versand, um dafür zu sorgen, dass das richtige Produkt geliefert wird. Oder sie besprechen sich mit der Webdesignerin, damit auf der Firmenwebsite verständlich dargestellt werden kann, was Kundinnen und Kunden vom Unternehmen erwarten können. Wenn alle im Team auf diese Weise arbeiten, packen viele Personen die Probleme aktiv an. Wenn ein Problem auftaucht, wird versucht, etwas dagegen zu unternehmen. Statt Resignation herrscht die Überzeugung, dass es sich lohnt, sich zu engagieren.

Oft läuft es aber leider anders. Wir sehen, dass an einer Stelle etwas nicht gut klappt, und zucken mit den Schultern: So ist es nun einmal ... Vielleicht erwähnen wir die Angelegenheit einmal in Gegenwart unserer Führungskraft, aber nur halbherzig, weil wir davon ausgehen, dass sowieso nichts passieren wird. Wenn alle Beschäftigten so reagieren, passiert natürlich kaum etwas. Bei einer Besprechung wird über die träge interne Kommunikation geklagt, aber niemand hat eine Idee, wie es besser funktionieren könnte. Es wird auf andere gezeigt: Das ist die Aufgabe der Abteilung XY. Und wenn das Management wieder einen neuen Plan präsentiert, ist das Team hilflos. Nicht umsonst ist Hilflosigkeit der große Gegenspieler des Optimismus. Die Menschen lehnen sich zurück, nach dem Motto „Es ist ja sowieso egal, was ich tue oder denke".

Wie lässt sich dieses Muster durchbrechen? Und vor allem: Wie können wir den Optimismus bei unseren Kolleginnen und Kollegen fördern? Da Motivieren durch Überzeugen nicht funktioniert, können Sie einen anderen Weg ausprobieren. Sorgen Sie für Optimismus, indem Sie die anderen die Dinge selbst tun lassen![12] Sie haben einen gewissen Einfluss auf andere, indem Sie sie inspirieren und ihnen helfen. Aber Sie können andere Menschen nicht ändern – das müssen diese schon selbst tun. Sie

12 Auch ich versuche in diesem Buch, diesen Weg zu gehen. Ein Buch ist ein schwieriges Medium, wenn man Motivation nicht aufdrängen, sondern entstehen lassen möchte. Aber die Tatsache, dass Sie dieses Buch in die Hand genommen haben, spricht dafür, dass Sie bereits motiviert *sind*, sich zu verändern. Wenn Ihre Kolleginnen und Kollegen auch grundsätzlich dazu motiviert sind, können Sie sich von ihnen dazu einladen lassen, ihnen Tipps zu geben. Außerdem können Sie einige der in diesem Buch vorgestellten Übungen machen. Durch die Übungen erkunden Sie Ihre Motivationslage, was Sie hoffentlich noch zusätzlich motiviert.

können ihnen aber den Raum dafür geben. Ihr Ansinnen wäre dann fehlgeschlagen, wenn am Ende alle abhängig von Ihnen wären, weil Sie etwas ändern wollten. Jemand, der sich selbst aktiv einbringt (also ohne Ihre Hilfe in Anspruch zu nehmen), wird dadurch ein Stück optimistischer.

Was können Sie konkret tun? Sie können damit anfangen, auf andere Weise an die relevanten Themen heranzugehen. Oft sprechen wir bei der Arbeit davon, was alles nicht klappt, wir analysieren die Probleme und wir suchen die „Schuldigen“. Dieses Muster lässt sich sanft durchbrechen, indem Sie Fragen stellen. Versuchen Sie nicht, Lösungen ins Gespräch zu bringen, wenn Ihr Gegenüber diese nicht erwartet: Die andere Person lehnt sich dann erst recht zurück und bleibt passiv. Fragen stellen bringt Menschen dagegen in Bewegung. Wenn es gute Fragen sind, muss die andere Person nachdenken.

Um den Optimismus bei anderen Menschen anzuregen, können Sie verschiedene Arten von Fragen nutzen. Sie können z. B. fragen, welche Vorgehensweise sich in früheren Situationen schon einmal bewährt hat. Wenn in der Antwort auf externe Faktoren verwiesen wird („Früher hat das geklappt, weil man uns in Ruhe gelassen hat“), dann haken Sie nach und erkundigen Sie sich danach, wie die Befragten sich früher verhalten haben und was genau daran besser war. Sie können sich auch danach erkundigen, welche kleinen Schritte Ihr Gegenüber oder andere Personen schon unternommen haben, um die Situation zu verbessern. Weiter können Sie fragen, was jemand selbst schon ausprobiert hat. Formulieren Sie die Frage nicht in einem vorwurfsvollen Unterton (in der Art „Hast du dein Zimmer schon aufgeräumt?“), sondern versuchen Sie, aufrichtiges Interesse daran zu zeigen, was die andere Person bereits unternommen hat, um mit dem Problem besser zurechtzukommen. Erkundigen Sie sich danach, ob das (zumindest ein wenig) den erwünschten Effekt gebracht hat.

Ein nächster Schritt, den Sie gehen können, ist, Ihren Kolleginnen und Kollegen tatsächliche Einflussmöglichkeiten zu geben. Häufig passiert es, dass uns zwar augenscheinlich die Möglichkeit gegeben wird, uns einzubringen („Erarbeiten Sie einen Vorschlag für die Besprechung?“), diese aber letztendlich gar nicht wirklich besteht. Der Vorschlag wird z. B. als lächerlich abgetan oder die Führungskraft hat doch einen anderen Plan. Das führt dazu, dass die Betroffenen sich beim nächsten Mal nicht mehr so viel Mühe geben, was wiederum zur Folge hat, dass die Vorschläge schlechter ausgearbeitet und nicht mehr ernst genommen werden. Versuchen Sie, diesen Vorgang umzukehren. Wenn Sie jemanden bitten, Ihnen bei einer Sache zu helfen, machen Sie deutlich, was Sie genau wollen. Wenn die- oder derjenige Ihnen etwas liefert, bedanken Sie sich ausführlich für den Einsatz und machen Sie der anderen Person dafür ein Kompliment. Einen schlechten Plan müssen Sie natürlich nicht umsetzen, aber Sie können es anerkennen, dass die oder der andere es versucht hat. Lassen Sie die andere Person ihren Plan am besten selbst erläutern, geben Sie ihr ein Feedback und unterstützen Sie sie bei der Umsetzung von Verbesserungsvorschlägen, aber lassen Sie sie so viele Dinge wie möglich selbst ausführen. Damit durchbrechen Sie hoffentlich das Muster, das im folgenden Beispiel beschrieben wird.

> Eine Kundin wandte sich mit der Frage an mich, wie ihre Mitarbeitenden proaktiver werden könnten. Die Kundin war Geschäftsführerin eines Unternehmens mit etwa 50 Angestellten. Das Unternehmen arbeitete mit verschiedenen lokalen Behörden zusammen und unterbreitete diesen regelmäßig Angebote mit dem Ziel, Aufträge zu erhalten. Die Geschäftsführerin war es leid, dass immer sie selbst mit Vorschlägen und Angeboten vorstellig werden musste, und wünschte sich, dass die Mitarbeitenden selbst den Kontakt mit den entsprechenden Stellen unterhielten. Vor Kurzem hatte sie zwei Teammitgliedern die Aufgabe übertragen, ein Angebot zu erstellen. Die Teammitglieder schoben es vor sich her und als sie das Angebot schließlich fertiggestellt hatten, wollte die Geschäftsführerin es erst noch überprüfen. Sie war nicht überzeugt und arbeitete einen ganzen Abend durch, um das Angebot noch vor der Abgabefrist zu verbessern. Sie erklärte, sie wolle, dass die Mitarbeitenden künftig professioneller und verantwortungsvoller mit solchen Aufgaben umgingen.
>
> Was sie nicht berücksichtigt hatte, war ihre eigene Rolle. Dadurch, dass sie die Angebote immer nochmals überprüfen wollte, fühlten sich die Mitarbeitenden weniger in der Verantwortung. Und weil sie oft viel zu beanstanden hatte, wurden die Mitarbeitenden immer nachlässiger beim Erstellen eines Angebots. Sie hatten es schon zu oft erlebt, dass sie viel Arbeit in ein Angebot gesteckt hatten, welches dann aber von der Geschäftsführerin komplett überarbeitet wurde. Die Mitarbeitenden lieferten somit nur mittelmäßige Arbeit ab. Die Ergebnisse waren gut genug, um sich keine Beschwerden

durch die Vorgesetzte einzufangen, aber unzureichend, um sie an die potenziellen Kundinnen und Kunden zu übermitteln. Damit verhinderte die Geschäftsführerin außerdem, dass ihre Mitarbeitenden direkt Feedback von den Kundinnen und Kunden erhielten. Es kamen in der Regel kaum Fragen wegen unklarer Positionen im Angebot, da die Geschäftsführerin schon alle Mängel beseitigt hatte.

Dieses Muster, dass eine Person Einfluss hat und ausübt und die anderen sich zurücklehnen, ist leider weit verbreitet. Die Mitarbeitenden könnten viel bessere Arbeitsergebnisse abliefern, die Geschäftsführerin könnte ihnen mehr Vertrauen entgegenbringen, und doch liegt die Schuld weder bei der einen noch bei der anderen Seite.

Wir sollten andere Menschen ihre Fehler selbst machen lassen. Wir haben eine Gesellschaft entwickelt, in der ein starker Fokus auf die Vermeidung von Fehlern gelegt wird. Natürlich sind Fehler nicht wünschenswert und oft auch sehr unerfreulich. Aber die Angst vor Fehlern führt dazu, dass wir nichts mehr ausprobieren. Wenn Sie wirklich wollen, dass Ihre Kolleginnen und Kollegen Verantwortung übernehmen, dann lassen Sie sie auch Fehler machen. Indem Sie ihnen mit einem Growth Mindset begegnen und gemeinsam mit ihnen reflektieren, können Sie sie dabei unterstützen, aus den Fehlern zu lernen.

Geben Sie den anderen auch den Raum, sich bewusst zu machen, worauf sie *keinen* Einfluss haben. Der bekannte Managementexperte Stephen Covey (1989) sprach in diesem Zusammenhang vom „Einflussbereich“ (circle of influence). Manche Dinge liegen innerhalb des eigenen Einflussbereichs: Diese Dinge können wir beeinflussen oder ändern. Andere Dinge liegen außerhalb des Einflussbereichs: Diese Dinge können wir so gut wie nicht ändern. Sie können andere Menschen nicht optimistischer machen, indem Sie bei ihnen den Eindruck erwecken, als hätten sie die Möglichkeit, alles zu ändern. Konzentrieren Sie sich gemeinsam auf die Dinge, auf die Sie wirklich Einfluss nehmen können und machen Sie sich Ihre Einflussmöglichkeiten bewusst. Die folgende Übung für gemeinsame Besprechungen unterstützt Sie und Ihr Team dabei, optimistischer zu werden.

Eine Evaluation optimistisch gestalten

Häufig dienen Besprechungen der Überprüfung und Evaluation von abgeschlossenen Projekten, Marketingaktionen, Maßnahmen o.Ä. Die folgende Übung ermöglicht es, sowohl den Effekt des zu evaluierenden Bereichs zu ermitteln als auch den dazugehörigen Beitrag aller Beteiligten. Führen Sie die einzelnen Schritte gemeinsam durch. Bei Evaluationsbesprechungen besteht die Gefahr, dass zu sehr vom Thema abgeschweift wird. Dann sollte eine Person aus der Gruppe, z.B. diejenige, die die Besprechung initiiert hat, das Gespräch wieder auf das eigentliche Thema bringen. Alle Beteiligten sollten dann versuchen, dabei zu bleiben.

1. Legen Sie fest, was genau evaluiert werden soll. Das gesamte Projekt, nur eine einzelne Veranstaltung, die Sie im Team organisiert haben, oder die Social-Media-Kampagne? Je breiter das Thema, desto globaler wird die Evaluation und umso länger dauert sie.
2. Einstieg: Alle Beteiligten erhalten die Gelegenheit, in wenigen Sätzen auszudrücken, wie sie die zu evaluierende Sache empfunden haben. In dieser ersten Runde geht es darum, dass sich alle spontan und frei äußern; es sollen keine Diskussionen entstehen. Wenn einzelne Beteiligte auf eine Äußerung reagieren wollen, sollte dies daher sehr kurz gehalten werden.

Nun beginnt der Teil der Evaluation, in dem der Optimismus ins Spiel gebracht wird. Das Ziel ist es, aus dem Geschehenen zu lernen und den Teammitgliedern das Gefühl zu geben, dass sie einen Einfluss auf den Verlauf der Dinge haben.

3. Was haben alle Beteiligten bei diesem Projekt jeweils genau gemacht? Schreiben Sie die Handlungen untereinander auf einen Flipchart-Bogen oder lassen Sie alle Beteiligten ihre jeweilige Handlung auf einen bunten Haftzettel schreiben, die dann auf der Flipchart untereinander geklebt werden.
4. Welche Auswirkungen haben diese Handlungen gehabt? Zu jeder Handlung, die im vorherigen Schritt aufgeschrieben wurde, sollte mindestens eine Auswirkung benannt werden. War die Auswirkung positiv, negativ oder ein wenig von beidem? War der Effekt der Handlung groß oder eher klein? Erstellen Sie zunächst eine grobe Übersicht der Effekte (z.B. indem Sie ein Plus- oder Minuszeichen hinter die Handlung setzen).

5. Besprechen Sie nun jede Handlung einzeln. Überlegen Sie gemeinsam: Welche unserer Handlungen haben uns bereits ein wenig in die richtige Richtung geführt? Welche unserer Handlungen haben nicht funktioniert und was lernen wir daraus? Wenn eine Handlung nicht eindeutig als positiv oder negativ bewertet wurde, wird überlegt, welche Aspekte funktioniert haben und welche nicht.
6. Was können wir aus diesen Handlungen lernen? Für diesen Schritt schreiben alle Besprechungsmitglieder (zunächst für sich, später im Team) Antworten auf die folgenden Fragen auf Haftzettel:
   - Was sollten wir so weitermachen wie bisher (oder noch verstärken)?
   - Was sollten wir weniger machen?
   - Was könnten wir künftig anstelle der Dinge tun, die nicht funktioniert haben?

   Auf einem Flipchart-Bogen werden drei Spalten eingezeichnet. Über jeder Spalte wird jeweils eine der obenstehenden Fragen geschrieben. Die Haftzettel mit den Antworten werden dann in die entsprechende Spalte geklebt.
7. Das Ergebnis der Evaluation besteht nun aus einer Liste von Handlungen, mit denen in diesem Team positive Effekte erzielt wurden. Heben Sie hervor, dass jede und jeder Einzelne einen Einfluss darauf hatte, dass diese Effekte erzielt wurden, und versuchen Sie, einen Bezug zu aktuellen Projekten herzustellen. Wenn etwas schiefgegangen sein sollte, können Sie darauf hinweisen, dass das Team auch darauf Einfluss hatte. Dies sollte nicht als Vorwurf formuliert, sondern als wertvolle Lektion bewertet werden, um es beim nächsten Mal besser zu machen.

Hoffnung

Wir sind dann hoffnungsvoll, wenn wir die Motivation besitzen, ein Ziel zu verwirklichen, und wissen, auf welchen Wegen wir dieses Ziel erreichen können.

Wie zuversichtlich sind Sie und die Menschen bei Ihrer Arbeit? Vertrauen Sie darauf, dass Sie Dinge schaffen werden? Mit zuversichtlichen Kolleginnen und Kollegen ist die Zusammenarbeit angenehm, weil sie für ein bestimmtes Ziel motiviert sind und Ideen haben, wie sie das schaffen können. Wie viele Ihrer Kolleginnen und Kollegen haben hingegen keine Hoffnung; wie viele denken, dass die Dinge doch nicht klappen werden oder dass das alles sowieso keinen Sinn hat? Wie oft nicken Personen zustimmend, wenn ein Projektplan vorgestellt wird, sagen aber, wenn Sie sich später an der Kaffeemaschine treffen, dass daraus doch nichts wird? Mitarbeitende mit wenig Hoffnung gehen die Dinge nicht so schnell an und entwickeln, wenn es Gegenwind gibt, weniger Ideen, wie man sie anpacken könnte.

In einer mittelgroßen Non-Profit-Organisation sollen die Teams künftig anders eingeteilt werden, was einiges an Veränderungen mit sich bringen wird. Die Teams sollen eigene Beschlüsse fassen und gleichzeitig weiterhin zentrale Anforderungen erfüllen. Weil es sich um einschneidende Veränderungen handelt, wird eine Arbeitsgruppe eingerichtet, die mit den unterschiedlichen Teams die Lage bespricht und einen Vorschlag für die neuen Strukturen erarbeitet.

Leider gibt es in dieser Arbeitsgruppe wenig Hoffnung auf ein gutes Ergebnis. Immer wieder wird über das Ziel und den Nutzen der Umstrukturierung diskutiert. Es besteht zwar der Wunsch, das Unternehmen an sich besser zu machen, aber wie dieses „Besser“ aussehen soll, ist nicht klar. Bei den einzelnen Gruppenmitgliedern ist deshalb auch wenig Willenskraft zu spüren. Die Arbeitsgruppe kommt zu keinem Ergebnis. Alle haben unterschiedliche Ideen bezüglich des Ziels: Das eine Gruppenmitglied möchte die Teams selbstständiger agieren lassen, das andere Mitglied wünscht sich eher ein starkes zentrales Management.

Die Arbeitsgruppe versucht, auch das Unternehmen miteinzubeziehen, was die Umstrukturierung anbelangt, Meinungen der Beschäftigten zu berücksichtigen und die Pläne zu kommunizieren. Wenn wieder ein Schritt gemacht werden muss, wird oft die erstbeste Idee, die ausgesprochen wird, umgesetzt. Es finden kaum Gespräche statt über die Möglichkeiten, wie man mit den verschiedenen Interessengruppen in Kontakt bleiben kann, um die Veränderungen zu kommunizieren oder Fragen der Mitsprache zu klären. Das überrascht auch nicht: Es gibt schließlich kein klares Ziel. Und ohne Ziel gibt es keine Kriterien, an denen mögliche Handlungen ausgerichtet werden können.

Der Arbeitsgruppe fehlt es an Hoffnung: Etwas wollen und Ideen dafür haben, wie das umgesetzt werden kann. Wenn in der Arbeitsgruppe z. B. Einigkeit darüber bestünde, was genau damit gemeint ist, das Unternehmen zu verbessern, könnte man damit schon einmal arbeiten. Zum Beispiel:

Wir wollen die Kommunikation verbessern, damit alle Beschäftigten über die aktuelle Situation des Unternehmens auf dem Laufenden gehalten werden. Zudem wollen wir allen möglichst viel Raum geben, damit sie ihre Arbeit selbst gestalten können, unter der Voraussetzung, dass sie die zentralen Qualitätsanforderungen erfüllen. Wir wollen außerdem, dass jede und jeder Mitarbeitende sich bei ihrer bzw. seiner Arbeit voll unterstützt fühlt.

Dieses Ziel ist ziemlich anspruchsvoll formuliert und breit gefasst, aber schon viel klarer. Als nächstes kann festgelegt werden, wie dieses Ziel erreicht werden kann: selbstorganisierte Teams bilden, Weiterbildung der Führungskräfte, eine Kommunikationsplattform entwickeln und dafür sorgen, dass sie auch genutzt wird etc.

Wie an diesem Beispiel zu sehen ist, sorgt das Fehlen an Hoffnung für eine etwas ziellose und wenig tatkräftige Arbeitsgruppe. Stellen Sie das auch bei Kolleginnen oder Kollegen fest? Wenn es gelingt, bei ihnen die Hoffnung zu stärken, lässt sich dieses Muster durchbrechen.

Stellen Sie anderen Personen als erstes die Frage: Was würden Sie gern mit diesem Projekt, mit dieser Aufgabe erreichen wollen? Fragen Sie anschließend weiter: Wenn es gelingt, wie sieht das dann aus? Welche Auswirkung hat das? Und warum lohnt es sich, sich dafür einzusetzen? Durch diese Fragen entwickelt Ihr Gegenüber ein deutlicheres Bild des angestrebten Zustands. Sie können die Hoffnung auch umgekehrt suchen: Fragen Sie danach, was jemandem wichtig ist; und fragen Sie anschließend, warum das der Person wichtig ist.

Als nächstes geht es um die zweite Komponente der Hoffnung: Das Suchen nach Wegen, die zum angestrebten Ziel führen. Oft geben wir uns mit der ersten Idee, die uns dazu in den Sinn kommt, zufrieden. Wir wollen mehr Kundinnen und Kunden gewinnen? Wir schalten eine Anzeige. Wir haben eine zu hohe Arbeitsbelastung? Dann muss jemand eingestellt werden. Wir sind verärgert oder frustriert, wenn das nicht geht, etwa, weil kein Budget dafür vorhanden ist. Wenn man mit mehr Hoffnung an solche Fragen herangeht, wird das Vorgehen sozusagen umgedreht. Bevor man eine Entscheidung für eine Vorgehensweise trifft, verschafft man sich einen Überblick über die Optionen. Das Ziel ist dann nicht, sofort die beste Lösung zu finden, sondern zunächst verschiedene Ideen zu sammeln. Das bedeutet, dass man mit dem Sammeln nicht aufhört, wenn man eine gute Idee hat, und dass jede Idee willkommen ist, auch wenn man denkt, dass sie schlechter als die vorherige sei. Vielleicht bringt gerade dieser Gedanke jemand anderen auf einen Lösungsvorschlag, der gut funktioniert.

Wie können Sie konkret vorgehen, um eine Kollegin oder einen Kollegen hoffnungsvoller zu stimmen? Wenn diese Person genau weiß, was sie erreichen möchte, bitten Sie sie, sich verschiedene Wege zu überlegen, wie sie das schaffen könnte. Haken Sie weiter nach und nehmen Sie sich Zeit, um Ihr Gegenüber noch mehr Ideen sammeln zu lassen. Haben Sie Geduld: Auf diese Weise kommen mehr Überlegungen zustande. Versuchen Sie es so einzurichten, dass die andere Person selbst auf Ideen kommt: Dadurch gewinnt sie an Hoffnung. Sollte sie nur auf wenige Ideen kommen, können Sie sie bitten, zu überlegen, auf welche Ideen andere Menschen kommen könnten oder wie andere so etwas schon einmal gemacht haben. Helfen Sie Ihrem Gegenüber, Inspiration zu finden, geben Sie selbst aber keine Antworten.

Als nächstes geht es darum, der anderen Person bei der Entscheidung zu helfen, welchen der möglichen Wege sie gehen möchte. Unterstützen Sie sie dabei, mögliche Hindernisse zu bedenken und zu überlegen, wie sich diese überwinden lassen (vgl. die Übung „Hoffnung aufbauen [4]: Hindernisse überwinden“ in Kapitel 3). Es geht nicht nur darum, „die Lösung“ zu finden, sondern vielmehr darum, dass jemand erlebt, dass sie bzw. er sich mehrere Optionen überlegen sowie Hindernisse im Vorfeld erkennen und sich auf diese vorbereiten kann. Das schafft auch mehr Vertrauen darin, einen Plan B entwickeln und ausprobieren zu können, falls Plan A nicht gelingen sollte. Wenn Sie glauben, die richtige Lösung gefunden zu haben, schlagen Sie diese der anderen Person nicht einfach vor; lassen Sie sie selbst darauf kommen.

Ein ähnliches Vorgehen funktioniert auch im Team, beispielsweise bei der Entwicklung eines Projektplans. Egal, mit welcher Projektmanagementmethode Ihr Team dabei arbeitet – Sie können immer etwas Hoffnung verbreiten.

Hoffnung im Team aufbauen: Einen Projektplan erstellen

In jedem Team wird gelegentlich ein Plan für ein bestimmtes Vorhaben erarbeitet, wie z. B. eine Tagung, ein Projekt oder die Organisation eines Events. Die folgenden Schritte können dabei helfen, die Planungsbesprechung zu einem hoffnungsvolleren Ereignis zu machen:

1. Definieren Sie zuerst gemeinsam das Ziel. Besonders wenn alle denken, das Ziel sei doch sonnenklar, kann es sich lohnen, sich ausführlich mit dem Ziel zu befassen. Aus der Psychologie wissen wir, dass Menschen dazu neigen, ihre Meinung oder Einstellung an vor ihnen geäußerte Meinungen oder Einstellungen anzupassen: Sie schließen sich eher dem an, was die erste Person vorgetragen hat, als selbst etwas Neues einzubringen. Deshalb ist es sinnvoll, das Ziel nicht gleich mit der versammelten Gruppe zu besprechen.
   - Bitten Sie zuerst alle Beteiligten, sich vorzustellen, das Projekt sei ein großer Erfolg geworden. Dann sollen alle für sich aufschreiben, wie dieser Erfolg genau aussieht. Was ist das Ergebnis? Was wurde erreicht? Wann bezeichnen Sie das Projekt als Erfolg?
   - Bilden Sie Gruppen mit jeweils zwei oder drei Personen, die nun ihre Antworten miteinander vergleichen sollen. Gibt es Unterschiede? Übereinstimmungen? Was sind die wichtigsten, besten, innovativsten Beschreibungen des Erfolgs?
   - Jede Gruppe stellt nun im Plenum ihre drei wichtigsten Definitionen für den Erfolg vor. Diese sollen nicht diskutiert werden, aber es können durchaus Fragen dazu gestellt werden. Achten Sie darauf, dass es sich um wirkliche Fragen handelt und nicht um verborgene Kritik („Denken Sie wirklich, dass das funktioniert ...?")
   - Wählen Sie gemeinsam ein bis drei Erfolgsbeschreibungen aus, die das Ziel des Projekts definieren sollen: *Darum* geht es, *das* wollen wir erreichen! Im Idealfall ist das Ziel für sich allein genommen wertvoll. Die neue Werbekampagne zu starten ist für sich allein genommen noch kein wertvolles Ziel. Das dahinterstehende Ziel – neue Kundinnen und Kunden gewinnen – dagegen schon. Über die endgültige Zielformulierung wird nun ein finaler Beschluss gefällt. Vielleicht hat die Projektleitung hier das letzte Wort, vielleicht können Sie abstimmen oder eine an-

dere Art der Beschlussfindung wählen. Wie der Beschluss auch ausfällt, nehmen Sie die vorherigen Schritte ernst, damit sich jeder mit dem Ziel identifizieren kann.

2. Mit dem Ziel vor Augen wird im nächsten Schritt über die Möglichkeiten nachgedacht, mit denen es sich erreichen lässt. Vielleicht wurde die Besprechung mit dem Ziel ins Leben gerufen, einen Kongress zu organisieren, und im Laufe von Schritt 1 haben Sie dann festgestellt, dass das eigentliche Ziel ein anderes ist: Ihren Wissensstand zu erweitern sowie potenzielle Kundinnen und Kunden wissen zu lassen, dass Sie alle Expertinnen und Experten auf Ihrem Gebiet sind – und sie so für sich zu gewinnen. Um dieses Ziel zu erreichen, gibt es auch noch andere Möglichkeiten, als einen Kongress zu organisieren. Lassen Sie das ursprünglich geplante Vorhaben vorerst ruhen und arbeiten Sie zunächst die folgenden Schritte durch:
   - Brainwriting: Alle Beteiligten erhalten einen Stapel bunte Klebezettel und schreiben darauf so viele Ideen wie möglich zur Frage: Wie kann das Ziel erreicht werden? Pro Zettel sollte eine Idee notiert werden. Geben Sie allen Gruppenmitgliedern genügend Zeit und lassen Sie sie für sich allein überlegen. Auf diese Weise haben die meisten Menschen kreativere und unterschiedlichere Ideen.
   - Die Klebezettel werden an eine Stellwand o. Ä. angeheftet. Alle können hierzu weitere Assoziationen bilden und neue Ideen aufschreiben und hinzufügen.
   - Bilden Sie Cluster: Gruppieren Sie die Ideen, die etwas gemeinsam haben oder einander ähneln. Je nachdem, wie viel Zeit Sie haben, können Sie die Ideen noch weiter ausarbeiten, sie kurz besprechen oder sie nur von allen lesen lassen.
   - Erstellen Sie gemeinsam eine Top-5-Liste der Maßnahmen, die Ihnen dabei helfen können, das Ziel zu erreichen. Welche Maßnahmen sind machbar *und* effektiv? Es geht an dieser Stelle noch nicht darum, die beste Idee auszuwählen. Durch diese Schritte wird den Beteiligten das Ziel noch klarer und sie vergegenwärtigen sich, welche Handlungsoptionen sie haben, um das Ziel zu erreichen.
3. Nach der Zusammenstellung der Top 5 können Sie anfangen, diese Maßnahmen detaillierter auszuarbeiten. Dadurch können Sie sich besser vorbereiten und entscheiden, mit welcher Option Sie beginnen wollen.

- Schreiben Sie für jede Maßnahme auf, welche möglichen Risiken und Hindernisse sie mit sich bringt. Vielleicht lässt sich die Wahrscheinlichkeit, mit der diese auftreten, abschätzen?
- Versuchen Sie herauszufinden, wie die einzelnen Hindernisse überwunden werden könnten. Wenn ein Hindernis unüberwindbar ist, können Sie dann auf einen Plan B ausweichen?
- Entscheiden Sie jetzt, welche Maßnahmen Sie tatsächlich umsetzen wollen. Behalten Sie bei der Umsetzung die Möglichkeit im Gedächtnis, wieder auf die Top 5 zurückgreifen zu können – für den Fall, dass Sie zu große Rückschläge erleben und sich dazu entscheiden, doch einen anderen Weg zu gehen.

Resilienz

Resilienz ist die Fähigkeit, sich nach Rückschlägen und Stress wieder aufzurichten und an dieser Erfahrung zu wachsen.

Resilienz ist auch in Personalabteilungen ein Schlagwort geworden. Unternehmen wünschen sich Mitarbeitende, die gesund und langfristig arbeitsfähig sind, und Resilienz ist ein Teil dieser Eigenschaften.

In vielen Unternehmen wird berechtigterweise versucht, Fehler und Rückschläge zu vermeiden, aber vollständige Perfektion lässt sich nun einmal nicht erreichen. Je nachdem, in welchem Bereich man tätig ist, sind Fehler unterschiedlich folgenreich. In einem Krankenhaus oder Flugzeug hat ein Fehler in der Regel gravierendere und akutere Konsequenzen als auf einem Bauernhof oder am Schalter im Rathaus. Aber auch im Krankenhaus und im Flugzeug werden Fehler gemacht. Entscheidend ist, wie die betreffenden Menschen mit den Fehlern umgehen.

Ein resilientes Unternehmen lernt aus Fehlern, übernimmt Verantwortung für den entstandenen Schaden, verbessert die Abläufe und setzt seine Aktivitäten fort. Das verlangt den Beschäftigten einiges ab. Menschen mögen es im Allgemeinen nicht, mit dem Gefühl konfrontiert zu werden, etwas falsch gemacht zu haben. Viele Mitarbeitende verschweigen deshalb (kleine) Fehler. Wenn wir ehrlich sind: Wer aber tut das nicht? Wer hat noch nie auf eine Kundenanfrage eine E-Mail zurückgeschickt mit der Aussage, die Anfrage sei noch in Bearbeitung, anstatt ehrlich zuzugeben, dass die Anfrage vergessen wurde und erst jetzt bearbeitet wird? Wer gibt im Kollegenkreis schon offen zu, dass man selbst die falsche Information weitergegeben hat? Und wer gibt bei Fehlschlägen nicht gern anderen die Schuld? Ein solches Verhalten ist durchaus nachvollziehbar, wenn man davon ausgeht, dass Fehler machen etwas Unerwünschtes ist. Es ist allerdings nicht produktiv, denn die Fehler bleiben länger unentdeckt und werden womöglich sogar wiederholt. Außerdem können Fehler auf diese Weise nicht vernünftig behoben werden.

Es lässt sich nicht für alles, was schiefläuft, eine Schuldige oder ein Schuldiger ausmachen. Manchmal hat man einfach nur Pech, manchmal liegt es aber tatsächlich an jemand anderem oder an einem selbst. Unabhängig davon, ob die Schuld nun tatsächlich jemandem zugeschrieben werden kann oder nicht: Sicher ist, dass resiliente Mitarbeitende oft konstruktiver mit solchen Fehlschlägen umgehen. Sie haben den Mut, den Fehlschlag als solchen zu betrachten und einzuordnen, anstatt das Geschehene herunterzuspielen oder zu verharmlosen. Widerstandsfähige Menschen versuchen, wenn sie an einer Sache gescheitert sind, dennoch das Beste daraus zu machen und daraus zu lernen, wie sie solche Situationen zukünftig vermeiden oder mit ihnen umgehen können.

Wie können Sie Ihre Kolleginnen und Kollegen zu einem resilienten Verhalten anregen? Eine wichtige Rolle spielt dabei die Unternehmenskultur: Wie wird im Unternehmen mit Fehlern umgegangen? Achten Sie auf das Verhalten Ihrer Kolleginnen und Kollegen: Wie wird reagiert, wenn jemand einen Fehler macht? Wird sich vielleicht über diese Person lustig gemacht? Oder wird die Sache unter den Teppich gekehrt? Wird jemand zum Sündenbock gemacht? Oder wird sofort erklärt, dass alles halb so wild sei und dass die beteiligte Person das nicht hätte verhindern können? Das wären alles Hinweise darauf, dass es im Unternehmen nicht als okay gilt, Fehler zu machen. So eine Einstellung lässt sich nicht von einem Tag auf den anderen ändern, aber Sie könnten auf jeden Fall mit gutem Beispiel vorangehen. Wenn jemand aus Ihrem direkten Arbeitsumfeld einen Fehler macht, dann reagieren Sie folgendermaßen:

1. Achten Sie auf eventuelle Enttäuschung oder Irritation bei Ihrem Gegenüber. Wenn Sie sagen, alles sei in Ordnung, fühlt sich die andere

Person möglicherweise nicht ernst genommen. Ihre Reaktion könnte dahingehend interpretiert werden, als sei Ihr Gegenüber übertrieben penibel.

2. Sprechen Sie darüber, dass es nicht schön ist, Fehler zu machen, dass es aber menschlich ist. Es passiert uns allen. Damit wird die Sache nicht schöngeredet, aber relativiert.
3. Stellen Sie als nächstes fest, was benötigt wird, um den eventuellen Schaden zu beheben. Beginnen Sie nicht umgehend mit der Schadensbehebung, sondern verschaffen Sie sich erst einen Überblick über die notwendigen Schritte. Vielleicht müssen Kundinnen und Kunden darüber informiert werden, dass etwas schiefgegangen ist. Was könnte die Person, die den Fehler gemacht hat, konkret unternehmen?
4. Sprechen Sie mit der Person auch darüber, was sie aus diesem Fehler gelernt hat; nicht in belehrendem Ton, sondern ehrlich interessiert. Überlegen Sie gemeinsam, was auch andere Kolleginnen oder Kollegen daraus lernen könnten. Fragen Sie die Person, die den Fehler gemacht hat, ob und wie sie dies den anderen kommunizieren könnte.
5. Kommen Sie später noch einmal auf das Thema zu sprechen. Erkundigen Sie sich bei der betreffenden Person danach, wie die Sache ausgegangen ist, ob es gelungen ist, den Schaden zu beheben und ob sie vielleicht noch andere Erkenntnisse daraus gewonnen hat.

Resilienz ist nicht nur bei eigenen Fehlern hilfreich, sondern auch bei Schwierigkeiten, die das gesamte Unternehmen betreffen. Verlorene Kundschaft, ein sich hinziehendes Projekt oder eine Störung: Jedes Unternehmen wird hin und wieder mit Rückschlägen konfrontiert. Wie wir im Kapitel über Resilienz erfahren haben, ist aber ein konstruktiver Umgang damit möglich.

Zu Beginn sollte das Eingeständnis stehen, dass etwas womöglich nicht rund läuft. Hierfür lässt sich die Metapher eines Rauchmelders verwenden. Jede und jeder einzelne Mitarbeitende ist wie ein Rauchmelder. Manche sind sehr fein eingestellt, andere erfassen nur eine bestimmte Art von Rauch. Wenn jemand „Alarmsignale“ aussendet und z.B. an etwas Zweifel äußert, nehmen Sie das ernst. Wenn die Mitarbeitenden sich mit ihren Zweifeln nicht ernst genommen fühlen, ist es so, als würde man aus allen Rauchmeldern die Batterien herausnehmen. Dann darf man sich aber auch nicht wundern, wenn vor dem nächsten Problem keine Warnung erfolgt. Sprechen Sie den Menschen, die Alarm schlagen, Ihre Anerkennung aus: Zweifel zu äußern ist schwierig genug!

Menschen ernst zu nehmen bedeutet aber nicht, bei jedem Klang eines Rauchmelders gleich die ganze Stadt zu evakuieren. Wenn aber eine oder mehrere Personen so ihre Zweifel äußern, erkundigen Sie sich genauer nach deren Befürchtungen. Welche Risiken sehen sie? Woran könnte man erkennen, dass diese eintreten? Gibt es etwas, das jetzt schon unternommen werden kann, um sie zu verhindern oder zumindest zu minimieren? Und ist ein Risiko vielleicht so hoch, dass der Plan geändert werden sollte? Es ist allerdings wichtig, darauf zu achten, durch das Nachfragen keine übermäßige Besorgtheit bei der betreffenden Person auszulösen. Für andere kann es sehr entlastend sein, wenn sie jemandem ihre Befürchtungen anvertrauen und damit ein Stück weit Verantwortung abgeben können. Falls sich jemand jedoch zu viele und unbegründete Sorgen macht, suchen Sie das Gespräch und überlegen Sie gemeinsam mit dieser Person, welche Möglichkeiten sie hat, selbst etwas zu unternehmen, um die Sorgen in den Griff zu bekommen.

Fehler machen ist erlaubt

Viele Menschen versuchen am Arbeitsplatz, ihre Fehler zu verschleiern. Das bedeutet, dass wir eigentlich zwei Jobs haben: unseren eigentlichen Job und den Job, uns besser hervorzutun, als wir sind. Das ist vergeudete Energie. Es hat auch zur Folge, dass andere von unseren Fehlern nichts mitbekommen und ihnen diese möglicherweise leichter selbst passieren. Um das zu verhindern, ist es sinnvoll, das Fehlermachen-Dürfen zu normalisieren oder Menschen sogar dahingehend zu ermutigen. Die folgende Übung können Sie in jeder Sitzung als lehrreiche Runde einbringen. Sie signalisieren damit, dass Fehler machen in Ihrer Unternehmenskultur erlaubt ist.

1. Führen Sie die Übung gut verständlich ein. Das Ziel ist, dass alle ihre Fehler offen zugeben und daraus lernen können. Fehler passieren immer wieder, so ärgerlich das auch ist. Das Ziel der Runde ist nicht, die gemachten Fehler herunterzuspielen („Na ja, so schlimm ist das doch nicht!“). Das Ziel ist auch nicht, einen Sündenbock zu finden. Betrachten Sie die Runde als den gemeinsamen Versuch, sich in Bezug auf Ihre Arbeit zu verbessern. Wenn jemand etwas falsch gemacht hat, kann diese Person anderen helfen, daraus zu lernen, und umgekehrt können die anderen dazu beitragen, dass der Fehler nicht noch einmal vorkommt.
2. Jedes Teammitglied berichtet von einem Fehler, den es schon einmal gemacht hat. Dabei sollte jede und jeder versuchen, von

einer Sache zu erzählen, die sie oder er tatsächlich selbst zu verantworten hatte. Für die Stimmung ist es vorteilhaft, wenn die formelle oder informelle Gruppenleitung anfängt. Gehen Sie bei jedem berichteten Fehler folgendermaßen vor:
- Ein Teammitglied berichtet kurz von einer Sache, die es falsch gemacht hat.
- Die betreffende Person erzählt, was sie daraus gelernt hat.
- Andere können darauf reagieren und sagen, was sie selbst daraus mitnehmen können. Was lernen die Kolleginnen und Kollegen aus dieser Geschichte?
- Überlegen Sie gemeinsam, wie alle Beteiligten mit so einer Situation zukünftig umgehen können.

3. Wenn alle an der Reihe waren, ziehen Sie gemeinsam ein Fazit. Was haben Sie aus dieser Runde mitgenommen? Hat sich Ihre Einstellung in Bezug auf das Fehlermachen verändert? Versuchen Sie eine Atmosphäre herzustellen, in der Gespräche über Fehler durchaus erwünscht sind.

Bei dieser Übung ist es entscheidend, dass Sie alle gemeinsam dahinterstehen, inklusive der Führungskraft! Wenn die Mitarbeitenden ihre Fehler offen mit anderen teilen, für diese Fehler dann aber Konsequenzen drohen, wird in Zukunft niemand mehr etwas sagen. Versuchen Sie anzuregen, dass über gemachte Fehler *gesprochen* werden darf, andere aber auch ihr Bedauern oder ihren Unmut darüber äußern dürfen, dass der Fehler passiert ist.

Selbstvertrauen

Selbstvertrauen ist der Glaube an die eigene Fähigkeit, eine bestimmte Aufgabe gut lösen oder ausführen zu können.

Die vierte Säule des psychologischen Kapitals ist das Selbstvertrauen. Vertrauen Sie und Ihre Kolleginnen und Kollegen darauf, die Ihnen übertragene Arbeit gut ausführen zu können? Sind Ihre Aufgaben nicht zu schwierig und auch nicht zu einfach? Stehen Ihnen ausreichend Zeit und Mittel zur Verfügung, um neue Aufgaben bewältigen und das Tagesgeschäft erledigen zu können? Ein Team mit wenig Selbstvertrauen tendiert dazu, sehr darauf zu achten, was das Management von dieser oder jener Sache hält. Das ist vergleichbar mit einem Team, das über wenig Optimismus verfügt. Diejenigen mit wenig Selbstvertrauen orientieren sich stark an Standardabläufen und Konventionen und suchen oft nach Bestätigung („Ist es so richtig?") oder aber sie versuchen, alles genau nach Vorschrift zu machen.

Menschen mit einer gesunden Dosis Selbstvertrauen sind diesbezüglich selbstständiger. Sie nehmen sich ihrer Aufgabe an, sie kommunizieren mit anderen auf Augenhöhe und suchen nicht deren Unterstützung und Begleitung. Dabei spielt das Maß an Erfahrung natürlich eine Rolle: Eine Berufseinsteigerin mit Selbstvertrauen wird um Hilfe bitten, um von den erfahreneren Kolleginnen und Kollegen zu lernen. Macht eine Person mit wenig Berufserfahrung das nicht, dann könnte es auch sein, dass sie zu viel Vertrauen in ihre eigenen Fähigkeiten hat. Selbstvertrauen bedeutet, ausreichend darauf zu vertrauen, eine bestimme Aufgabe bewältigen zu können. Das schließt die Überzeugung ein, notfalls den Plan zu ändern, falls es anders läuft als erwartet, beispielsweise indem man Hilfe hinzuzieht.

Es geht beim Selbstvertrauen also um die Übereinstimmung zwischen dem, *was man kann,* und dem, *was erwartet wird*. Haben Sie bei Ihrer Arbeit das Gefühl, dass Sie überfordert sind? Oder dass Sie unterfordert sind? Überträgt Ihre Führungskraft Ihnen Aufgaben, die für Ihre Fähigkeiten geeignet sind? Und wie ist das bei Ihren Kolleginnen und Kollegen? Und beim höheren Management? Wenn Ihre Arbeit permanent kontrolliert wird, kann sich bei Ihnen das Gefühl einschleichen, dass Sie es nicht wirklich können, oder zumindest, dass Ihre Führungskraft so denkt. Das ist für Ihr Selbstvertrauen nicht günstig. Und natürlich bedeutet Überforderung auch Stress. So können Zweifel an den eigenen Fähigkeiten entstehen und sich verfestigen: „Das wird von mir erwartet, aber ich kann das gar nicht! Anscheinend bin ich zu dumm für diese Arbeit ..."

Wie können Sie das Selbstvertrauen Ihrer Kolleginnen und Kollegen stärken? Wenn Sie eine Führungsposition haben, haben Sie hier natürlich mehr Einfluss. Sie können die Aufgaben so verteilen, dass sie den Fähigkeiten der Mitarbeitenden besser entsprechen, und die Arbeit so viel wie nötig und so wenig wie möglich kontrollieren. Je mehr Selbstständigkeit übertragen wird, desto mehr steigt in der Regel auch der Schwierigkeitsgrad der Aufgabe.

Bei Ihren direkten Kolleginnen und Kollegen haben Sie hingegen meist weniger Einfluss. Aber Sie können trotzdem etwas tun, um das Selbstvertrauen bei anderen zu stärken. Hierfür bietet sich z.B. eine Möglichkeit, wenn Sie um Hilfe gebeten werden. Versuchen Sie dann, nicht einfach eine Antwort oder eine Lösung vorzugeben, sondern die Person dabei zu unterstützen, selbst eine Lösung zu finden. Fragen Sie einfach: Wie könnten Sie das lösen? Welches Wissen benötigen Sie dafür? usw. Damit erreichen Sie, dass Ihr Gegenüber sich mit der Aufgabe auseinandersetzt und mehr Verantwortung dafür übernimmt. Ermutigen Sie sie, darüber nachzudenken, was sie selbst schon tun und wobei sie noch Hilfe gebrauchen könnte, um die Aufgabe zu erledigen. Indem man die Antwort oder die Lösung einfach nur vorgibt, erreicht man auf lange Sicht das Gegenteil: Die andere Person hat zwar schnell eine Lösung für ihre Aufgabe, kann aber mit der Zeit das Gefühl entwickeln, dass sie es alleine nie schaffen und immer auf Hilfe angewiesen sein wird.

Eine andere Möglichkeit, das Selbstvertrauen einer Person aufzubauen, ist, sie zu der Arbeit an einer schwierigen oder neuen Aufgabe zu befragen. Meistens erkundigen wir uns nur nach dem *Ergebnis*. Wir vergessen dabei gern, dass – unabhängig davon, ob die Sache gelungen ist oder nicht – die bzw. der Betreffende etwas daraus lernen konnte. Fragen Sie nach dieser *Lernerfahrung*: Was hat geholfen, um zu diesem Ergebnis zu gelangen? Was hat gut funktioniert? Was hat weniger gut funktioniert? Was würde die Person bei einem nächsten Mal anders machen? Ist ein Teil dieser Erkenntnis auf andere Projekte oder Aufgaben übertragbar? Welche Lehre lässt sich aus diesem Versuch ziehen? Was an dieser Erfahrung könnte für andere interessant und hilfreich sein?

Eine dritte Möglichkeit, das Selbstvertrauen zu festigen, ist, die Stärken einer Person hervorzuheben. Oft achten wir nur auf die Dinge, die *schiefgegangen sind*, auf die Fehler, die gemacht wurden. Wir übersehen dabei die Stärken anderer Menschen und sehen über ihre Fähigkeiten hinweg, indem wir z.B. sagen: „Das hätten andere auch so gemacht, oder?" Und wir halten an der Vorstellung fest, dass wir am meisten aus Schwächen lernen. Langsam aber wächst die Erkenntnis, dass wir auch sehr viel aus den Dingen lernen, die gut funktionieren. Deshalb sollten Sie mit Ihren Kolleginnen und Kollegen auch über ihre Stärken reden. Wo liegen die Stärken von Kollege A? Welche Stärken hat Kollegin B? Und welches sind Ihre eigenen Stärken? Um die persönlichen Stärken zu ermitteln, gibt es verschiedene Fragebögen, beispielsweise den kostenfreien VIA Character Strengths Survey (www.viacharacter.org; siehe hierzu auch den Abschnitt „Weiterführende Literatur und Informationen“ am Ende dieses Buches). Die folgende Übung kann Sie und Ihre Kolleginnen und Kollegen dazu animieren, öfter über Ihre Stärken zu sprechen.

Die Stärken der anderen sehen

Diese Übung entfaltet eine zweifache Wirkung. Zum einen erleichtert sie es, die Stärken einer Person wahrzunehmen, was sowohl die Wertschätzung für diese Person als auch das Vertrauen zu ihr stärkt. Zum anderen kann sich diese Person ihre Stärken selbst bewusster vor Augen führen. Es kann dabei wertvoll sein, auch der Frage nachzugehen, wie diese Stärken im Arbeitsalltag zum Tragen kommen. Sich das bewusst zu machen, trägt zur Stärkung des Selbstvertrauens bei. Wer bei einer Tätigkeit seine Stärken gebraucht, ist mit mehr Engagement bei der Sache (vgl. van Woerkom, Oerlemans & Bakker, 2016).

Vereinbaren Sie miteinander, dass Sie jedes Meeting mit einer Komplimente-Runde beginnen. Alle Beteiligten erhalten der Reihe nach ein Kompliment von einer willkürlichen Kollegin oder einem Kollegen. Das Kompliment muss die folgenden beiden Voraussetzungen erfüllen:

1. Es muss ehrlich und aufrichtig gemeint sein.
2. Das Kompliment muss sich auf ein konkretes Verhalten beziehen. Also nicht: „Was für ein toller Pulli“; stattdessen sollte das Kompliment etwas aufgreifen, was die betreffende Person getan hat. Ein Beispiel: „Ich finde es toll, dass du bei dem Gespräch mit dem Kunden, der so viele nervige Fragen gestellt hat, so ruhig geblieben bist.“ Versuchen Sie auch die Eigenschaft zu benennen, die zu diesem Verhalten gehört. Im genannten Beispiel wäre das Geduld. Wenn Sie die Komplimente-Runde als regelmäßigen Bestandteil Ihrer Besprechungen einführen, können Sie nach einer Weile das Niveau steigern. Versuchen Sie dann einmal, jemandem ein Kompliment für etwas auszusprechen, das diese Woche besser geklappt hat als sonst. Oder machen Sie ein Kompliment für etwas, von dem Sie selbst noch etwas lernen können.

Gegenseitige Interviews ermöglichen es, mehr über die Stärken der einzelnen Teammitglieder zu erfahren und sich diese stärker vor Augen zu führen:

1. Die Teammitglieder interviewen sich gegenseitig in Zweiergruppen. Die zentrale Aufgabe dabei lautet: Erzählen Sie von einem Moment, in dem Sie beim Arbeiten so richtig bei der Sache waren – von Ihrem besten Arbeitsmoment, einem Moment, auf den Sie stolz sind, oder einem Moment, in dem man Sie für etwas beglückwünscht hat. Wann waren Sie so richtig im Flow? Fragen Sie nach, was Ihr Gegenüber in der Situation gemacht hat, was ihr oder ihm Energie gegeben hat, welche positiven Eigenschaften dabei zum Zug gekommen sind etc. Nach ca. fünf Minuten werden die Rollen getauscht, und die Erzählenden werden nun die Interviewenden und umgekehrt.
2. Wenn alle Interviews beendet sind, geben alle Beteiligten eine kurze Zusammenfassung der Geschichte Ihrer Gesprächspartnerin oder Ihres Gesprächspartners. Dabei soll vor allem auch einfließen, was die Zuhörenden am Verhalten der Person, die berichtet hat, beeindruckt hat. Sprechen Sie ein ehrlich gemeintes Kompliment für die positiven Eigenschaften, von denen Sie erfahren haben, aus. Die anderen Teilnehmenden können dem gerne beipflichten oder noch weitere Stärken, die sie an dieser Person zu schätzen wissen, benennen.

Anmerkung

Unser psychologisches Kapital ist kein Wundermittel und auch kein Allheilmittel. Manchmal hört man, dass Beschäftigte eines Unternehmens an einem Training teilnehmen, damit sie lernen, wie sie besser mit Stress umgehen können, und dass die Verantwortlichen dann der Meinung sind, um *die Ursachen* von Stress müsse man sich nun nicht mehr kümmern. Das ist zu kurz gegriffen. Das psychologische Kapital der Beschäftigten zu stärken hat sicher seine Vorteile, darf aber nicht als Alibi genutzt werden, um Veränderungen zu umgehen. Es geht eher darum, Menschen an sich zu stärken und ihnen zu ermöglichen, sich weiterzuentwickeln. Dies hilft ihnen dabei, besser mit Stress, unvermeidlichen Rückschlägen oder Misserfolgen umzugehen und sich klarer zu äußern, welche Veränderungen sie für notwendig halten.

Zusammenfassung

- Das psychologische Kapital im Rahmen der Arbeit zu stärken ist eine Möglichkeit, allen Beteiligten eine persönliche Weiterentwicklung zu ermöglichen. Indem man verstärkt, was bereits gut läuft, werden die besten Seiten von Menschen zum Vorschein gebracht.
- Schon kleine Veränderungen – beispielsweise in Besprechungen – können dazu führen, dass gegenseitige Wertschätzung ausgesprochen wird. Das motiviert, was wiederum eine bessere Leistung ermöglicht und letztlich zu einem größeren Wohlbefinden führt.

8 Zum Schluss

Sie sind nun beinahe am Ende dieses Buches angekommen. In diesem abschließenden Kapitel möchte ich Sie dazu anregen, darüber nachzudenken, wie es mit Ihrem psychologischen Kapital weitergehen soll. Aber zunächst soll eine kurze Zusammenfassung der Inhalte dieses Buches gegeben werden.

Jeder Mensch trägt positive Eigenschaften in sich. Vier zentrale Eigenschaften helfen Ihnen dabei, das Beste aus sich herauszuholen, einen konstruktiven Umgang mit Rückschlägen und Stress zu finden, für sich selbst und Ihre Lieben zu sorgen und das Leben zu genießen. Diese Eigenschaften sind Optimismus, Hoffnung, Resilienz und Selbstvertrauen. Optimismus ist der Glaube, dass Sie selbst einen Einfluss auf Ihre Situation haben. Hoffnung meint die Überzeugung, dass Sie ein für Sie wichtiges Ziel erreichen können, in Kombination mit der Vorstellung davon, auf welchen Wegen Sie dieses Ziel erreichen können. Resilienz beinhaltet, dass Sie sich im Fall von Rückschlägen wieder aufrichten können, d.h. lernen, mit dem Rückschlag umzugehen, und eventuell sogar gestärkt daraus hervorzugehen. Selbstvertrauen ist der Glaube, eine bestimmte Aufgabe zu einem guten Ende bringen zu können, wobei dieser Glaube auf Ihren eigenen Erfahrungen und Erkenntnissen basiert.

Natürlich haben unsere Gene und unsere Erziehung einen Einfluss auf unsere psychische Verfassung. Ähnlich verhält es sich mit der Grundkondition, die bei verschiedenen Menschen unterschiedlich ausgeprägt ist, die sich aber steigern lässt. Genauso haben wir die Möglichkeit, die „Grundkondition" unseres psychologischen Kapitals zu verbessern. Wenn wir regelmäßig üben, z.B. mithilfe der Übungen in diesem Buch, steigern wir unseren Optimismus, unsere Hoffnung, unsere Resilienz und unser Selbstvertrauen. Diese Eigenschaften können wir, genauso wie unsere körperliche Leistungsfähigkeit, pflegen und ausbauen. Wenn wir über einen längeren Zeitraum unsere positiven Eigenschaften vernachlässigen, verkümmern sie ein Stück weit. Und wenn wir es dann mit starkem Gegenwind zu tun bekommen (eine „psychische Verletzung" erleiden), ist noch mehr Anstrengung erforderlich, um unsere psychische Verfassung wieder einigermaßen aufzubauen. Über unsere persönlichen positiven Eigenschaften Bescheid zu wissen, sie zu stärken und zu gebrauchen, trägt zu unserem Glücksempfinden bei. Verschiedene Studien belegen, dass sich ein höheres psychologisches Kapital positiv auf die Stimmung, das Stresserleben, die Leistungsfähigkeit und das Wohlbefinden auswirkt. Vertrauen Sie daher vor allem auf Ihre eigenen Fähigkeiten, sich weiterzuentwickeln.

Was nehmen Sie mit?

Was nehmen Sie nach der Lektüre dieses Buches für sich mit? Vielleicht finden Sie sich ja in der folgenden Geschichte wieder.

> Bei Marlene läuft es bestens. Verheiratet, zwei Kinder, ein anspruchsvoller Job als Projektleiterin und ein erfülltes Sozialleben. Aber sie merkt, dass sie sich oft mit Dingen beschäftigt, die nicht gut laufen oder nicht gelingen wollen. Nach einer hektischen Arbeitswoche macht sie sich schon am Wochenende Sorgen darüber, was sie am nächsten Montag im Büro alles erwarten könnte. Wenn ein Projekt in Zeitverzug ist, fühlt sie sich ohnmächtig. Auch zu Hause hat sie manchmal wenig Vertrauen darin, dass sie die Dinge gut macht: Mit zwei kleinen Kindern und einem Mann, der auch viel arbeitet, ist immer viel los und zu tun. Und wenn einmal ein Familienmitglied krank ist, gerät die gesamte Planung durcheinander. Oft arbeitet sie noch nach Feierabend und das geht auf Kosten ihrer Freundinnen und Freunde. Insgesamt hat Marlene das Gefühl, wenig tun zu können, um ihre Situation zu verbessern.
>
> Bei einem Training über psychologisches Kapital beschäftigt sich Marlene mit Optimismus, Hoffnung, Resilienz und Selbstvertrauen. Sie fängt an, an ihrem Optimismus zu arbeiten. Sie fühlte sich ohnmächtig, wenn es um Projekte ging, die zeitlich ausuferten. Ihr wird bewusst, dass sie oft bereits in einem frühen Stadium vermutet, dass es Verzögerungen geben wird. Bei Projektsitzungen fängt sie deshalb an, Fragen über den Fortschritt des Projekts zu stellen. Zudem lässt sie die Mitarbeitenden nach Rücksprache mit ihr nun selbst die Deadline für das Projekt festlegen. Sie gewinnt dadurch mehr Zuversicht. Außerdem kommuniziert sie, dass sie bei Deadline-Verletzungen nicht mehr diejenige sein wird, die das Problem in der letzten Minute lösen wird. Sie springt weniger oft ein, was sie ebenfalls mit ihren Kolleginnen und Kollegen bespricht, und gewinnt dadurch

wieder mehr Kontrolle über ihre Termine. Ihre Mitarbeitenden planen inzwischen weniger häufig ihre Hilfe bei den Projekten ein.

Marlene schöpft nun auch mehr Hoffnung, dass das hektische Familienleben in ruhigeres Fahrwasser kommen kann. Für sie und ihren Mann ist es das oberste Ziel, dass die Kinder gut versorgt sind. Sie überlegen gemeinsam, welche Herausforderungen es in ihrem Familienleben zu stemmen gibt: Wenn ein Kind krank wird, die Kinder in den Ferien betreut werden müssen, ein Projekt bei Marlene ausufert oder ihr Mann auf Geschäftsreise geht, sorgt dies regelmäßig für organisatorische Probleme. In der Vergangenheit hat sie lieber nicht im Vorfeld darüber nachgedacht. Jetzt legen sie die Prioritäten gemeinsam fest und überlegen, wie sie mit solchen Situationen umgehen können. Für die Betreuung der Kinder gibt es Alternativen: die Großeltern und eine befreundete Familie mit Kindern, die in der Nähe wohnt. Falls das nicht klappen sollte, würden sich Marlene oder ihr Mann freinehmen. Das sorgt zwar immer noch für eine gewisse Anspannung, aber es ist auch entlastend zu wissen, wie sie mit solchen Situationen umgehen wollen, anstatt abzuwarten, bis das Problem da ist.

Marlene wird auch resilienter. Wenn bei einem Projekt die Deadline nicht eingehalten wird oder etwas nicht klappt, findet sie Mittel und Wege. Sie ist dann zwar genervt, aber nur kurz, und bespricht mit den Teammitgliedern, wie sie gemeinsam noch das Beste aus der Lage machen können. Bei den Evaluationen versuchen sie im Team, aus den Fehlern zu lernen.

Durch diese Schritte wächst auch Marlenes Selbstvertrauen: Warum sollte sie nicht mit der Hektik und dem Stress zurechtkommen? Sie erkennt, dass sie zuvor nicht so sehr unter der alles beherrschenden Hektik und dem Druck gelitten hat, sondern vor allem unter ihren eigenen Zweifeln. Dass sie gelernt hat, ruhig zu bleiben und den Überblick zu wahren, gibt ihr Selbstvertrauen. Das spürt sie auch in ihrem Sozialleben: Es wird nicht mehr ständig den akuten Anforderungen bei der Arbeit geopfert. Sie entscheidet sich nun öfter für entspannende oder unterhaltsame Aktivitäten. Sie vertraut darauf, dass sie immer versuchen wird, das Beste aus jeder Situation zu machen. Sie fällt auch die Entscheidung, sich nicht mehr bis tief in die Nacht vorzubereiten, aus Angst, dass etwas schief geht. Kurz gesagt: Marlene weiß um ihr psychologisches Kapital und nutzt es.

Auch Sie können der Frage nachgehen, was es Ihnen gebracht hat, sich mit Ihrem psychologischen Kapital zu beschäftigen und dieses zu stärken. Verabreden Sie sich mit einer Person, mit der Sie gut über dieses Thema reden können. In der folgenden Übung finden Sie einige Fragen, die Ihnen als Leitfaden für dieses Gespräch über Ihre positiven Eigenschaften – und die Ihrer Gesprächspartnerin bzw. Ihres Gesprächspartners – dienen können.

Ein wertschätzendes Gespräch über Ihre persönliche Entwicklung führen

Nehmen Sie sich Zeit, um den untenstehenden Fragen in einem Gespräch nachzugehen. Die „richtige" Antwort brauchen Sie nicht zu suchen: Es gibt sie nämlich nicht. Die Fragen regen zu einer Reflexion Ihrer persönlichen Entwicklung an. Diese Entwicklung findet kontinuierlich statt, und auch, indem Sie dieses Gespräch führen, entwickeln Sie sich weiter.

1. Erzählen Sie von einem Moment, in dem Sie sich richtig optimistisch gefühlt haben. Wann hatten Sie das Gefühl, die Situation positiv beeinflussen zu können, wobei Sie das vielleicht sogar überrascht oder verwundert hat? Was haben Sie dann gemacht? Was hat Ihnen geholfen, auf diese Weise an die Situation heranzugehen?
2. Erzählen Sie von einem Moment, in dem Sie voller Hoffnung waren, weil Sie das Gefühl hatten, etwas, das Ihnen besonders wichtig war, erreichen zu können. Was hat die Hoffnung bei Ihnen geweckt? Welche Wirkung hatte das Gefühl der Hoffnung auf Sie? Und auf Ihr Umfeld?
3. Erzählen Sie von einem Moment, in dem Sie Widerstandskraft gezeigt haben. Bei welchem Rückschlag konnten Sie sich nach einer gewissen Zeit wieder aufrichten und das Beste daraus machen? Was haben Sie aus diesem Rückschlag gelernt? Was hat Ihnen wieder auf die Beine geholfen?
4. Erzählen Sie von einem Moment, in dem Sie voller Vertrauen waren, dass Sie eine Aufgabe, vor der Sie standen, erfolgreich würden bewältigen können. Woher kam dieses Vertrauen? Welche Erfahrungen waren dafür der Ausgangspunkt? Wie hat Ihnen dieses Vertrauen geholfen, die Aufgabe anzugehen?

Mit diesen Fragen können Sie unterschiedliche Bereiche erkunden: Arbeit, Familie, Freundeskreis, Sport, Hobbys ... Nutzen Sie Ihr psychologisches Kapital!

Wie erhalten Sie Ihren Fortschritt aufrecht?

Vielleicht haben Sie festgestellt, dass Sie sich weiterentwickelt haben. Das ist großartig! Die Herausforderung besteht jetzt darin, das Erreichte aufrechtzuerhalten. Dabei geht es aber nicht darum, in ein Schwarz-Weiß-Denken zu verfallen. Nehmen wir an, Sie hätten das Rauchen aufgegeben. Seitdem halten Sie sich von Zigaretten fern. Aber es kann doch einmal passieren, dass Sie mit ihrer alten Clique, in der geraucht wird, ausgehen und sich nach ein paar Drinks eine Zigarette anzünden. Am nächsten Tag bereuen Sie es. Kann man noch sagen, dass Sie aufgehört haben zu rauchen? Wenn Sie diese eine Zigarette als das Ende Ihres Versuchs betrachten, mit dem Rauchen aufzuhören – also schwarz-weiß sehen – ist die Wahrscheinlichkeit hoch, dass Sie sich direkt noch eine Zigarette anzünden. Ihr Versuch ist schließlich schon gescheitert. Wenn Sie aber die eine Zigarette mit der Clique als Fehler – ein Grauton – betrachten, wächst Ihr Entschluss vielleicht sogar noch, die Finger definitiv von den Zigaretten zu lassen.

Genau so können Sie auch andere Herausforderungen betrachten. Es ist wenig hilfreich, sich mit der Frage „Kann ich gut mit Stress umgehen oder nicht?“ zu befassen, denn diese lässt sich so nicht beantworten. Vielmehr ist es so, dass Sie ein Stück weit mit Stress zurechtkommen, wenn es nicht zu viel auf einmal ist und wenn Sie sich ansonsten gut fühlen. Die viel interessantere Frage ist deshalb: Was hilft Ihnen, mit Stress zurechtzukommen? Überlegen Sie, was Sie aus diesem Buch mitgenommen haben, das Ihnen helfen könnte, mit belastenden Situationen besser umgehen zu können. Ähnlich können Sie überlegen, was Ihnen hilft, mit Rückschlägen bei der Arbeit umzugehen, den Tag zu genießen oder das Beste aus sich herauszuholen. *Was genau* möchten Sie aufrechterhalten?

Wenn Sie wissen, *was* Sie beibehalten wollen, können Sie sich Gedanken darüber machen, *wie* Sie das bewerkstelligen können. Verlangen Sie von sich keine 100%ige Perfektion; das ist kaum zu erreichen. Nutzen Sie Ihre Energie lieber dafür, sich *effektive Verhaltensmuster* zu überlegen und einzuüben. Gemeint sind damit erlernte Gewohnheiten, die Ihnen helfen, das zu tun, was Sie wirklich tun wollen. „Neues“ Verhalten zu erlernen kostet viel Mühe, weil Sie bewusst überlegen müssen, was zu tun ist. Anders ist es mit Gewohnheiten: Diese empfinden wir kaum als anstrengend; wir wiederholen sie einfach immer wieder, weil sie zu unserem Tagesablauf gehören. Manchen Menschen fällt es z.B. schwer, sich jeden Tag die Zähne zu putzen, andere betrachten Zähneputzen als Selbstverständlichkeit. Letztere haben eine Gewohnheit daraus gemacht, die sie immer wieder ausführen und nicht als zusätzlichen Aufwand empfinden.

Auch im Hinblick auf unser psychologisches Kapital können wir Gewohnheiten etablieren und diese so verfestigen. Wenn Sie sich z.B. bei jedem Rückschlag drei mögliche Lösungen überlegen, gewöhnen Sie sich an, in der Kategorie „Auswege und Möglichkeiten" zu denken. Erstellen Sie für Projekte eine Übersicht der erforderlichen Schritte und nehmen Sie diese zur Hand, wenn sie ein neues Projekt beginnen. Das stärkt Ihr Selbstvertrauen, die Aufgabe gut bewältigen zu können. Fragen Sie Ihre Partnerin oder Ihren Partner oder Ihre Kinder jeden Abend, wie ihr Tag war, was sie gemacht haben, was schön war oder was sie genossen haben und was ihr eigener Anteil daran war. Das trägt zu mehr Optimismus bei. Gewöhnen Sie sich an, ein paar Minuten zu meditieren, wenn Sie spüren, dass Ihre innere Anspannung steigt, um die Ursachen Ihrer Unruhe besser nachvollziehen zu können.

Ich habe auch ein paar solcher Gewohnheiten entwickelt. Wenn ich merke, dass ich nicht so recht weiß, was ich schreiben soll, klappe ich meinen Laptop zu und schließe die Augen. Ich konzentriere mich auf meine Atmung und die Frage: Wofür braucht die Person, die das liest, diesen Text? Das gibt mir Selbstvertrauen. Eine andere Gewohnheit praktiziere ich mit meinen Kolleginnen und Kollegen. Wenn wir uns noch nicht schlüssig sind, was wir als nächstes tun müssen, habe ich mir angewöhnt, *zuerst* nach verschiedenen Möglichkeiten zu suchen – und so Hoffnung aufzubauen. Wenn jemand anderes sehr schnell eine Lösung ins Spiel bringt, frage ich immer, ob wir auch wirklich alle Optionen in Erwägung gezogen haben. Wenn etwas schiefgeht, frage ich mich automatisch, was ich tun kann, um die Lage etwas besser zu machen. Kann ich jemanden um Hilfe bitten? Oder sollte ich es akzeptieren und damit leben? Das gibt mir das Gefühl, dass ich Einfluss habe – Optimismus – und stärkt meine Resilienz. Gemeinsam mit meiner Frau pflege ich auch einige Gewohnheiten. Wenn sich einer von uns wegen irgendetwas Sorgen macht, ist unsere Vereinbarung, dass der andere dann nicht sofort mit einer Lösung kommt. Das würde das psychologische Kapital nämlich ein Stück weit untergraben, denn bei der anderen Person könnte dann das Gefühl entstehen, sie selbst sei nicht in der Lage, die Lösung zu finden. Stattdessen ist die Vereinbarung, zu fragen, was die bzw. der andere braucht oder was helfen könnte, eine Lösung für dieses Problem zu finden. So helfen wir uns gegenseitig, unser psychologisches Kapital zu nutzen.

Was möchten Sie aufrechterhalten? Die folgende Übung hilft Ihnen dabei, nützliche Gewohnheiten in Ihren Alltag einzubauen.

Neue Gewohnheiten etablieren

Wenn Sie sich neue Verhaltensweisen angewöhnen wollen, können Sie auf eine Menge verhaltenswissenschaftlicher Erkenntnisse zurückgreifen (Heath & Heath, 2011). Die folgende Übung kann Ihnen den Einstieg erleichtern:

1. Überlegen Sie sich, was Sie verändern wollen. Betrachten Sie die gewünschte Veränderung zunächst von einem *rationalen* Standpunkt aus. Ist die erwünschte Veränderung nachvollziehbar und hilfreich? Geht es um etwas, das Ihnen wirklich wichtig ist? Vielleicht sind die Fragen noch etwas schwierig zu beantworten; wir kommen gleich noch einmal darauf zurück. Halten Sie es für *wirklich* lohnenswert oder ist der Preis für eine Veränderung eigentlich zu hoch? Kurz gesagt: Treffen Sie eine rationale Entscheidung darüber, was Sie tun wollen, weil es langfristig nützlich oder sinnvoll ist. Überlegen Sie auch, *warum* sich diese Veränderung lohnt.
2. Es ist schwieriger, etwas zu tun, das langfristig nützlich ist, als kurzfristig hinzunehmen, dass etwas nervig ist. Sich wohl in der eigenen Haut zu fühlen, ist ein wunderbares Ziel, aber keine Süßigkeiten naschen zu dürfen, wenn man sich am Abend einen Film ansieht, motiviert einen nicht gerade. Versuchen Sie deshalb, Ihr Ziel, das Sie in Schritt 1 definiert haben, in kleinere Schritte aufzuteilen. Es sollte sich durchaus um Herausforderungen handeln. Suchen Sie nach Wegen, die Ihnen Spaß machen, die Sie begeistern. Gestalten Sie die Schritte fröhlich, interessant oder so, dass Sie sie als wertvoll wahrnehmen.
3. Zu guter Letzt: Bauen Sie Ihr Ziel in eine neue Gewohnheit ein. Wenn Sie etwas jeden Tag oder jede Woche als feste Gewohnheit installieren, fällt es Ihnen leichter, durchzuhalten. Wenn Sie die Gewöhnungsphase gut meistern, kann sich das neue Verhalten leichter automatisieren. Die Gewohnheit sollte zu *Ihnen* passen. Nehmen wir an, Sie wollen mehr Sport treiben. Ist es möglich, eine halbe Stunde früher aufzustehen und eine Runde zu laufen? Oder würden Sie lieber einmal die Woche gemeinsam mit Freunden lau-

fen? Um die Gewohnheit zu verfestigen, können Sie auch Hilfsmittel nutzen. Legen Sie z.B. ein Tagebuch neben Ihr Kissen, in dem Sie jeden Tag Ihren Erfolg festhalten. Ich habe auf meinem PC eine Datei gespeichert, auf die ich regelmäßig zugreife, um meine eigene Arbeit als Trainer zu evaluieren. So fällt es mir leichter, ein Training, das ich durchgeführt habe, zu reflektieren. Auch kann ich meine Erfahrungen zu einem späteren Zeitpunkt nochmals nachlesen, was mir hilft, aus meinen Erfahrungen zu lernen.

Wie geht es nun weiter?

Wir wollen unseren Blick noch etwas weiter – über das Etablieren und Aufrechterhalten neuer Gewohnheiten hinaus – richten. Im Intermezzo auf S. 51ff. haben wir das Growth Mindset kennengelernt, das nahelegt: Weiterentwicklung ist immer möglich. Damit, dass Sie dieses Buch gelesen haben, ist es also noch nicht getan, auch wenn unser Gehirn manchmal so funktioniert. Kaum haben wir etwas zu Ende gebracht, stellt sich ein gewisser Kick, ein gutes Gefühl ein. Wenn Sie also die letzte Seite dieses Buches umschlagen, werden Sie vielleicht das Gefühl haben: gut gemacht! Das ist an sich in Ordnung, stellt aber keine Garantie für bleibende Veränderung oder kontinuierliches Wachstum dar. Wie können Sie sicherstellen, dass Sie sich beständig weiterentwickeln?

Einer meiner Lieblingssprüche ist „Practice what you preach“. Viele Menschen kennen diesen Ausdruck im Zusammenhang damit, für etwas einzustehen und den eigenen Prinzipien treu zu sein. Was mir besonders gefällt, ist, dass „(to) practice“ auch „üben“ bedeutet. Nicht immer sind wir in der Lage, uns entsprechend unserer Überzeugungen zu verhalten. Betrachten Sie es daher als Übung, die Dinge, die Ihnen wichtig sind, auf die Ihnen bestmögliche Weise zu tun. Auf diese Weise lernen Sie. Häufig wissen wir zwar schon gut Bescheid darüber, wie bestimmte Dinge gemacht werden sollten, und erzählen davon in unserem Freundes- und Familienkreis (preach). Wenn wir unsere Ratschläge aber auch selbst beherzigen (practice), bringt uns das nach vorne.

Das Schlüsselwort heißt Tun. Sich Wissen zum Thema „psychologisches Kapital“ durch Lesen anzueignen, ist natürlich hilfreich. Aber durch das

Lesen allein verändern wir noch nichts. Reden Sie mit anderen Menschen darüber. Machen Sie eine Optimismus-Übung. Experimentieren Sie mit den Übungen „Hoffnung aufbauen“ aus Kapitel 3. Gewöhnen Sie sich an, im Fall eines Rückschlags immer zuerst in sich hineinzuhorchen und zu überlegen, was Sie jetzt brauchen. Sprechen Sie eine Kollegin an und erkundigen Sie sich, woher sie ihr Selbstvertrauen nimmt. Schaffen Sie sich selbst den Raum, um sich weiterentwickeln zu können. Vielleicht hilft es Ihnen, einen Trainingsplan zu erstellen. Planen Sie jede Woche eine tägliche Übung ein und schauen Sie am Ende der Woche darauf zurück. Halten Sie Ihre Erfahrungen in einem extra dafür bestimmten Notizbuch fest. Was lernen Sie daraus? Was nehmen Sie mit? Wie können Sie nächste Woche den nächsten Schritt machen?

Es geht nicht darum, dass Sie sich immer weiter verbessern *müssen*. Der beständige Drang, noch besser, noch glücklicher, noch kompetenter im Umgang mit Rückschlägen werden zu müssen, bedeutet nämlich auch, dass wir uns ständig mit anderen vergleichen: mit Kolleginnen und Kollegen, mit unseren Freundinnen und Freunden und mit uns selbst vor beispielsweise einem halben Jahr. Oder wir vergleichen uns mit unserem idealen Zukunftsbild – damit, wie wir *sein sollten*. Vergleichen hemmt jedoch oft die Weiterentwicklung. Man erzeugt damit Druck, der Angst und Abwehr auslöst. Prüfen Sie, ob es Ihnen gelingt, etwas zu *wollen* und nicht zu *müssen*. Es ist schön, zu wachsen und sich zu entwickeln, und es ist genauso schön, sich einmal einfach nur zurückzulehnen. Natürlich ist es auch ein tolles Gefühl, wenn uns etwas gelingt, wenn wir gewinnen oder ein gutes Ergebnis erzielen. Feiern Sie daher Ihre Erfolge! Fordern Sie jedoch nicht von sich, dass sich Erfolge einstellen müssen, damit Sie glücklich sein können. Wenn Ihnen etwas nicht gelingt, seien Sie stolz auf sich, dass Sie es probiert haben. Überlegen Sie, was Sie daraus lernen können. Der Weg zum Ziel zählt und Sie sollten sich ihn so schön wie möglich machen.

Wenn Sie sich noch weiter entwickeln möchten und hierfür Inspiration suchen, gibt es dafür viele Möglichkeiten. Am Ende dieses Buches finden Sie im Abschnitt „Weiterführende Literatur und Informationen“ Literaturempfehlungen zu einzelnen Themengebieten. Machen Sie sich vorab bewusst, in welche Richtung Sie sich weiterentwickeln möchten. Was würden Sie gern erreichen? Wie könnten Sie das einüben? Um mehr darüber in Erfahrung zu bringen, gibt es eine Vielzahl von Büchern, TED-Talks, Workshops und anderen Inspirationsquellen, die Sie nutzen können.

Den ersten Schritt tun

Hier endet dieses Buch und der Ball liegt jetzt bei Ihnen. Eigentlich lag er die ganze Zeit schon dort. Die Frage ist, was Sie jetzt damit machen möchten. Ich wünsche Ihnen einen gelungenen ersten Schritt. Machen Sie sich bewusst, *warum* Sie diesen Schritt tun wollen. Überlegen Sie, wie Sie vorgehen möchten. Wenn Sie spüren, dass Sie davor zurückweichen, diesen ersten Schritt zu machen, dann ist er eventuell zu groß. Wenn Sie einen inneren Widerstand spüren, mit dem Sport anzufangen, sind Ihre Erwartungen vielleicht zu hochgesteckt: mindestens eine halbe Stunde am Stück laufen und das Laufen auch noch toll finden. Oder Sie sehen bereits viele kleine Schritte vor sich, die zu Ihrem Ziel führen: die Sportkleidung aus dem Kleiderschrank herausholen, probieren, ob die Sachen noch passen, überlegen, welche Art von Sport Sie machen möchten, ein passendes Fitnessstudio in Ihrer Nähe suchen, eine Probestunde buchen, die Kinderbetreuung regeln, tatsächlich hingehen ... Es sind viele kleine Schritte nötig, um eine Veränderung zu erreichen. Und eigentlich ist eine Veränderung nie wirklich komplett vollzogen. Sie werden weiterhin immer wieder kleine Schritte machen.

Deshalb möchte ich Ihnen diese letzte Frage stellen: Was wird Ihr erster Schritt sein? Wenn es ein Schritt ist, den Sie direkt umsetzen können, ohne Widerstände und innere Abwehr, dann haben Sie ihn gut ausgewählt. Bestimmen Sie Ihren ersten Schritt und gehen Sie los!

Danksagung

Zuerst möchte ich Ihnen herzlich danken. Dazu eine kleine Nebenbemerkung: Um die Privatsphäre anderer Menschen zu wahren, habe ich mir alle Fallbeispiele im Buch ausgedacht. Sie basieren zwar auf meinen tatsächlichen Erfahrungen als Trainer, Coach, Therapeut, Berater und Kollege, sind aber nicht auf einzelne Personen zurückzuführen.

Neben Ihnen, den Leserinnen und Lesern, möchte ich mich bei einigen weiteren Menschen bedanken. Schon seit vielen Jahren rede ich davon, dass ich ein Buch schreiben möchte. Jetzt ist es endlich soweit. Dieses Buch würde es ohne die Unterstützung und die Inspiration vieler Personen nicht geben. An erster Stelle möchte ich die Mitarbeitenden im Boom Verlag nennen, insbesondere meine Kontaktperson Susanne Batelaan und meinen Lektor Eelke Verhagen. Sie haben mir sehr dabei geholfen, meine Idee zu entwickeln und die endgültige Fassung des Manuskripts herzustellen. Die Fehler, die zweifelsohne noch im Buch zu finden sind, gehen jedenfalls nicht auf ihr Konto.

Es gibt viele Fachkolleginnen und -kollegen, die mir weitergeholfen haben. Allen voran geht mein Dank an Fred Luthans und seine Mitarbeitenden für die Entwicklung der Theorie des psychologischen Kapitals. Ernst Bohlmeijer und Fredrike Bannink danke ich nicht nur für die Inspiration auf dem Gebiet der Positiven Psychologie, sondern auch für den Kontakt zu meinem Verleger. Meine Kolleginnen und Kollegen in der Redaktion der *Tijdschrift Positieve Psychologie* und im Vorstand des Nederlands Instituut van Psychologen (NIP) sind schon seit vielen Jahren eine Bereicherung für mich. Herzlich bedanke ich mich auch bei den Fachkolleginnen und -kollegen, mit denen ich das Trainingswochenende durchgeführt habe, insbesondere bei Jan Willem Grijpma und Jeffrey van der Starre, vor allem auch für ihre Geduld, wenn ich wieder einmal davon erzählt habe, ein Buch schreiben zu wollen.

Neben der fachlichen Inspiration, die ich von meinen Kolleginnen Marjolijn Punt und Sabine Mur beim *Bureau voor Positieve Psychologie* immer wieder erhalte, schätze ich auch ganz besonders ihre Freundschaft. Ich hoffe auf noch viele weitere interessante Trainings, Lehrgänge und vieles mehr. Jules Reijnen war der erste, mit dem ich das Konzept des psychologischen Kapitals in den Niederlanden eingeführt und hier angewandt habe. Danke für dieses Abenteuer! Marieke Jacobs und Herman Steensma danke ich für die Studienbeiträge, mit denen sie dieses Abenteuer unterstützt haben.

Zum Schluss danke ich meinem Freundeskreis und meiner Familie. Eure Unterstützung und euer Interesse haben mich immer wieder dazu bewogen, weiterzumachen und mir meine Begeisterung zu erhalten. Meine Frau Anouk war für mich unverzichtbar beim Schreiben dieses Buches. Sie hat nicht nur die Rohfassung mit ausführlichen Kommentaren versehen, sondern mir auch stets geholfen, wenn ich in einer Sackgasse feststeckte. Vielen Dank.

Weiterführende Literatur und Informationen

Die Empfehlungen werden in der Reihenfolge der im Buch besprochenen Themen aufgeführt.

Psychologisches Kapital – Psychological Capital Questionnaire

Den (englischsprachigen und kostenpflichtigen) Fragebogen von Luthans et al. zur Messung Ihres psychologischen Kapitals finden Sie auf der Website der Firma Mind Garden:

Luthans, F., Avolio, B. J. & Avey, J. B. (2007). *Psychological Capital Questionnaire – Report About Me: Self Form*. Menlo Park, CA: Mind Garden. Verfügbar unter: https://www.mindgarden.com/psychological-capital-questionnaire/202-pcq-self-report-about-me.html#horizontalTab3

Growth Mindset

Dweck, C. (2017). *Selbstbild. Wie unser Denken Erfolge oder Niederlagen bewirkt* (aktualisierte und erweiterte Ausgabe). München: Piper. (Originaltitel: *Mindset*)

Hoffnung

Lopez, S. J. (2014). *Making hope happen: Create the future you want for yourself and others*. New York: Atria.

Positive Emotionen

Fredrickson, B. L. (2011). *Die Macht der guten Gefühle. Wie eine positive Haltung Ihr Leben dauerhaft verändert*. Frankfurt a. M.: Campus. (Originaltitel: *Positivity*)

Stress

Wenn Sie genauer wissen möchten, wie Stress sich auf unseren Körper auswirkt, können Sie das im wissenschaftlich fundierten und sehr schön geschriebenen Buch *Why zebra's don't get ulcers* (dt. Titel: *Warum Zebras keine Migräne kriegen*) von Robert Sapolsky nachlesen. Die Aussage, Zebras würden kein Magengeschwür bekommen, hatte Sapolsky bereits viele Jahre lang in seinen Vorlesungen verwendet. Als er sich diesen Satz als Buchtitel überlegte, wollte er zuerst überprüfen, ob das auch tatsächlich stimmte. Nachdem er den Verantwortlichen in verschiedenen Zoos die Frage vorgelegt hatte, wurde ihm bestätigt, dass Zebras tatsächlich nicht an Magengeschwüren erkrankten. Sapolsky war erleichtert, denn sonst hätte sein Buchtitel lauten müssen *Why zebra's get ulcers less frequently than we do, and for some fairly different reasons, although it's complicated.*

Sapolsky, R.M. (2004). *Why zebras don't get ulcers: The acclaimed guide to stress, stress-related diseases, and coping* (3rd ed.). New York: Holt Paperbacks. [Als E-Book und antiquarisch erhältlich. Die deutsche Übersetzung ist nur noch antiquarisch erhältlich: (1998). *Warum Zebras keine Migräne kriegen. Wie Streß den Menschen krank macht.* München: Piper.]

Resilienz – Charakterstärken

Um mehr über Ihre persönlichen (Charakter-)Stärken zu erfahren, können Sie auf der Website des VIA Institute on Character den kostenfreien *VIA Character Strengths Survey* durchführen (auch in deutscher Sprache verfügbar): https://via character.org/

Eine etwas längere, ebenfalls kostenfreie deutschsprachige Version dieses Fragebogens bietet das Institut für Persönlichkeitspsychologie und Diagnostik der Universität Zürich auf der folgenden Website an: https://charakterstaerken.org/

Achtsamkeit

Jon Kabat-Zinn, der führende Wissenschaftler im Bereich der Achtsamkeit und Begründer des Mindfulness-Based-Stress-Reduction-Programms (achtsamkeitsbasierte Stressreduktion), hat eine Vielzahl von Büchern zum Thema Achtsamkeit verfasst. In deutscher Übersetzung sind u.a. erschienen:

Kabat-Zinn, J. (2019). *Achtsamkeit für Anfänger* (4., veränderte und bearbeitete Aufl.). Freiburg: Arbor. (Originaltitel: *Mindfulness for beginners*)

Kabat-Zinn, J. (2019). *Gesund durch Meditation. Das große Buch der Selbstheilung mit MBSR* (4. Aufl.). München: Knaur. (Originaltitel: *Full catastrophe living*)

Kabat-Zinn, J. (2019). *Im Alltag Ruhe finden. Meditationen für ein gelassenes Leben* (3., überarb. Aufl.). München: Knaur. (Originaltitel: *Wherever you go, there you are*)

Selbstvertrauen

Brown, B. (2012). *Die Gaben der Unvollkommenheit. Lass los, was du glaubst, sein zu müssen und umarme, was du bist*. Bielefeld: Kamphausen. (Originaltitel: *The gifts of imperfection*)

TED-Talk von Amy Cuddy: *Fake it Till You Make it*. Verfügbar unter: https://www.youtube.com/watch?v=RVmMeMcGc0Y

Glück

Ben-Shahar, T. (2009). *Happier: Can you learn to be happy?* (UK edition). New York: McGraw-Hill Education.

Motivation

Fowler, S. (2023). *Why motivating people doesn't work ... and what does: More breakthroughs for leading, energizing, and engaging* (2nd ed.). Oakland, CA: Berrett-Koehler.

Weiterführende Informationen zum Thema Motivation bietet auch die Website des Center for Self-Determination Theory, das von den beiden Motivationsforschern Edward Deci und Richard Ryan begründet wurde: www.selfdeterminationtheory.org

Persönlicher Einflussbereich

Covey, S. R. (2018). *Die 7 Wege zur Effektivität: Prinzipien für persönlichen und beruflichen Erfolg* (51., überarb. Aufl.). Offenbach: Gabal. (Originaltitel: *The 7 habits of highly effective people*)

Fehler machen ist erlaubt

Wenn Sie sich für eine Unternehmenskultur interessieren, in der das Fehlermachen und Über-Fehler-Reden inhärente Bestandteile sind, finden Sie in diesem Buch weitere Informationen:

Kegan, R. & Laskow Lahey, L. (2016). *An everyone culture: Becoming a deliberately developmental organization*. Cambridge, MA: Harvard Business School Publishing.

Verhaltensweisen verändern

Heath, C. & Heath, D. (2013). *Switch: Veränderungen wagen und dadurch gewinnen!* Frankfurt a. M.: Fischer Taschenbuch. (Originaltitel: *Switch: How to change things when change is hard*)

Literatur

Armor, D.A., Massey, C. & Sackett, A.M. (2008). Prescribed optimism: Is it right to be wrong about the future? *Psychological Science, 19*, 329–331. https://doi.org/10.1111/j.1467-9280.2008.02089.x

Avolio, B.J. & Luthans, F. (2006). *The high impact leader: Authentic, resilient leadership that gets results and sustains growth.* New York: McGraw-Hill.

Bandura, A. (1977). Self-efficacy: Toward a unifying theory of behavioral change. *Psychological Review, 84* (2), 191–215. https://doi.org/10.1037/0033-295X.84.2.191

Bandura, A. (1995). *Self-efficacy in changing societies.* Cambridge: Cambridge University Press. https://doi.org/10.1017/CBO9780511527692

Bandura, A. & Locke, E. (2003). Negative self-efficacy and goal effects revisited. *Journal of Applied Psychology, 88*, 87–99. https://doi.org/10.1037/0021-9010.88.1.87

Ben-Shahar, T. (2007). *Happier: Learn the secrets to daily joy and lasting fulfillment.* New York: McGraw-Hill.

Covey, S. (1989). *The 7 habits of highly effective people.* New York: Free Press.

Dostojewski, F. (1863, February). *Winter notes on summer impressions. Vremya.*

Dudenredaktion (n. d.). Hoffnung. In *Duden online.* Verfügbar unter: https://www.duden.de/rechtschreibung/Hoffnung

Dudenredaktion (n. d.). Optimismus. In *Duden online.* Verfügbar unter: https://www.duden.de/rechtschreibung/Optimismus

Dweck, C.S. (2015, January 1). The secret to raising smart kids. Scientific American. Retrieved from: https://www.scientificamerican.com/article/the-secret-to-raising-smart-kids1/

Elkhorne, J.L. (1967). Edison — The Fabulous Drone. *73 Amateur Radio Magazine, Vol. XLVI* (3), 52–54.

Grant, A.M. & Schwartz, B. (2011). Too much of a good thing: The challenge and opportunity of the inverted-U. *Perspectives on Psychological Science, 6*, 61–76. https://doi.org/10.1177/1745691610393523

Heath, C. & Heath, D. (2011). *Switch: How to change things when change is hard.* London: Random House Business Books.

Horton, T.V. & Wallander, J. L. (2001). Hope and social support as resilience factors against psychological distress of mothers who care for children with chronic physical conditions. *Rehabilitation Psychology, 46*, 382–399. https://doi.org/10.1037/0090-5550.46.4.382

Jacobs, M. & Steeneveld, M. (2016). Ontwikkel hoop, verminder stress: train je team in hoop en psychologisch kapitaal [Hoffnung entwickeln, Stress vermindern: Stärken Sie Hoffnung und psychologisches Kapital in Ihrem Team durch Training]. *Tijdschrift Positieve Psychologie, jaargang 2*, 3, 56–60.

Jensen, S.M. & Luthans, F. (2006). Entrepreneurs as authentic leaders: Impact on employees' attitudes. *Leadership & Organization Development Journal, 27* (8), 646–666. https://doi.org/10.1108/01437730610709273

Luthans, F., Avolio, B.J. & Avey, J.B. (2007). *Psychological Capital Questionnaire. Report About Me: Self Form.* Menlo Park, CA: Mind Garden.

Luthans, F., Norman, S. & Hughes, L. (2006). Authentic leadership: A new approach for a new time. In R.J. Burke & C.L. Cooper (Eds.), *Inspiring leaders* (pp. 84–104). London: Routledge.

Luthans, F., Youssef-Morgan, C.M. & Avolio, B.J. (2015). *Psychological capital and beyond.* New York: Oxford University Press.

Masten, A.S. (2014). *Ordinary magic: Resilience in development.* New York: Guilford.

Nietzsche, F. (1889). *Götzen-Dämmerung oder Wie man mit dem Hammer philosophiert.* Leipzig: Naumann.

Polivy, J. & Herman, P.C. (2002). Causes of eating disorders. *Annual Review of Psychology, 53*, 187–213. https://doi.org/10.1146/annurev.psych.53.100901.135103

Portzky, M. (2015). *Veerkracht: Onze natuurlijke weerstand tegen een leven vol stress* [Resilienz: Unser natürlicher Widerstand gegen ein Leben voller Stress]. Tielt: Witsand Uitgevers.

Roberts, L.M., Spreitzer, G., Dutton, J.E., Quinn, R.E., Heaphy, E. & Barker, B. (2005, January). How to play to your strengths. *Harvard Business Review.* Retrieved from https://hbr.org/2005/01/how-to-play-to-your-strengths

Schreurs, P.J.G., van de Willige, G., Brosschot, J.F., Tellegen, B. & Graus, G.M.H. (1993). *Utrechtse Coping Lijst (UCL).* Amsterdam: Pearson.

Segerstrom, S.C., Taylor, S.E., Kemeny, M.E. & Fahey, J.L. (1998). Optimism is associated with mood, coping, and immune change in response to stress. *Journal of Personality and Social Psychology, 74*, 1646–1655. https://doi.org/10.1037/0022-3514.74.6.1646

Seligman, M.E.P. (1972). Learned helplessness. *Annual Review of Medicine, 23* (1), 407–412. https://doi.org/10.1146/annurev.me.23.020172.002203

Seligman, M.E.P. (2006). *Learned optimism: How to change your mind and your life* (reprinted ed.). New York: Vintage Books. (Originally published 1990)

Seligman, M.E.P., Steen, T.A., Park, N. & Peterson, C. (2005). Positive psychology progress: Empirical validation of interventions. *American Psychologist, 60*, 410–421. https://doi.org/10.1037/0003-066X.60.5.410

Snyder, C.R. (1994). *The psychology of hope: You can get there from here.* New York: Free Press.

Snyder, C.R., Shorey, H., Cheavens, J., Pulvers, K. M., Adams, V.H. & Wiklund, C. (2002). Hope and academic success in college. *Journal of Educational Psychology, 94*, 820–826. https://doi.org/10.1037/0022-0663.94.4.820

Solberg Nes, L. & Segerstrom, S.C. (2006). Dispositional optimism and coping: A meta-analytic review. *Personality and Social Psychology Review, 10*, 235–251. https://doi.org/10.1207/s15327957pspr1003_3

Statistisches Bundesamt (n. d.). *Wöchentliche Arbeitszeit.* Verfügbar unter: https://www.destatis.de/DE/Themen/Arbeit/Arbeitsmarkt/Qualitaet-Arbeit/Dimension-3/woechentliche-arbeitszeitl.html

Tolve, A. (2013, 27. Juli). Het beste wat ons kan overkomen [Das Beste, was uns passieren kann]. *The Optimist.* Verfügbar unter: https://theoptimist.nl/het-beste-wat-ons-kan-overkomen/

van Woerkom, M., Oerlemans, W. & Bakker, A. B. (2016). Strengths use and work engagement: A weekly diary study. *European Journal of Work and Organizational Psychology, 25* (3), 384–397. https://doi.org/10.1080/1359432X.2015.1089862

Vygotsky, L. S. (1978). *Mind in society: The development of higher psychological processes.* Cambridge, MA: Harvard University Press.

Walumbwa, F., Peterson, S. J., Avolio, B. J. & Hartnell, C. A. (2010). An investigation of the relationships among leader and follower psychological capital, service climate and job performance. *Personnel Psychology, 63* (4), 937–963 https://doi.org/10.1111/j.1744-6570.2010.01193.x

Buchtipps

T. Stächele / M. Heinrichs / G. Domes

Ratgeber Stress und Stress-bewältigung

Informationen für Betroffene und Angehörige

Der Ratgeber informiert über das Phänomen Stress und gibt einen Überblick über Maßnahmen, die dabei helfen, Stress zu reduzieren und hohe Anforderungen im Alltag und Beruf gesundheitsförderlich zu bewältigen.

*2020, 103 Seiten, Kleinformat, € 9,95 (DE) / € 10,30 (AT) / CHF 14.50, ISBN 978-3-8017-2824-3**

A. Hillert / S. Koch / D. Lehr

Burnout und chronischer beruflicher Stress

Ein Ratgeber für Betroffene und Angehörige

Der Ratgeber informiert über die Zusammenhänge von beruflicher Belastung sowie von Stress- und Burnouterleben. Er stellt wissenschaftlich fundierte und praktisch bewährte Strategien vor, wie chronischem Stress begegnet werden kann.

*2018, 89 Seiten, Kleinformat, € 9,95 (DE) / € 10,30 (AT) / CHF 14.50, ISBN 978-3-8017-2833-5**

K. Hötzel / R. von Brachel

Bewusste Entscheidungen in schwierigen Lebenssituationen treffen

Ein Ratgeber

Der Ratgeber wendet sich an Menschen, die sich bezüglich einer wichtigen Entscheidung hin- und hergerissen fühlen. Er erläutert zunächst, warum Entscheidungs- und Veränderungsprozesse häufig so schwerfallen und zeigt dann auf, wie bei schwierigen Entscheidungen ein Entschluss bewusst gefasst und Veränderungen umgesetzt werden können.

*2022, 87 Seiten, Kleinformat, € 14,95 (DE) / € 15,40 (AT) / CHF 21.50, ISBN 978-3-8017-3156-4**

** Dieser Titel ist auch als eBook erhältlich.*

www.hogrefe.com